Fachbücher für
Fachberater und Fachwirte:
Der Immobilienfachwirt

Herausgegeben von
Dr. Werner J. Gartner

Bisher erschienene Werke:

Gartner, Betriebswirtschaftslehre und
Volkswirtschaftslehre
Kolck · Lehmann · Strohmeier, Volkswirtschaftslehre

Fachbücher für Immobilien-,
Grundstücks-, Wohnungs- und Bauwirtschaft

Herausgegeben von
Dr. Werner J. Gartner

Bisher erschienene Werke:

Gartner, Unternehmensführung und Marketing in der
Immobilienwirtschaft
Gartner, Effiziente Existenzgründung
Pachowsky, Bau- und Immobilien-Marketing
Vogdt, Nutzenorientiertes Management im Wohnungsbau

Volkswirtschaftslehre

Von

Dipl.-Ökonom Gregor Kolck,

Dipl.-Ökonomin Karen Lehmann

und

Dipl.-Ing. Architektin Simone Strohmeier

R. Oldenbourg Verlag München Wien

Die Deutsche Bibliothek - CIP-Einheitsaufnahme

Kolck, Gregor:
Volkswirtschaftslehre / von Gregor Kolck, Karen Lehmann und Simone Strohmeier. – München ; Wien : Oldenbourg, 2001
(Fachbücher für Fachberater und Fachwirte : Der Immobilienfachwirt)
ISBN 3-486-25823-0

Rosenheimer Straße 145, D-81671 München
Telefon: (089) 45051-0
www.oldenbourg-verlag.de

Gedruckt auf säure- und chlorfreiem Papier
Druck: Grafik + Druck, München
Bindung: R. Oldenbourg Graphische Betriebe Binderei GmbH

ISBN 3-486-25823-0

Vorwort

Das Buch „Volkswirtschaftslehre für Immobilienfachwirte" richtet sich als Lehrbuch speziell an Kursteilnehmer und Dozenten des Ausbildungsganges „Geprüfter Immobilienfachwirt / Geprüfte Immobilienfachwirtin" (IHK). Seit 1999 gilt ein neuer Rahmenstoffplan, der sich stark von der zuvor gültigen Version unterscheidet. Für das Fach „Ausgewählte Bereiche aus der Volkswirtschaftslehre" sind zu den Grundlagen der Volkswirtschaft Spezialbereiche mit spezifischem Bezug zur Immobilienwirtschaft hinzugekommen (z. B. Raumordnungspolitik und Wohnungspolitik).

Nach unserer Erfahrung herrscht auf Seiten der Kursteilnehmer oft eine große Unsicherheit im Bereich der Volkswirtschaftslehre, handelt es sich hierbei doch um ein Fach, mit dem man sonst weniger direkt in Berührung kommt. Auch die Dozenten stehen oft vor dem Problem, sich in mühevoller Kleinarbeit Unterrichtsmaterialien aus in diesem Falle sehr verschiedenen Bereichen zusammen stellen zu müssen.

Das vorliegende Buch orientiert sich in seinen Kapiteln strikt an dem neuen Rahmenstoff- und Lehrplan. Es ist deshalb für beide Seiten von großem Vorteil:

- Kursteilnehmer müssen im Unterricht keine Mitschriften anfertigen und haben eine verlässliche Grundlage für die Prüfungsvorbereitung.
- Dozenten können es als ausschliessliches Unterrichtsmaterial verwenden, welches den kompletten Rahmenstoffplan im Bereich Volkswirtschaftslehre abdeckt.

Wir hoffen, mit dem Buch sowohl Kursteilnehmern und Dozenten als auch sonstig Interessierten einen guten Einblick in die volkswirtschaftliche Materie geben zu können.

Hannover

Gregor Kolck
Karen Lehmann
Simone Strohmeier

Inhaltsverzeichnis

Abbildungsverzeichnis

Tabellenverzeichnis

Kapitel 1

Allgemeine Wirtschaftspolitik

Wirtschaftspolitik bezieht sich auf das wirtschaftliche Handeln des Staates. Dieser greift an vielen Stellen in das wirtschaftliche Geschehen ein, z. T. durch Setzen von Regeln, z. T. als selbstständiger Marktteilnehmer.

1.1 Begründungen für Wirtschaftspolitik

Funktionsschwächen des Marktes

Weshalb muss in einer Marktwirtschaft von staatlicher Seite in das Wirtschaftsgeschehen eingegriffen werden? Neben der Aufgabe, einen bestimmten *Ordnungsrahmen* zu schaffen und zu garantieren (Eigentumssicherung, Rechtssicherheit) werden *Funktionsschwächen des Marktes* als Begründungen für Staatseingriffe angeführt.

1.1.1 Marktversagen

Der Markt funktioniert nicht immer. Man spricht dann von Marktversagen. Dies ist der Fall bei

- externen Effekten und
- öffentlichen Gütern

Externe Effekte

Ein externer Effekt liegt vor, wenn die Entscheidungen eines Wirtschaftssubjektes Einfluss auf die Situation eines anderen Wirtschaftssubjektes haben, ohne dass diese Wirkungen berücksichtigt werden bzw. Rechte auf Entgelt oder Entschädigung begründen.

Beispiel:
Ein Chemiewerk verschmutzt einen Fluss. Ein tiefer am Strom ansässiger Fischereibetrieb fängt deshalb weniger Fische.

Negative externe Effekte

Problematisch ist dies dann, wenn diese *negativen externen* Effekte (die Flußverschmutzung) bei Produktions- und/oder Konsumentscheidungen nicht berücksichtigt werden.

Beispiel:
Das Chemiewerk bezieht die aus der Verschmutzung entstehenden (gesellschaftlichen) Kosten nicht in seine Kalkulation ein. Es berücksichtigt nur die direkten (privaten) Kosten. Das Unternehmen kann somit seine Güter billiger anbieten, als wenn es die externen Kosten mitberücksichtigen müsste und verkauft daher i.d.R. mehr Güter als es gesamtgesellschaftlich optimal wäre. Wenn es die externen Kosten hingegen mit in seine Kalkulation einbeziehen müsste, würden die Güter des Chemiewerkes teurer, und somit würde i.d.R. weniger davon verkauft werden.

Positive externe Effekte

Umgekehrt sind auch *positive externe Effekte* denkbar. Ein positiver externer Effekt liegt vor, wenn von den Handlungen eines Wirtschaftssubjektes ein positiver Effekt auf ein anderes Wirtschaftssubjekt ausgeht, ohne dass dieser Vorteil Gegenstand eines Marktprozesses ist.

Beispiel:
Ein Unternehmen entwickelt in seiner Forschungs- und Entwicklungsabteilung technologische Neuerungen, von denen auch andere Unternehmen profitieren, wenn sie die Neuerungen kopieren.
Hier hätte das erste Unternehmen ohne die externen Effekte höhere Erträge, da die Konkurrenz nicht über die neue Technologie verfügen kann und damit einen größeren Anreiz, in Forschung und Entwicklung zu investieren.

Von staatlicher Seite wird versucht, den aus den externen Effekten resultierenden Verzerrungen entgegen zu wirken. Es gibt hierbei verschiedene Möglichkeiten der Einflussnahme:

- Zentralisierung der Entscheidungen

- Administrative Auflagen
- Internalisierung der externen Kosten durch
  - Abgaben/Subventionen
  - Änderung der Eigentumsrechte

Zentralisierung der Entscheidungen

Eine *Zentralisierung der Entscheidungen*, die externe Effekte beinhalten, legt die betreffende wirtschaftliche Entscheidung in die Hände einer übergeordneten staatlichen Institution. Diese kann ihre Entscheidung unter Berücksichtigung der gesamtwirtschaftlichen Vorteilhaftigkeit treffen. Sie läuft nicht Gefahr aus einzelwirtschaftlichen Gewinnmaximierungsüberlegungen heraus zu viel oder zu wenig von einem Gut zu produzieren oder anzubieten.

Beispiel:
In der naturwissenschaftlichen Grundlagenforschung ist die praktische Anwendbarkeit möglicher Ergebnisse äußerst unsicher. Zusätzlich ist es teilweise sehr schwer, gewonnene Erkenntnisse durch Patente o. ä. zu schützen. Private Unternehmen haben deshalb oft einen zu geringen Anreiz, Grundlagenforschung zu betreiben. Hier greift der Staat durch eine zentralisierte Entscheidung ein, indem er selber Grundlagenforschung an Universitäten und anderen Instituten in einem bestimmten Umfang betreibt.

Administrierte Auflagen

Administrierte Auflagen zur Behebung externer Effekte haben typischerweise die Form von Mindest- oder Höchstgrenzen. Da bei negativen externen Effekten regelmäßig zu viel von dem betreffenden Gut hergestellt wird, kann die staatliche Auflage, eine bestimmte Produktionsmenge nicht zu überschreiten, aus gesamtwirtschaftlicher Sicht Vorteile bringen. Bei positiven externen Effekten wird normalerweise zu wenig hergestellt und deshalb ist hier eine Mindestmenge das adäquate Mittel.

Beispiel:
Das Chemieunternehmen im obigen Beispiel produziert zu viel und verursacht deshalb eine zu hohe Wasserverschmutzung. Als Auflagen kämen hier Höchstgrenzen für die Produktion – oder besser – für die Verschmutzung des Flusswassers in Frage.

Abgaben und Subventionen

Abgaben und Subventionen können die gesamtwirtschaftlich ungünstige Produktions- oder Angebotsmenge korrigieren. Dieses Instrument ist auch unter dem Namen *Pigou-Steuer* bekannt. Wenn die Steuer oder Subvention so bemessen ist, dass sie exakt dem volkswirtschaftlichen Nachteil oder Vorteil entspricht, kann man ohne weitere Eingriffe in die privatwirtschaftliche Entscheidung der Wirtschaftssubjekte ein gesamtwirtschaftlich optimales Ergebniss erwarten.

Beispiel:
Der Staat erhebt eine Steuer auf die Einleitung von Giftstoffen in Gewässer. Das Chemieunternehmen zieht jetzt die gesamtwirtschaftlichen Kosten mit in seine Produktionsentscheidung ein, da es entsprechend seiner Verschmutzung Steuern zahlt. Hierdurch hat das Unternehmen einen Anreiz, die Produktion zu reduzieren.

Änderung der Eigentumsrechte

Auch durch eine *Änderung der Eigentumsrechte* können externe Effekte internalisiert werden. Typischerweise sind bei externen Effekten wirtschaftliche Güter beteiligt, deren Eigentumsrechte nicht klar definiert sind oder die sich im Allgemeinbesitz befinden. Durch Zuweisung der Eigentumsrechte an ein einzelnes Wirtschaftssubjekt wird dieses in die Lage versetzt, für die Nutzung des betreffenden Gutes eine Gegenleistung zu verlangen.

Beispiel:
Das Fischereiunternehmen bekommt die Eigentumsrechte an dem Fluss zugesprochen. Es könnte jetzt natürlich die Einleitung von Schadstoffen generell verbieten. Dies wird es jedoch wahrscheinlich nicht tun. Das Fischereiunternehmen wird vielmehr eine gewisse Menge an Verschmutzung zulassen, sich diese aber vom Chemieunternehmen bezahlen lassen. Auf diese Weise kommt eine Verschmutzungsmenge zustande, die sowohl die Gewinninteressen des Fischereiunternehmens als auch die des Chemieunternehmens berücksichtigt.

Interessanterweise ist die Wirksamkeit dieses Instruments unabhängig davon, wem die Eigentumsrechte zugewiesen werden. Die Zuweisung an den Geschädigten des externen Effektes mag zwar als gerecht empfunden werden. Für die optimale Produktionsmenge spielt es jedoch keine Rolle, ob der Geschädigte, der Begünstigte oder sogar irgendeine dritte Person die Eigentumsrechte erhält.

Beispiel:
Wenn der Staat die Eigentumsrechte an dem Fluss dem Chemieunternehmen zuweist, so könnte dieses ohne Rücksichtnahme auf das Fischereiunternehmen in unbegrenzter Menge Schadstoffe einleiten. Das Chemieunternehmen kann sich jedoch auch in der Schadstoffeinleitung beschränken und sich diese Beschränkung vom Firschereiunternehmen bezahlen lassen. Auch in dieser Konstellation kommt eine optimale Entscheidung zustande, weil die Gewinninteressen beider Unternehmen berücksichtigt werden.

Öffentliche Güter

Öffentliche Güter zeichnen sich durch zwei Merkmale aus:

1. *Nicht-Rivalität im Konsum:* Das bedeutet, das Gut kann von vielen/allen Nachfragern gleichzeitig konsumiert werden, ohne dass der Konsum einer Person den Konsum anderer Personen beschränkt.

Definition öffentliche Güter

2. *Nicht-Anwendbarkeit des Ausschlussprinzips:* Potentielle Konsumenten können nicht bzw. nur unter unverhältnismäßig hohen Kosten von der Nutzung ausgeschlossen werden, auch wenn sie keinen Preis zahlen. Dies wird auch als das *Trittbrettfahrerproblem* bezeichnet.

Beispiel:
Deiche zum Küstenschutz: Wenn eine Person sich hinter einem Deich ansiedelt und dadurch vor Sturmfluten geschützt ist, so mindert das nicht den wirksamen Schutz von weiteren Personen hinter dem Deich. Es herrscht Nicht-Rivalität im Konsum.
Außerdem ist es technisch kaum möglich, Personen wirksam von der Nutzung des Deiches auszuschließen. Erbaut jemand einen Deich, so kann er nicht verhindern, dass auch andere Personen, die hinter dem Deich wohnen, geschützt werden. Das Ausschlussprinzip ist nicht anwendbar.
Weitere klassische Beispiele für öffentliche Güter sind die Straßenbeleuchtung oder der Bereich der Landesverteidigung

Öffentliche Güter werden über den Markt nicht bzw. nicht in ausreichender Menge bereit gestellt. Daher erhebt der Staat Zwangsabgaben (Steuern) und finanziert mit diesen Mitteln deren Bereitstellung.

Öffentliche Ressourcen

Es existieren ebenfalls Güter, bei denen nur eines von beiden Merkmalen zutrifft. So herrscht z. B. bei *öffentlichen Ressourcen* wie öffentlichem Weideland durchaus Rivalität im Konsum, aber das Ausschlußprinzip gilt bei diesen Gütern nicht. Auch hier sind u. U. staatliche Eingriffe notwendig, um eine Überbeanspruchung dieser Güter zu vermeiden.

Meritorische Güter

Daneben gibt es sogenannte *meritorische Güter*. Hier wird angenommen, dass die privaten Nachfrager die Nützlichkeit nicht korrekt einschätzen und daher in einer reinen Marktwirtschaft zu wenig von diesen Gütern nachgefragt würde.

Beispiel:
Schulbildung: Der Staat greift ein, indem er die Bürger einerseits zum Konsum verpflichtet (Schulpflicht) und gleichzeitig den Preis senkt bzw. wie in diesem Fall das Gut kostenlos zur Verfügung stellt.

1.1.2 Weitere Funktionsschwächen des Marktes

Marktmacht Wettbewerb ist weder bequem noch risikolos. Es bestehen daher Tendenzen, *Marktmacht* aufzubauen, um den Wettbewerb außer Kraft zu setzen bzw. zu vermindern. Der Staat muss folglich den Wettbewerb durch geeignete Regelungen (Kartellrecht, Fusionenkontrolle) schützen.

Ungleichgewichte Gesamtwirtschaftliche Phänomene, die von den einzelnen Wirtschaftssubjekten nicht beeinflusst werden können, führen zu unerwünschten *Ungleichgewichten* in der Wirtschaft. Gemeint sind Konjunkturschwankungen und/oder das partielle *Versagen des Preismechanismus* auf funktionsgestörten Märkten (z. B. auf dem Agrarmarkt). Hier soll durch staatliches Eingreifen das Gleichgewicht wieder hergestellt werden.

Unzureichende Risikoabsicherung Der Markt kann allenfalls Leistungsgerechtigkeit herstellen. Startgerechtigkeit oder gar Bedarfsgerechtigkeit liefert er nicht. Dies führt zu einer *unzureichenden Risikoabsicherung* von einigen Wirtschaftssubjekten.

Insgesamt kann man festhalten, dass der Staat dort eingreifen muss, wo der Markt ansonsten unbefriedigende bzw. unerwünschte Ergebnisse hervorbringt. Was als unerwünscht oder unbefriedigend angesehen wird, hängt von den gesellschaftlichen Werten und Zielen einer Gesellschaft ab und ist folglich dem Bereich der Werturteile zuzurechnen.

1.2 Ziele- und Zielkonflikte der Wirtschaftspolitik

Gesamtwirtschaftliches Gleichgewicht Ein geplantes rationales Vorgehen setzt Ziele voraus, an denen das Handeln ausgerichtet und gemessen werden kann. In einer Gesellschaft existieren bestimmte Grundwerte (z. B. Freiheit, Sicherheit etc.). Aus diesen werden konkretere Ziele abgeleitet. In Deutschland sind diese Ziele in verschiedenen Gesetzen verankert. In Art. 109 GG z. B. ist als ein (übergeordnetes) Ziel das *gesamtwirtschaftliche Gleichgewicht* festgelegt. Im Stabilitäts- und Wachstumsgesetz von 1967 wird die Wirtschaftspolitik der Bundesrepublik Deutschland auf das Stabilitätsziel verpflichtet. Das Stabilitätsziel wiederum wird durch vier Teilziele konkretisiert. Diese sind

- Preisniveaustabilität,
- ein hoher Beschäftigungsstand,

- außenwirtschaftliches Gleichgewicht und
- ein stetiges und angemessenes Wirtschaftswachstum.

Diese Ziele liegen auch dem EWG-Vertrag (1957) zugrunde.

Zielkonflikte

Zwischen den Teilzielen bestehen zum Teil Zielkonflikte. Das heißt, die Verfolgung eines Ziels kann zur Verletzung eines anderen Ziels führen. Deshalb spricht man bei dem Zielkatalog des Stabilitäts- und Wachstumsgesetzes auch vom *magischen Viereck*.

Beispiel:
Wenn ein Land mit einem realtiv starken Exportsektor versucht, durch eine Aufwertung der Landeswährung auf das Ziel des außenwirtschaftlichen Gleichgewichts im Sinne eines ausgeglichenen Außenbeitrags hinzuwirken, so läuft dies dem Ziel eines hohen Beschäftigungsstandes entgegen. Die Aufwertung bewirkt, dass die Exportgüter für das Ausland teurer werden. Kapazitätsrückgänge im Exportsektor gehen jedoch mit Arbeitsplatzverlusten einher.

Im Laufe der Zeit wurde der Zielkatalog von wissenschaftlicher Seite und in der öffentlichen Diskussion ergänzt.

Weitere Ziele sind

- eine gerechte Einkommens- und Vermögensverteilung,
- Umweltschutz,
- Sicherheit,
- Wettbewerbsfähigkeit und
- die Elastizität (Anpassungsfähigkeit) der Volkswirtschaft.

Diese Ziele haben jedoch nur zum Teil Einzug in Gesetze gefunden (siehe Abb. 1.1).

Zieloperationalisierung

Neben der Problematik der Zielbeziehungen, stellt auch die *Operationalisierung* ein Problem dar. Es stellt sich die Frage, an welchen Indikatoren die Zielerreichungsgrade gemessen werden sollen und wann ein Ziel als erfüllt gilt. Für die Ziele des „magischen Vierecks" werden üblicherweise Preisindizes, die Arbeitslosenquote, die Salden der Zahlungsbilanz und die Wachstumsrate des Bruttoinlandsproduktes herangezogen. Jeder Indikator weist eine Vielzahl an Problemen auf.

Abbildung 1.1: Wirtschaftspolitische Ziele

Beispiel:
Die Arbeitslosenquote wird aus dem Verhältnis zwischen registrierten Arbeitslosen und Erwerbspersonen (Arbeitslose und Erwerbstätige) gebildet. Die sogenannte „stille Reserve"(nichtregistrierte Arbeitslose) oder Menschen in arbeitsmarktpolitischen Maßnahmen werden hierüber nicht erfasst und verfälschen den Indikator.

Die Frage, ab welchem Wert von Zielerfüllung gesprochen werden kann, fällt zu einem großen Teil wiederum in den Bereich der Werturteile.

1.3 Staatliche und nichtstaatliche Träger der Wirtschaftspolitik

Entscheidungsträger

Träger der Wirtschaftspolitik sind diejenigen, die legitimiert sind, einerseits die konkreten Ziele festzulegen und andererseits die Instrumente der Wirtschaftspolitik auszuwählen. Als *Entscheidungsträger* der Wirtschaftspolitik können danach angesehen werden:

- Parlament (Legislative) und Regierung (Exekutive)
- Zentralbank
- Sozialpartner (Gewerkschaften und Arbeitgeberverbände)
- Internationale Organisationen (EU, IWF, WTO, OECD, etc.)

Daneben gibt es noch eine Vielzahl an Gruppen und Organisationen, die zwar nicht direkt über wirtschaftspolitische Entscheidungsbefugnisse verfügen, aber über ihre Macht bzw. ihren Einfluss auf die Entscheidungsträger einwirken können. Diese werden dementsprechend als *Einflussträger* bezeichnet. Als Beispiele sind zu nennen: **Einflussträger**

- Verbände (Interessenvertreter, Lobbyisten)
- Parteien
- Öffentlichkeit (Presse, Internet, Fernsehen)
- Sachverständigenrat zur Begutachtung der gesamtwirtschaftlichen Entwicklung.

1.4 Instrumente der Wirtschaftspolitik

Die Vielzahl der wirtschaftspolitischen Instrumente, die zur Erreichung der wirtschaftspolitischen Ziele eingesetzt werden, können zunächst einmal in drei große Teilgebiete abgegrenzt werden:

1. *Ordnungspolitik:* Der Staat legt durch die Gesetzgebung den wirtschaftlichen Handlungsrahmens fest und trifft Maßnahmen, diesen zu schützen und zu bewahren.
2. *Prozesspolitik oder Ablaufpolitik:* Es wird versucht, den Wirtschaftsprozess selbst zu beeinflussen. Beispiele sind z. B. Geld- und Fiskalpolitik. Die Ablaufpolitik erfolgt dabei in Form der *Globalsteuerung*, d. h. dass der Marktmechanismus durch die staatlichen Aktivitäten nicht außer Kraft gesetzt werden soll, sondern lediglich entsprechende Anreize gesetzt werden, um das gewünschte Ergebnis zu erzielen.
3. *Strukturpolitik:* Es wird versucht, die Wirtschaftsstruktur zu beeinflussen. Insbesondere sollen Anpassungsprozesse, die laufend im Wirtschaftsgeschehen stattfinden und z. T. für einzelne Wirtschaftssubjekte zu sozialen Härten führen, abgemildert werden. Statt der Globalsteuerung werden hier häufig einzelfallabhängige Interventionen vorgenommen.

Wie immer bei solchen Einteilungen sind auch andere Gliederungen denkbar. So kann z. B. im weiteren Sinne auch die Strukturpolitik unter die Ablaufpolitik gefasst werden.

1.4.1 Ordnungspolitik

Festlegung von Rahmenbedingungen

Ordnungspolitik hat zum Ziel, die *Rahmenbedingungen* für das wirtschaftliche Handeln von privaten Wirtschaftssubjekten zu setzen. Dies geschieht meist im Wege der Schaffung von gesetzlichen Vorschriften. Ordnungspolitik kann im Extremfall die privaten wirtschaftlichen Entscheidungsmöglichkeiten stark einschränken. Normalerweise beschränkt sie sich jedoch auf einige wichtige Bereiche, wie z. B.

- Eigentumsordnung,
- Wettbewerbsordnung und/oder
- Ordnung der Geld- und Finanzmärkte.

Gestaltung von Wirtschaftssystemen

Je nach Gestaltung der Ordnungspolitik, können grundsätzliche Formen von *Wirtschaftssystemen* gegeneinander abgegrenzt werden.

So ist ein wesentliches Kennzeichen von *marktwirtschaftlichen Systemen* die Gewährleistung des Privateigentums an Produktionsmitteln und bestimmter Marktfreiheiten (Vertragsfreiheit, Gewerbefreiheit, freie Arbeitsplatzwahl). Des Weiteren werden Regelungen zur Wahrung des Wettbewerbs aufgestellt.

Systeme, die nach dem Prinzip einer *Zentralverwaltungswirtschaft* organisiert sind, verzichten dagegen auf die Schaffung und Wahrung von Wettbewerb. Da die Planungshoheit nicht bei den einzelnen Wirtschaftssubjekten sondern bei einer zentralen Behörde liegt, gibt es hier kein Privateigentum an Produktionsmitteln und die Marktfreiheiten sind stark beschränkt.

1.4.2 Ablaufpolitik

Die Ablaufpolitik kann weiter unterteilt werden in

- *Geld- und Kreditpolitik*: Beeinflussung der Geldmenge und des Zinsniveaus durch die Zentralbank
- *Fiskalpolitik*: Einsatz der Einnahmen und Ausgaben der öffentlichen Haushalte
- *Einkommenspolitik/Verteilungspolitik*: Beeinflussung der Einkommensverteilung auf die Wirtschaftssubjekte. Sowohl die

Tarifpartner als auch der Bund sind hier Entscheidungsträger

- *Beschäftigungspolitik*: Maßnahmen zur Verhinderung von bzw. zum Abbau der Arbeitslosigkeit
- *Außenwirtschaftspolitik*: Währungs- und Wechselkurspolitik, Außenhandelspolitik

Auf diese verschiedenen Politikbereiche wird in späteren Kapiteln noch genauer eingegangen.

1.5 Strukturpolitik

Volkswirtschaften unterliegen einem ständigen mehr oder weniger starken *Strukturwandel*. Hauptziele der Strukturpolitik sind die *Abmilderung unerwünschter Nebenerscheinungen* des Strukturwandels, aber auch die *Beschleunigung struktureller Wandlungsprozesse* zur Stärkung von Produktivität und Wachstum. **Strukturwandel**

Inbesondere im Wachstumsprozess einer Volkswirtschaft bleiben die Anteile der einzelnen Wirtschaftssektoren an der gesamten Wirtschaftsleistung oft nicht konstant. Strukturwandel bezeichnet eine *Veränderung des Anteils von Sektoren am gesamten Bruttoinlandsprodukt*.

Zur Erfassung des Strukturwandels ist eine sinnvolle Abgrenzung und Einteilung von Sektoren notwendig. Am häufigsten findet eine Einteilung in drei Sektoren Anwendung. In der einfachsten Form sind sie folgendermaßen definiert:

- Primärer Sektor: Landwirtschaft
- Sekundärer Sektor: Produktion
- Tertiärer Sektor: Dienstleistungen

Ein Beispiel für ein typisches Muster des Strukturwandels stellt die *Drei-Sektoren-Hypothese* dar (Abb. 1.2). Nach dieser Hypothese geht ein bestimmter Strukturwandel mit dem langfristigen Wachstum von Volkswirtschaften einher. In einem frühen Entwicklungsstadium ist zunächst der Anteil des Primären Sektors sehr hoch und der Anteil der beiden anderen Sektoren eher niedrig. Zu Beginn des Wachstums drängt der Sekundäre Sektor den Anteil des Primären Sektors bei zunächst weiterhin niedrigem Anteil des Tertiären Sektors zurück. Im weiteren Verlauf der Entwicklung gewinnt jedoch auch der Tertiäre Sektor an Bedeutung und drängt den Anteil des Sekundären Sektors teilweise und den Anteil des Primären Sektors fast vollständig zurück. **Drei-Sektoren-Hypothese**

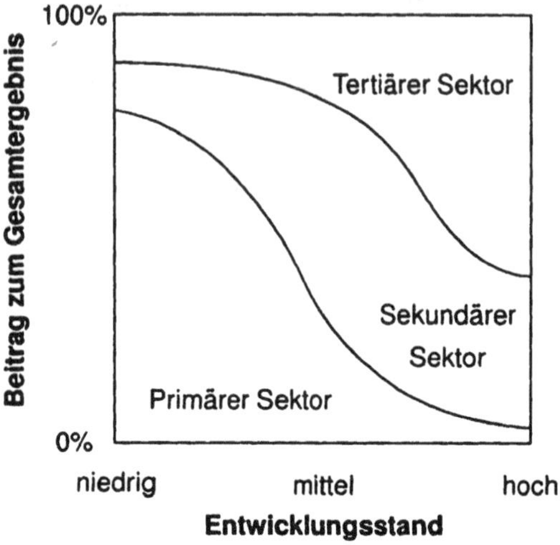

Abbildung 1.2: Drei–Sektoren–Hypothese

1.5.1 Strukturwandel

Intrasektoraler Strukturwandel

Nicht nur zwischen den Anteilen der Sektoren sondern auch innerhalb von Sektoren kann es zusätzlich Verschiebungen geben. Dies bezeichnet man als *intrasektoralen Strukturwandel.* Besonders interessant ist hier die Betrachtung des Strukturwandels bezogen auf verschiedene Branchen, Verschiebungen zwischen Größenklassen von Unternehmen oder Veränderungen bei den Anforderungsprofilen an Beschäftigte.

1.5.2 Ursachen des Strukturwandels

Der Strukturwandel hat seine Ursachen sowohl auf der *Nachfrageseite* einer Volkswirtschaft als auch auf der *Angebotsseite*, wobei zusätzlich Wechselwirkungen auftreten können. Da jede Volkswirtschaft mehr oder weniger mit dem Rest der Welt verflochten ist, gilt es zusätzlich noch *internationale Einflüsse* und Wechselwirkungen zu beachten.

Angebotsseitige Ursachen

Jede Form von *Innovation* im Produktionsprozess kann die Struktur der Angebotsseite einer Volkswirtschaft verändern. Man unterscheidet drei Arten von Innovationen:

- *Produktinnovation*: Markteinführung neuer Güter und Dienstleistungen
- *Prozessinnovation*: Einführung neuer kostensparender Produktionsmethoden
- *Standortinnovation*: Verlagerung der Produktion an kostengünstigere Produktionsstandorte

Nachfrageseitige Ursachen

Nachfrageänderungen

Die Nachfrage nach bestimmten Gütern und Dienstleistungen hat eine *indirekte Wirkung* auf die Produktionsstruktur in einer Volkswirtschaft. Steigt die Nachfrage, so wird normalerweise auch die produzierte Menge des betreffenden Gutes steigen.

Die Nachfrage hängt – grob gesprochen – ab von

- den *Preisen* bzw. den *relativen Preisen* (also dem Preis eines Gutes im Vergleich zu anderen Preisen) und
- dem *Pro-Kopf-Einkommen* der Bevölkerung.

Strukturwandel und Produktzyklus

Besonders interessant im Zusammenhang mit dem Strukturwandel ist die Abhängigkeit vom Pro-Kopf-Einkommen. Im Wachstumsprozess einer Volkswirtschaft wird regelmäßig das Pro-Kopf-Einkommen ansteigen. Insbesondere die Nachfrage nach Konsumgütern folgt hier sehr oft einem bestimmten typischen Ablauf, der auch als *Produktzyklus* bezeichnet wird (Abb. 1.3).

Zunächst steigt die Nachfrage bei steigendem Einkommen schnell und mit zunehmender Geschwindigkeit an. Der Gesamtabsatz ist jedoch zunächst noch niedrig. Dies ist die *Einführungsphase*. Es folgt die *Expansionsphase*, in der der Absatz so groß wird, dass sich eine Massenproduktion lohnt. Mit zunehmendem Einkommen wird dann die sogenannte *Sättigungsphase* erreicht, in der die Nachfrage nur noch schwach zunimmt oder sogar rückläufig ist. Da die hier angenommene Kurve zunächst nur für ein Produkt gilt, kann es sehr gut sein, dass sich die Branchen einer Volkswirtschaft zu einem bestimmten Zeitpunkt auf einem jeweils anderen Punkt ihres Produkzyklusses befinden.

Allerdings folgen aus dieser Nachfragesituation bestimmte struktu-

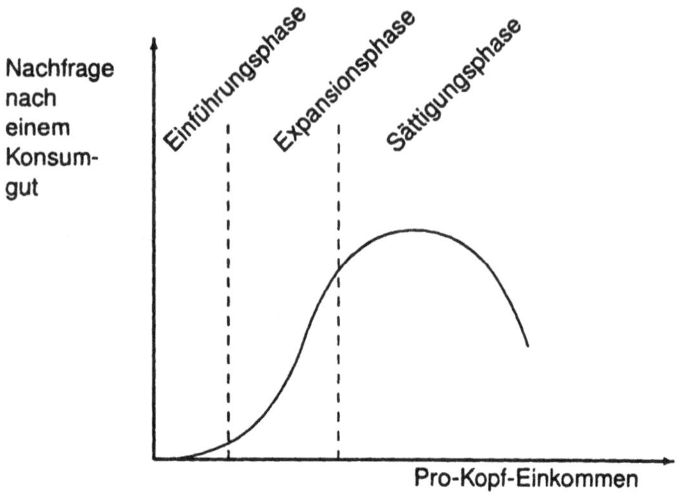

Abbildung 1.3: Produktzyklus

relle Veränderungen. Branchen, die sich in der Expansionsphase befinden, dehnen ihre Produktion stark aus. Branchen in der Sättigungsphase hingegen müssen ihre Produktion evtl. einschränken, verlieren aber auf jeden Fall anteilsmäßig gegenüber den expandierenden Unternehmen.

1.5.3 Strukturpolitische Konzepte

Stärkung des Wettbewerbs

Allokationsfunktion des Marktes

Eine funktionierende Marktwirtschaft kann auf strukturelle Änderungen recht flexibel reagieren. Der *Preismechanismus* sorgt dafür, dass Produktionsfaktoren entsprechend ihrer höchstmöglichen Produktivität zum Einsatz kommen. Unwirtschaftliche Produktionsmethoden werden durch den Wettbewerb aus dem Markt gedrängt, und es stellt sich bei vollständiger Konkurrenz automatisch eine gesamtwirtschaftlich effiziente Produktionsstruktur ein. Dies nennt man auch die *Allokationsfunktion des Martktes.*

Innovationsfunktion des Marktes

Darüber hinaus fördert der Wettbewerb die Anstrengungen einzelner Marktteilnehmer, neue Produkte zu entwickeln und neue Märkte zu erschließen. Dies nennt man die *Innovationsfunktion des Marktes.*

Die Konzeption einer Stärkung des Wettbewerbs kann hierbei die zwei wichtigen Ziele von Strukturpolitik verfolgen: Einerseits hilft eine funktionierende Allokationsfunktion bei auftretendem Strukturwandel, die Produktionsfaktoren schnell und effizient in die dann sinnvollste Verwendung zu lenken. Andererseits kann eine funktionierende Innovationsfunktion den für wirtschaftliches Wachstum u. U. notwendigen Strukturwandel überhaupt erst anstoßen.

Die Strukturpolitik kann verschiedene Wege einschlagen, um die Konkurrenz auf den Märkten und damit den Wettbewerb aufzubauen und zu verstärken. Die wichtigsten Stoßrichtungen sind

- Deregulierung und
- Privatisierung.

Deregulierung

Deregulierung hat das Ziel, gesetzliche Vorschriften, die die Gewerbe- und Vertragsfreiheit oder den Konkurrenzdruck unter Anbietern abschwächen, zu beseitigen oder zurück zu drängen. Man erhofft sich von der Deregulierung vor allem eine

- kostengünstigere Bereitstellung von Waren und Dienstleistungen,
- eine größere Angebotsvielfalt und
- positive Beschäftigungseffekte.

Privatisierung

Die *Privatisierung* hingegen bezieht sich auf den Bereich der direkten staatlichen Einflussnahme auf Märkten durch öffentliche Unternehmen. Ziel ist es, bei möglichst vielen ehemals staatlichen Unternehmen die Eigentümerschaft und damit auch die Entscheidungsgewalt in private Hände zu legen. Ziel der Privatissierung ist eine effizientere Produktion und eine flexiblere Anpassung an sich verändernde Marktbedingungen.

Strukturgestaltung

Strategische Handels- und Strukturpolitik

Das *Konzept der Strukturgestaltung* steht in gewisser Weise im Widerspruch zu der oben erläuterten Strategie der Stärkung des Wettbewerbs. Das Konzept beruht auf der Annahme, dass in bestimmten Branchen eine *Förderung oder Subvention* im Hinblick auf spezielle (wirtschafts-) politische Ziele vorteilhaft sein kann. Diese Politik bezeichnet man auch als *strategische Handels- und Strukturpolitik.*

Ausnutzung von Skaleneffekten

Der theoretische Hintergrund ist folgender: Es ist denkbar, dass in bestimmten Industriezweigen *Skaleneffekte* vorliegen. Skaleneffekte führen dazu, dass bei niedrigen Stückzahlen die durchschnittlichen Produktionskosten sehr hoch sind, aber mit zunehmender Produktionsmenge rasch sinken. Ursache von Skaleneffekten können vor allem *hohe Fixkosten* bei Produktionsbeginn oder starke *Lerneffekte* in der Produktion sein.

Wenn diese zu Beginn hohen Durchschnittskosten die privaten Produzenten davon abhalten, überhaupt in einen Markt einzusteigen, obwohl auf lange Sicht durchaus effizient produziert werden könnte, so kann eine anfängliche Förderung dieser Branchen sinnvoll sein.

Besonders im *internationalen Bereich* mag diese Strategie aus nationaler Sicht erfolgversprechend sein: Eine Förderung bestimmter Branchen (inbesondere im Hoch- und Spitzentechnologiebereich) verhilft inländischen Anbietern, einen Markt zu erobern und dauerhaft von einer Vormachtstellung zu profitieren.

Im Idealfall bewirkt hier eine einmalige und kurzfristige Förderung, dass ein inländisches Unternehmen einen Wettbewerbsvorsprung gegenüber ausländischen Unternehmen erhält, den es in der Zukunft auch ohne staatliche Unterstützung aufrecht erhalten kann.

Strukturerhaltung

Die Strukturerhaltung hat die *Abmilderung unerwünschter Nebeneffekte* des Strukturwandels zum Inhalt. Im Extremfall läuft dies auf eine *Konservierung bestehender Strukturen* hinaus. In der Praxis handelt es sich meist um eine *Verzögerung des Strukturwandels* durch staatliche Eingriffe.

Nebeneffekte des Strukturwandels

Unerwünschte Nebeneffekte können besonders in den folgenden Bereichen bedeutsam sein:

- *Arbeitsplätze*: Der Strukturwandel führt zu einer Verlagerung von Arbeitsplätzen zwischen Branchen oder Sektoren. Wenn die Arbeitskräfte in der Lage sind, problemlos die Branche zu wechseln, entsteht hier kein Problem. Da dies jedoch oft nicht möglich ist, kommt es häufig zu Arbeitslosigkeit. Dem kann entgegengewirkt werden, wenn die durch den Strukturwandel bedrohten Unternehmen zumindest für einen bestimmten Zeitraum subventioniert werden. Problematisch ist es, wenn diese Subventionierung zu einer dauerhaften Einrichtung wird und so Branchen am Leben erhalten werden, die gemessen an ihrer tatsächlichen Produktivität keine Chance am Markt hätten.
- *Versorgungssicherung*: Die letzten Jahre haben gezeigt, dass Strukturwandel und Wachstum oft mit einer steigenden internationalen Arbeitsteilung einher gehen. Einige Produkte werden im Inland überhaupt nicht mehr produziert und stattdessen importiert. Dies hat zwar Effizienzvorteile, kann aber z. B. im

Fall von politischen Krisen oder anderen weltweiten strukturellen Veränderung nachteilig sein. Auch Umweltgesichtspunkte können gegen einen zu starken Grad an Arbeitsteilung sprechen. Die Versorgungssicherung dient somit dazu, eine vollständige Abhängigkeit einer Volkswirtschaft vom Ausland in Bezug auf bestimmte wichtige Produkte zu verhindern.

- *Einkommenssicherung*: Die Einkommenssicherung kann sich sowohl auf die Angebotsseite als auch auf die Nachfrageseite beziehen. Auf der Angebotsseite ist die staatliche Festlegung von Mindestpreisen ein spezielles Subventionsinstrument. Anbieter können aufgrund überhöhter, aber staatlich fixierter Preise ihr Angebot aufrecht erhalten. Zum Schutz der Nachfrageseite hingegen sind Höchstpreise ein oftmals angewandtes Mittel. Sie sollen die Versorgung der Nachfrager mit günstigen Gütern sichern.

Strukturplanung

Investitionsentscheidungen durch den Staat

Das Konzept einer staatlichen Strukturplanung ist noch stärker interventionistisch ausgerichtet als die bereits vorgestellten Konzepte. Während bei der Strukturgestaltung und -erhaltung die einzelnen Wirtschaftssubjekte zwar durch Subventionen oder andere Maßnahmen in ihren Entscheidungen beeinflusst werden, so behalten sie dennoch eine im Grunde *eigenständige Entscheidungsmmöglichkeit*. Die Strukturplanung geht hier einen Schritt weiter und verlangt, in bestimmten Bereichen die *unternehmerische Entscheidung durch den Staat* vornehmen zu lassen. Dies betrifft insbesondere den Bereich der Investitionsentscheidungen.

Folgende Begründungen werden für solche *zentralen Investitionsentscheidungen* gegeben:

- *Falsche Investitionssignale*: Es besteht eine zeitliche Verzögerung zwischen dem Auftreten von Preissignalen, die eine Knappheit bestimmter Produkte anzeigen können, und den Investitionen durch private Unternehmen. Bis zum Zeitpunkt des Produktionsbeginns kann sich die Situation schon wieder verändert haben. Geht man davon aus, dass der Staat hier eine bessere Gesamtübersicht hat, können Zeitverzögerungen vermindert werden.
- *Einschränkung der Konsumentenfreiheit*: Bei vielen Konsumgütermärkten kann man vermuten, dass die Angebotsseite die beherrschende Stellung einnimmt. Nachfrager haben einen geringen Einfluss auf die Produktgestaltung. Zusätzlich beeinflus-

Strukturpolitische Konzepte	Strukturpolitische Maßnahmen	Beispiele strukturpolitischer Maßnahmen
Stärkung des Wettbewerbs	Deregulierung, Privatisierung	- Liberalisierung des Telekommunikationsmarktes - Liberalisierung des Strommarktes
Strukturgestaltung	Förderung der Wettbewerbsfähigkeit	- Staatliche Prämien für Rationalisierungsinvestitionen - Finanzhilfen, Kredite bei Kooperationsabsichten zur Schaffung größerer Betriebseinheiten
	Erleichterung der Umstellung	- Finanzhilfen bei Umschulung, Abfindungsprämien (z. B. in der Binnenschiffahrt) - Förderung der Ansiedlung von Industrien in landwirtschaftlichen Gebieten
Strukturerhaltung	Einkommenshilfen,	- Subventionen, Steuervergünstigungen
	Erhaltung der Wettbewerbsfähigkeit	- Schutz vor Importen: Importzölle, Einfuhrkontingente - Förderung des Exports: Exportprämien, Exportkredite - Absatzgarantien: z. B. Stromerzeuger werden zu Mindestabnahmen von Kohle verpflichtet
Strukturplanung	Förderung der Infrastruktur	- Ausgewogene Landschaftsgestaltung (Straßen, Wasserstraßen, Naturschutzgebiete, Naherholungsgebiete, Gewerbegebiete)
	Förderung von Wissenschaft und Forschung	- Staatliche Forschungszentren, Universitäten, finanzielle Förderung privater Forschungsarbeiten sowie von Innovationsmöglichkeiten
	zukunftsorientierte Bildungspolitik	- Ausbau des allgemeinen und berufsbildenden Schulwesens - Steuerung der Berufswahl

Tabelle 1.1: Strukturpolitische Konzepte und Maßnahmen

sen die Anbieter die Präferenzen der Nachfrager durch Werbung und andere Instrumente. Geht man davon aus, dass dies zu „unerwünschten" Verzerrungen führt, kann durch staatliches Eingreifem dem entgegengesteuert werden.

- *Öffentliche Güter:* Öffentliche Güter werden vom Markt normalerweise nicht in ausreichender Menge angeboten. In diesem Bereich wird folglich auch eine einzelwirtschaftliche Investitionsentscheidung nicht funktionieren. Der Staat versucht, die Lücke zu füllen (siehe Abschnitt 1.1.1).

Die Tabelle 1.1 fasst die Konzepte zusammen und führt Beispiele für staatliche Maßnahmen an.

1.6 Konjunktur- und Wachstumspolitik

Die Begriffe „Wachstum" und „Konjunktur" werden in der Umgangssprache oft synonym verwendet. Auch in der wirtschaftswissenschaftlichen Bedeutung sind sie sehr eng verwandt. Beide beziehen sich auf den Oberbegriff „*wirtschaftliche Entwicklung*". dennoch meinen sie nicht das Gleiche. Eine Unterscheidung beider Aspekte wird in den folgenden Abschnitten vorgenommen.

1.6.1 Konjunktur

Begriff und Messung

BIP als Wachstumsindikator

Eine wichtige Messgröße für die wirtschaftliche Entwicklung ist das *reale Bruttoinlandsprodukt* (BIP). Betrachtet man die Entwicklung des BIP für die Bundesrepublik, so fallen zwei Merkmale ins Auge (siehe Abb. 1.4):

- In der überwiegenden Zahl der einzelnen Jahresdaten liegt ein *Zuwachs* vor.
- Die Entwicklung verläuft nicht gleichmäßig. Vielmehr sind *Schwankungen* um einen langfristigen Wachstumstrend zu beobachten. Die Schwankungen treten mit einer auffallenden Regelmäßigkeit auf.

Diese *Schwankungen* werden als *Konjunktur* bezeichnet. Der *langfristige Trend* hingegen, um den die Schwankungen stattfinden, hängt eng mit dem Begriff Wachstum zusammen (siehe Kap. 1.6.2). Konjunktur ist kein zeitlich oder regional begrenztes Phänomen. Sie tritt ständig als Begleiterscheinung wirtschaftlicher Abläufe auf.

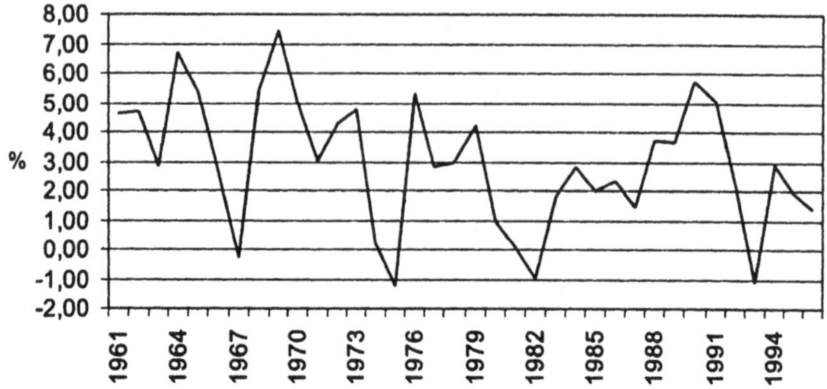

Abbildung 1.4: Konjunkturverlauf (jährliche Wachstumsraten des BIP in Deutschland in Preisen von 1991, vor 1992 nur alte Bundesländer)

Quelle: Statistisches Bundesamt, Statistisches Jahrbuch 1997, S. 666.

Die wiederkehrenden, ähnlichen Abschnitte der wirtschaftlichen Entwicklung werden als *Konjunkturzyklus* bezeichnet. Ein Konjunkturzyklus hat typischerweise eine Länge von ca. 4–6 Jahren. Es handelt sich hierbei jedoch nur um ein häufiges Grundmuster; Abweichungen in der Länge und im Ablauf können auftreten.

Ursachen für Konjunkturschwankungen

Konjunkturschwankungen können externe und interne Ursachen haben:

Externe Ursachen *Externe Ursachen* fanden früher starke Beachtung in der wissenschaftlichen Diskussion und sind sicherlich ursächlich für bestimmte Konjunkturphänomene. Hierunter fallen alle Ereignisse, die nicht direkt vom wirtschaftlichen Geschehen selbst ausgelöst werden.

Beispiel:
Klimatische Einflüsse wie Trockenperioden oder Hochwasser oder auch sonstige Umwelteinflüsse (z. B. Sonnenfleckentheorie) können hier genannt werden.

Interne Ursachen Wesentlich bedeutsamer scheinen jedoch mittlerweile *interne Ursachen* zu sein, die auch in der wissenschaftlichen Forschung immer mehr an Bedeutung gewonnen haben. Hierunter fallen alle Ursachen, die in dem wirtschaftlichen Ablauf selbst begründet liegen und nicht von außen auf den Wirtschaftsablauf einwirken.

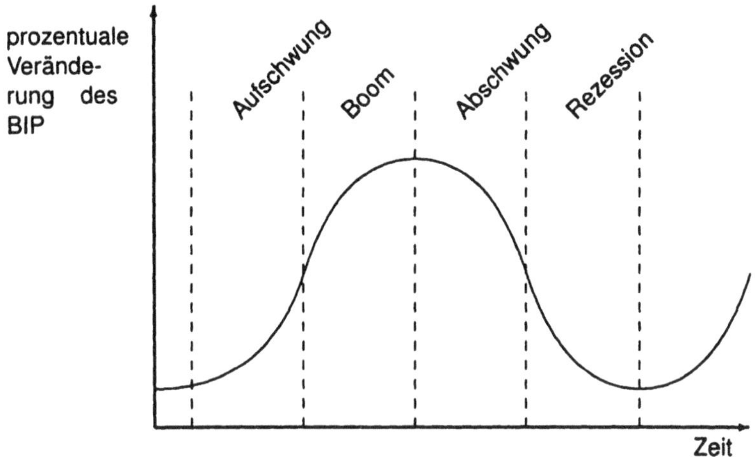

Abbildung 1.5: Konjunkturzyklus

Alle internen Ursachen sind in der einen oder anderen Weise durch eine *Störung des gesamtwirtschaftlichen Gleichgewichts* gekennzeichnet.

Es handelt sich hierbei um Marktungleichgewichte, bei denen gesamtwirtschaftliches Angebot und gesamtwirtschaftliche Nachfrage nicht übereinstimmen. Diese Ungleichgewichte sind in erster Linie auf *unterschiedliche Anpassungsgeschwindigkeiten* von Angebot und Nachfrage zurückzuführen. Außerdem können Ungleichgewichte die Tendenz haben, sich *selbst zu vestärken.*

Konjunkturzyklus

Einen Konjunkturzyklus kann man klassisch in vier Phasen unterteilen (siehe Abb. 1.5). Der Anstieg der Wirtschaftsleistung beginnt mit dem *Aufschwung*. Er ist durch eine Aufwärtsentwicklung mit zunehmenden Wachstumsraten gekennzeichnet. Ab einem Wendepunkt ist die Entwicklung zwar noch durch positive aber abnehmende Zuwächse gekennzeichnet. Diese Phase nennt man *Boom*. Der Boom geht anschließend in eine Phase des *Abschwungs* also einen Rückgang der Wirtschaftsentwicklung über. Dieser Abschwung nimmt zunächst an Geschwindigkeit zu, um dann in die Phase der *Rezession* zu münden, wo er sich wieder verlangsamt und schließlich zum Erliegen kommt und wieder in einen neuen Aufschwung mündet. **Konjunkturphasen**

Phase	Merkmale
Aufschwung	– Nachfrage ist größer als das Angebot – Produktion, Kapazitätsauslastung und Investitionen nehmen zu – Nachfrage und Beschäftigung steigen – Einkommen und Gewinne wachsen – Preise und Zinsen steigen teilweise an – Optimistische Zukunftserwartungen
Boom	– Nachfrage ist größer als das Produktionspotential – Hohe Produktion, hohe Investitionen, erste Engpässe; Kapazitätsauslastung erreicht ihre Grenze – hoher Beschäftigungsstand – Preise und Zinsen steigen deutlich – Zu Beginn noch optimistische, gegen Ende pessimistische Erwartungen
Abschwung	– Nachfrage ist geringer als das Produktionspotential – Nachfrage, Produktion, Kapazitätsauslastung nehmen ab – Beschäftigung, Einkommen und Gewinne gehen zurück – Preis- und Zinssteigerungen gehen zurück – Pessimistische Zukunftserwartungen
Rezession	– Nachfrage ist geringer als das Angebot – Nachfrage, Produktion Kapazitätsauslastung nehmen weiter ab – Beschäftigung, Einkommen und Gewinne sinken – Zinsen sinken deutlich, Preise sinken – Erste Anzeichen optimistischer Zukunftserwartungen

Tabelle 1.2: Konjunkturphasen

Von besonderer Bedeutung sind hierbei der Übergang von Boom zu Abschwung und von der Rezession zum Aufschwung. An diesen beiden Stellen der Konjunkturkurve muss etwas eintreten, was die Aufwärts-Abwärts-Bewegung überhaupt möglich macht. Es gibt viele Theorieansätze, die hierfür Erklärungen liefern. Ein besonders wichtiger Aspekt bei vielen dieser Theorien ist die *Labilität der Investitionsentscheidungen*.

Geht die Nachfrage zurück, passt sich die Angebotsseite mit einem Abbau der Produktionskapazitäten hieran an. Da dieser Abbau jedoch nicht zeitgleich und in genau dem gleichen Maße wie die Nachfrageänderung erfolgt, kommt es irgendwann in der Rezession dazu, dass (zumindest in Teilbereichen der Wirtschaft) das Angebot so stark abgebaut wird, dass ein Nachfrageüberhang entsteht. Der Investitionsrückgang ist somit über das Ziel hinausgeschossen. Der Nachfra-

Konjunkturindikatoren		
Art	Merkmal	Größen
Frühindikatoren	Besitzen zeitlichen Vorlauf zur Wirtschaftsentwicklung.	– Auftragseingänge – Investitionen einschl. Lagerhaltung – Geschäftserwartungen
Präsenzindikatoren	Geben den gegenwärtigen Zustand an.	– Reales Bruttoinlandsprodukt – Kapazitätsauslastung – Produktivität
Spätindikatoren	Zeigen Folgeerscheinungen wirtschaftlicher Schwankungen an.	– Beschäftigung – Preise

Tabelle 1.3: Konjunkturindikatoren

geüberhang lässt die Preise steigen und ist für die Produzenten das Startzeichen, ihre Produktionskapazitäten wieder auszudehnen. Die Rezession geht in den Aufschwung über.

Ähnlich, jedoch mit umgekehrten Vorzeichen, verläuft der Übergang vom Boom in den Abschwung. Im Boom sind Preise und Zinsen hoch. Die Nachfrage stagniert und geht evtl. zurück. Es kommt jetzt zu einem überproportionalen Rückgang der Investitionen und damit zu einem Produktionsrückgang; der Abschwung beginnt.

Die Konjunkturphasen mit ihren typischen Merkmalen sind in Tab.1.2 dargestellt.

Konjunkturindikatoren

Die wirtschaftliche Entwicklung kann mit Hilfe verschiedener Größen gemessen werden. Die absoluten Werte sowie die Veränderungen von volkswirtschaftlichen Aggregaten wie dem BIP, der Produktion, der Beschäftigung, Preisen oder Zinsen bezeichnet man als *Konjunkturindikatoren*. Sie dienen der Analyse und Beschreibung der bereits vergangenen Entwicklung, der Erfassung des gegenwärtigen Standes der Wirtschaftstätigkeit und der Prognose der zukünftigen Entwicklung. Man unterscheidet entsprechend diesen Aufgaben drei Arten von Konjunkturindikatoren: Früh-, Präsenz- und Spätindikatoren (siehe Tab. 1.3).

Frühindikatoren dienen dazu, eine bestimmte wirtschaftliche Entwicklung schon im Voraus anzukündigen. Sie werden deshalb ins- **Frühindikatoren** besondere zu Prognosezwecken verwand. Als Frühindikatoren sind diejenigen Größen geeignet, die einen gewissen Vorlauf zur gesamtwirtschaftlichen Entwicklung aufweisen. Besondere Bedeutung haben hier beispielweise Auftragseingänge, Investitionen und Lagerhaltungen sowie Geschäftserwartungen.

Präsenzindikatoren

Die *Präsenzindikatoren* hingegen geben den augenblicklichen Stand der wirtschaftlichen Entwicklung an. Da der Konjunkurverlauf meist durch das reale BIP und seine Veränderungen gemessen wird, ist das BIP der bedeutsamste Präsenzindikator.

Spätindikatoren

Spätindikatoren sind solche wirtschaftlichen Größen, die mit einem zeitlichen Nachlauf auf die gesamtwirtschaftliche Entwicklung folgen. Sie dienen in erster Linie zur Messung von Folgewirkungen der Konjunkturentwicklung, können aber auch zur Analyse bereits zurückliegender konjunktureller Abläufe verwendet werden. Wichtige Spätindikatoren sind die Beschäftigung und die Preisentwicklung. Beide Größen passen sich nur langsam an und haben deshalb einen gewissen Zeitabstand zur Konjunkturentwicklung.

1.6.2 Wachstum

Definition und Messung

Produktionspotential und tatsächliche Produktion

Der Begriff *Wirtschaftswachstum* bezeichnet zwei verschiedene, jedoch sehr eng zusammenhängende wirtschaftliche Tatbestände. Erstens bezeichnet er das Wachstum des *Produktionspotentials*, d. h. der *Produktionsmöglichkeiten* einer Volkswirtschaft. Zweitens steht der Begriff für das Wachstum der tatsächlichen *Produktion*, d. h. des BIP oder einer ähnlichen Größe.

Der enge Zusammenhang ist folgender: Die Wirtschaftsentwicklung setzt sich aus der Entwicklung des Produktionspotentials sowie aus der Auslastung dieses Produktionspotentials zusammen. Bereinigt man die Wirtschaftsentwicklung um kurzfristige Auslastungsschwankungen, so erhält man einen *mittel- bis langfristigen Trend*. Dieser Trend spiegelt die Entwicklung des Produktionspotentials wieder. Vereinfacht könnte man auch sagen: das Wachstum ist die um konjunkturelle Schwankungen bereinigte wirtschaftliche Entwicklung. Deshalb dient die *mittel- bis langfristige Enwticklung des BIP* als Messgröße für Wirtschaftswachstum.

Folgende Wachstumsgrößen bzw. -eigenschaften haben hierbei eine besondere Bedeutung:

- *Nominales Wachstum*: Zunahme des BIP in jeweiligen Preisen

(Marktpreisen)

- *Reales Wachstum*: Zunahme des BIP zu konstanten Preisen; das reale Wachstum ist das um die Inflation bereinigte nominale Wachstum
- *Nullwachstum*: Keine Veränderung des realen BIP
- *Negativwachstum*: Verringerung des realen BIP

Bedeutung des Wachstums

Wirtschaftliches Wachstum kann einerseits Selbstzweck sein. Dies ist es immer dort, wo Wirtschaftsleistung *unmittelbar ein gesellschaftliches Ziel* darstellt. Hierunter fallen insbesondere: **Wachstum als Selbstzweck**

- *Erhöhung des Volkseinkommens* und damit des Wohlstandes der Bevölkerung
- *Höheres Güterangebot* und damit bessere Versorgung der Bevölkerung

Andere Begründungen für die Vorteilhaftigkeit von Wirtschaftswachstum ergeben sich nur mittelbar. In diesen Fällen ist das Wirtschaftswachstum Mittel zum Zweck der Erreichung von bestimmten gesellschaftlichen Zielen: **Wachstum als Mittel zum Zweck**

- *Sicherung bzw. Schaffung von Arbeitsplätzen*: Zwischen der Beschäftigung und der Entwicklung des BIP besteht ein Zusammenhang, der durch zwei Merkmale gekennzeichnet ist:

  1. Die Entwicklung der Beschäftigung folgt der Entwicklung des BIP in einem zeitlichen Abstand.
  2. Die Zuwachsraten der Beschäftigung fallen i. d. R. geringer aus als die Zuwachsraten beim BIP.

  Beide Phänomene sind auf die *Produktivität* des Faktors „Arbeit“ zurückzuführen. Produktivität bezeichnet das Verhältnis vom BIP zur Zahl der Beschäftigten. Anders ausgedrückt entspricht die Produktivität der Produktionleistung pro Arbeitnehmer. Die Produktivität ist einem ständigen Wachstum ausgesetzt. Dies liegt einerseits daran, dass technischer Fortschritt stattfindet, ist aber andererseits auch in Rationalisierungsmaßnahmen begründet. Vernachlässigt man andere Einflussgrößen auf die Beschäftigtenzahl, so kann man sagen, dass für die gleiche Wirtschaftsleistung (gleiches BIP) von Jahr zu Jahr weniger Arbeitskräfte benötigt werden. Anders ausgedrückt wird ein Teil des wirtschaftlichen Wachstums durch Produktivitätssteigerungen „aufgefressen", so dass das Wachstum der Beschäftigung geringer ausfällt als das Wachstum des BIP.

- *Erleichterung der Umverteilung von Einkommen und Vermögen*: In einer sozialen Marktwirtschaft ist (zumindest teilweise) Umverteilung ein gesellschaftliches Ziel. Eine Umverteilung ist jedoch in einer wachsenden Volkswirtschaft viel weniger konfliktträchtig als in einer stagnierenden Wirtschaft. Werden die Zuwächse an wirtschaftlicher Leistungskraft zu einem größeren Teil an die benachteiligten Gruppen verteilt, so kommt es zu einer Angleichung der Verteilungsituation, ohne dass eine der Gruppen Abstriche zum zuvor erreichten Niveau hinnehmen muss. Bei einer stagnierenden (also gleichbleibenden) Wirtschaftskraft hingegen sind Umverteilungen nur möglich, wenn einem Teil der Bevölkerung etwas „weggenommen" wird, um es einem anderen Teil der Bevölkerung zukommen zu lassen.
- *Erhöhung der Staatseinnahmen*: Eine Erhöhung des BIP führt normalerweise auch zu höheren Steuereinnahmen. Höhere Steuereinnahmen wiederum verbessern die Möglichkeit des Staates, bestimmte Ausgaben zu finanzieren. Das Angebot an öffentlichen Gütern kann erhöht werden, was wiederum zu Wohlstandssteigerungen der Bevölkerung führen kann.

Ursachen des Wachstums

Die gesamtwirtschaftliche Produktion hängt in einer bestimmten Weise, von verschiedenen Faktoren ab. Hierzu zählen in erster Linie die Produktionsfaktoren Arbeit, Boden und Kapital.

Daneben spielen aber auch Faktoren wie das technische Wissen, das Sozialsystem einer Gesellschaft und die Umweltbedingungen eine wesentliche Rolle.

Wachstum der Produktionsfaktoren

Ein Wachstum des BIP, also der gesamten Produktion einer Volkswirtschaft, kann seine Ursache in der Veränderung einer der Faktoren oder der gleichzeitigen Veränderung mehrerer Einflussgrößen haben (siehe Abb. 1.6).

Ein *Wachstum des Produktionsfaktors Arbeit* kann folglich zum Wachstum des BIP führen. Dies kann z. B. bei vermehrter Geburtenzahl oder bei Zuwanderung der Fall sein. Das Volkseinkommen pro Kopf muss sich dadurch jedoch nicht unbedingt ändern, evtl. kann es sogar sinken.

Eine *Veränderung des Kapitalbestandes* erhöht ebenfalls die Pro-

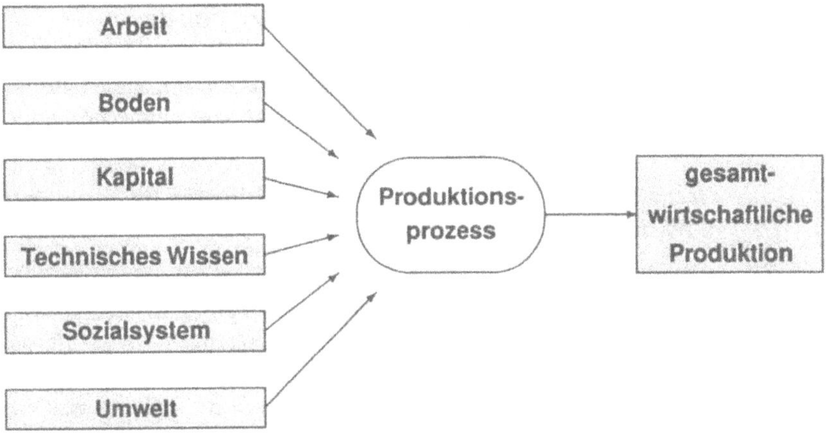

Abbildung 1.6: Ursachen des Wachstums

duktionsmöglichkeiten einer Volkswirtschaft. Diese Erhöhung wird durch *(Netto-) Investitionen* hervorgerufen, also Investitionen, die über den Verschleiß hinausgehen. Mit einem dadurch erhöhten Kapitalbestand kann eine höhere Güterproduktion erzielt werden.

Das *technische Wissen* wird insbesondere durch *Bildung* vergrößert. Es zeigt sich in einer verbesserten Möglichkeit zur Entwicklung neuer und komplexerer Güter und Dienstleistungen (Produktinnovationen) und der Entwicklung komplexerer Produktionsverfahren (Prozessinnovationen). Eine Erhöhung des technischen Wissens führt deshalb zu einer Vergrößerung der Wirtschaftsleistung.

Auch das *Sozialsystem* hat einen Einfluss auf die Produktionsmöglichkeiten einer Gesellschaft. Sie sind jedoch oft nur schwer zu identifizieren und in ihrer Wirkungsweise schwer zuzuordnen. Wichtige Einflussfaktoren sind u. a. die Wirtschafts- und Rechtsordnung, die soziale Sicherung, die soziale Schichtung und die Mentalität der Bevölkerung.

Die Steigerung der Wirtschaftsleistung ist jedoch nicht unbegrenzt möglich. Insbesondere durch die *Umwelt* werden hier Grenzen gesetzt. Hierauf wird im Kapitel 1.7 näher eingegangen.

1.6.3 Möglichkeiten, Grenzen und Strategien der Wachstums- und Konjunkturpolitik

Im Bereich der wirtschaftlichen Entwicklung kann man (entsprechend der vorangegangenen Überlegungen) zwei politische Zielbereiche unterscheiden: Konjunkturpolitik und Wachstumspolitik.

Grundsätzlich besteht Bedarf nach einer langfristig orientierten *Wachstumspolitik* (siehe Abschnitt 1.6.2).

Indirekt hat jedoch auch die *Konjunkturpolitik* einen Bezug zum Wachstum. Das vorrangige Ziel von Konjunkturpolitik ist eine Glättung der kurzfristigen zyklischen Schwankungen der Wirtschaftsentwicklung. Konjunkturpolitik ist deshalb im wesentlichen *Stabilitätspolitik*. Die kurzfristige Stabilisierung der Wirtschaftsentwicklung versucht folgende Nachteile zu vermeiden:

1. *Direkte Nachteile kurzfristiger Schwankungen*: *Produktionsfaktoren* bleiben zweitweise *unbeschäftigt* und Produktionspotential bleibt ungenutzt. Außerdem erfordern kurzfristige *strukturelle Anpassungen* unter Umständen einen hohen *Ressourcenverbrauch*, welcher bei einer gleichmäßigen Entwicklung nicht nötig wäre.
2. *Indirekte Nachteile*: Gesamtwirtschaftliche Schwankungen wirken sich nachteilig auf die langfristige Entwicklung, also auf das Wachstum, aus. *Unsicherheiten* bei den ökonomischen Akteuren werden hingegen bei gleichmäßiger Entwicklung vermieden. Eine kontinuierliche und deshalb planbare Entwicklung der relevanten Größen wie Zinsen und Preisen fördert Ersparnisbildung und Investitionen und trägt so zu einem größeren langfristigen Wachstum bei. Diese Position ist in der wissenschaftlichen Diskussion jedoch nicht unumstritten. Teilweise wird auch die Auffassung vertreten, sogenannte *reinigende Krisen* seien notwendig, um langfristig eine positive Wirtschaftsentwicklung zu erzielen.

Nachfrage- und angebotsorientierte Konjunkturpolitik

Zwei strategische Grundkonzepte

Nachfrage- bzw. angebotsorientierte Konjunkturpolitik oder auch kurz Nachfrage- und Angebotspolitik bezeichnen strategische Grundkonzeptionen der Konjunkturpolitik. Im Kern unterscheiden sie sich dadurch, dass an verschiedenen Punkten des Wirtschaftskreislaufes mit den wirtschaftspolitischen Maßnahmen angesetzt wird.

Nachfrageorientierte Konjunkturpolitik

Nachfragepolitik

Im Rahmen der nachfrageorientierten Konjunkturpolitik liegt der Ansatzpunkt – wie der Name schon sagt – bei der gesamtwirtschaftlichen Nachfrage nach Konsum- und Investitionsgütern. Ist diese zu gering, um das Produktionspotential der Volkswirtschaft auszulasten (also Arbeitslosigkeit herrscht), ist es nach diesem Konzept Aufgabe des Staates, die Nachfragelücke zu füllen. Die dadurch angeregte zusätzliche Produktion würde sodann zum Abbau der Arbeitslosigkeit führen. Umgekehrt ist es ebenso Aufgabe des Staates, Überhitzungserscheinungen, also Überauslastungen des Produktionspotentials, durch Rückführung der Staatsaufträge entgegenzusteuern.

Die folgende Übersicht, stellt die wesentlichen Punkte dieses Politikkonzeptes zusammen:

- Bedeutendster Vertreter: John M. Keynes
- Annahme, dass die Wirtschaft (und insbesondere der private Sektor) tendenziell instabil ist. Überlässt man die Wirtschaft sich selbst, kann es zu einem *volkswirtschaftlichen Gleichgewicht bei gleichzeitiger Unterbeschäftigung* (Arbeitslosigkeit) kommen. Staatseingriffe sind somit notwendig.
- Unterbeschäftigung liegt vorwiegend in einer zu geringen gesamtwirtschaftlichen Nachfrage begründet.
- Als Steuergrößen sind vor allem die (staatliche) Konsum- und Investitionsgüternachfrage vorgesehen, da Nachfrageimpulse relativ kurzfristig wirksam werden.
- Angenommener Wirkungsmechanismus: Nachfrage → Produktion → Einkommen
- Der Staat soll durch antizyklisches Nachfrageverhalten den Konjunkturschwankungen entgegensteuern. In einer Rezessionsphase soll der Staat verstärkt Güter nachfragen, auch wenn er sich dadurch verschulden muss (*deficit spending*). Geplant ist, dass er die Verschuldung in Boomphasen wieder abbauen kann, da er in dieser Phase durch Ausgabenkürzungen und Einnahmenerhöhungen Überhitzungserscheinungen entgegenwirkt.
- Die Geldpolitik als eher mittelfristig wirkendes Mittel soll unterstützend eingesetzt werden (*diskretionäre Geldpolitik*). Insbesondere soll sie Anreize für die gewünschte Nachfrageentwicklung setzen.

Typische Maßnahmen zur Konjunkturbelebung sind z. B. staatliche Investitionsprogramme, Beeinflussung der Konsumnachfrage durch

Steuergestaltung und Umverteilungsmaßnahmen sowie Zinssenkungen zur Belebung der Investitionsnachfrage.

Angebotsorientierte Konjunkturpolitik

Angebotspolitik Bei der angebotsorientierten Konkunkturpolitik wird ein grundsätzlich anderer Ansatz gewählt. Nachfrage soll im Wesentlichen nicht vom Staat sondern von den privaten Unternehmen ausgeübt werden. Ist die gesamtwirtschaftliche Produktion zu gering, so müssen hiernach private Investoren zu verstärkter Produktionstätigkeit angeregt werden. Aufgabe des Staates ist es, die Rahmenbedingungen so zu beeinflussen, dass ein entsprechendes *Investitionsklima* geschaffen wird.

Die nachstehende Übersicht stellt die grundsätzlichen Aspekte dieses Konzeptes zusammen:

- Bedeutender Vertreter: Milton Friedman
- Der Staat soll sich weitestgehend aus dem Wirtschaftsgeschehen heraushalten und vorwiegend auf *ordnungspolitische Maßnahmen* beschränken.
- Es wird angenommen, dass die Wirtschaft aus sich heraus eine *Tendenz zum Gleichgewicht* hat. Die beobachtbaren Konjunkturschwankungen sind die Folge der wirtschaftspolitischen Eingriffe. Wesentlicher Grund hierfür sei, dass die antizyklische Wirtschaftspolitik durch Zeitverzögerungen eher prozyklisch wirkt.
- Unterbeschäftigung und mangelndes Wachstum liegt an angebotsseitigen Störungen insbesondere unzureichender (privater) Investitionstätigkeit. Dementsprechend liegen die staatlichen Aufgaben in der Förderung privater Investitionen.
- Angenommener Wirkungsmechanismus: Produktion → Einkommen → Nachfrage
- Als Steuergröße wird statt der Fiskalpolitik der Geldpolitik der Vorrang eingeräumt. Dabei geht es vorwiegend um die Steuerung der Geldmenge. Die Geldmengenpolitik soll dabei möglichst stetig, d. h. berechenbar, verlaufen, damit die Wirtschaftssubjekte (insbes. Investoren) eine verlässliche Planungsgröße haben. Ziel ist, die Liquiditätsversorgung zu sichern und den Geldwert stabil zu halten (*potentialorientierte Geldpolitik*).

Typische Maßnahmen der angebotsorientierten Konjunkturpolitik sind z. B. Beseitigung von Investitionshemmnissen, Subventionsabbau und Betonung des Leistungsgedankens, Abbau der Staatsverschuldung, um den Staatseinfluss zu reduzieren, eine an der Wachtumsrate des Produktionspotentials ausgerichtete Geldmengenpolitik und Beeinflussung der Lohnpolitik im Sinne von Lohnzurückhaltung.

1.7 Ökologisches Wachstum und Nachhaltigkeit

1.7.1 Wachstum und Umweltschutz als Zielkonflikt?

Quantitative und qualitative Dimension des Wachstums

Das Ziel eines angemessenen und stetigen Wirtschaftswachstums wurde bereits als ein Ziel des „magischen Vierecks"genannt. Seine Erfüllung wird traditionell mit Hilfe der Wachstumsrate des Bruttoinlandsproduktes gemessen. Dies zeigt, dass das Ziel in erster Linie quantitativ interpretiert wird. Durch Änderungen im gesellschaftlichen Bewusstsein im Hinblick auf Umweltproblematiken ist diese quantitative Sichtweise längst nicht mehr allgemein akzeptiert. Kritiker weisen darauf hin, dass eine jährliche Wachstumsrate von z. B. 2% einen exponentiellen Prozess darstellt, dem nicht mit gleicher Rate wachsende Ressourcen gegenüber stehen.

Wachstum kann jedoch nicht nur quantitativ sondern auch qualitativ interpretiert werden.

Am Beispiel der Messung des Bruttoinlandsproduktes lässt sich dieser Unterschied recht gut verdeutlichen.

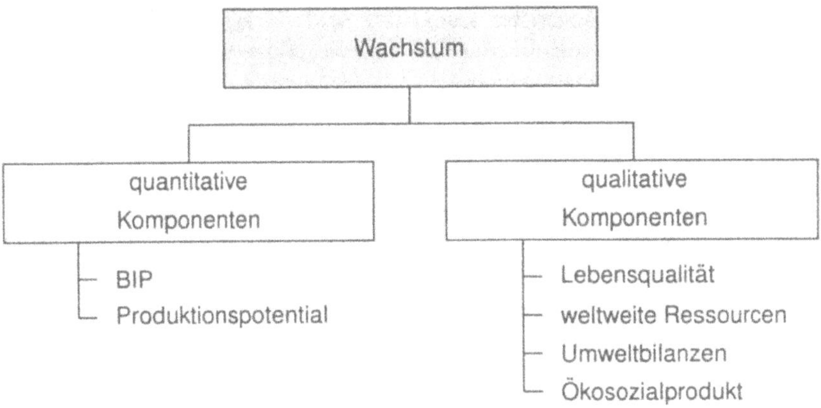

Abbildung 1.7: Quantitatives und qualitatives Wachstum

Beispiel:
Das Bruttoinlandsprodukt soll die in einer Volkswirtschaft innerhalb eines bestimmten Zeitraumes (z. B. ein Jahr) geschaffenen Werte messen. Diesem Ziel wird die Größe jedoch nur bedingt gerecht. So werden zwar die Werte der hergestellten Produkte und Dienstleistungen erfasst, der Ressourcenverbrauch, Umweltschäden etc. gehen jedoch nicht als Wertverlust ein. Die Beseitigung/Behebung von Schäden, die durch die Produktion oder die Nutzung entstehen (Umweltschäden, Krankheiten, Unfallfolgen), erhöht wiederum das Sozialprodukt. Eine die qualitative Komponente mitberücksichtigende Interpretation des Wachstums müsste den Ressourcenverbrauch und die produktionsbedingten Schäden mitberücksichtigen.

Externe Effekte

Mit dieser Argumentation steht das bereits in Kapitel 1.1.1 angesprochene Konzept der externen Effekte im Zusammenhang. Im Sinne der dort eingeführten Diktion müssen bei einer qualitativen Betrachtung der Wirtschaftsentwicklung nicht nur die privaten sondern vielmehr die sozialen Kosten und Erträge zur Beurteilung herangezogen werden.

Wachstum steht folglich nicht zwingend im Zielkonflikt mit dem Umweltschutz. Vielmehr ist eine weiterführende Interpretation dieses Ziels erforderlich, in der qualitative Gesichtspunkte eine stärkere Rolle als bisher spielen.

Prinzip der Nachhaltigkeit

Gefordert werden muss letztendlich, dass Güterproduktion und Güterverbrauch in einer Volkswirtschaft, aber auch im internationalen Zusammenhang, nur in dem Maße erfolgt, als sich die Natur selbst wieder regenerieren kann. Dies wird als das *Prinzip des nachhaltigen Wirtschaftens* oder auch als *Prinzip der Nachhaltigkeit (sustainable development)* bezeichnet. 1987 wurde dieser Begriff erstmalig im Bruntland-Bericht der Weltkommission für Umwelt und Entwicklung aufgenommen. Er wird dort in Sinne eines intergenativen Ausgleichs interpretiert. Das bedeutet, dass die jetztige Generation ihre Bedürfnisse nur in dem Ausmaß befriedigen darf, als sie dadurch nicht die Bedürfnisbefriedigungsmöglichkeiten der zukünftigen Generationen beeinträchtigt. Dies erfordert natürlich den Erhalt der Natur und schließt einen Ressourcenraubbau oder eine über die Aufnahmefähigkeit der Natur hinausgehende Umweltverschmutzung aus.

Beispiel:
Klimakonvention: Auf der Umweltkonferenz von 1992 in Rio de Janeiro wurde im Rahmen der Agenda 21 das Ziel vereinbart, den Ausstoß an klimaschädlichen Treibhausgasen wie z. B. CO_2 zu vermindern bzw. bis zum Jahr 2000 auf das Niveau von 1990 zurück zu führen.

Eingriffsregelung seit 1993: Schon im Rahmen der Bauleitplanung ist für zu erwartende Eingriffe in Natur und Landschaft ein Ausgleich einzuleiten (BNatSchG i.V.m. BauGB). Dies ist z. B. bei der Erschließung neuer Baugebiete der Fall.

Beispiel:
Eine Ackerfläche wird durch Gebäude und Straßen z. T. versiegelt. Durch die Anlage eines Feuchtbiotopes erfolgt dafür eine ökologische Aufwertung, so dass der Eingriff insgesamt ausgeglichen wird.

1.7.2 Staatliche Umweltpolitik

4 Prinzipien der Umweltpolitik

Die staatliche Umweltpolitik kann nach vier wesentlichen Prinzipien gegliedert werden:

- Vorsorgeprinzip
- Verursacherprinzip
- Kooperationsprinzip
- Gemeinlastprinzip

Vorsorgeprinzip

Das *Vorsorgeprinzip* folgt dem Grundgedanken, Maßnahmen so zu treffen, dass Umweltschäden gar nicht erst eintreten. Auflagen, Ge- und Verbote sind entsprechende Maßnahmen.

Beispiel:
Bestimmte Vorhaben wie z. B. das Betreiben einer chemischen Fabrik unterliegen einer Umweltverträglichkeitsprüfung. Manche umweltschädliche Stoffe wie DDT sind verboten.

Verursacherprinzip

Beim *Verursacherprinzip* gilt, dass der jeweilige Verursacher von Umweltschäden für die Beseitigung oder eine Kompensation aufkommen muss. Das heißt, externe Kosten werden den Verursachern angelastet (internalisiert) und somit zu privaten Kosten gemacht.

Beispiel:
Seit Oktober 1996 ist in Deutschland das Kreislaufwirtschaftsgesetz in Kraft. Im Juli 1999 wurde die EU-Richtlinie zur Altautorücknahme vom Europäischen Parlament verabschiedet.

Kooperationsprinzip

Beim *Kooperationsprinzip* sollen verschiedene gesellschaftliche Gruppen bei der Aufstellung und Durchsetzung von umweltpolitischen Zielen zusammenwirken. So werden z. B. die Betroffenen von umweltschädigenden Maßnahmen mit in die Planungen einbezogen (Anwohner beim Straßenbau). Aber auch Selbstverpflichtungen ganzer Industriezweige können zu dieser Kategorie gezählt werden.

Mit den Selbstverpflichtungen versuchen Unternehmen z. T. eventuell härteren staatlichen Verordnungen zuvor zu kommen bzw. diese zu vermeiden.

Beispiel:
Die Hersteller von Spraydosen verzichten freiwillig auf die Verwendung des Treibhausgases FCKW.

Gemeinlastprinzip

Das *Gemeinlastprinzip* steht im Gegensatz zum Verursacherprinzip. Hier muss die Gemeinschaft/der Staat für die Folgen von Umweltschäden aufkommen.

Beispiel:
Der Staat stellt Gelder bereit, um Altlasten auf dem Gebiet der ehemaligen DDR zu sanieren oder um umweltschonende Investitionen zu fördern.

1.7.3 Instrumente staatlicher Umweltpolitik

Marktliche und nichtmarktliche Instrumente

Wie in anderen Politikbereichen auch können im Rahmen der Umweltpolitik die Instrumente z. B. danach unterschieden werden, inwieweit sie in das marktliche System eingreifen bzw. ob sie marktkonform sind.

Ordnungsrechtliche Maßnahmen stellen eine *nichtmarktliche Eingriffsform* dar. Indem der Staat Verbote, Auflagen etc. erlässt, macht er von seinen Hoheitsrechten Gebrauch. Sowohl das Vorsorgeprinzip als auch das Verursacherprinzip kommen hierbei zur Anwendung.

Vielfach wird jedoch versucht, durch Setzung von *marktlichen Anreizen* das gewünschte Verhalten der Marktteilnehmer zu erzielen. Diese Anreizsetzung ist im Wesentlichen nichts anderes als die Internalisierung von externen Effekten. Bei negativen externen Effekten werden Abgaben erhoben, bei positiven externen Effekten erfolgt eine Subventionierung.

Beispiel:
Durch die Ökosteuer auf z. B. Benzin wird der Benzinverbrauch verteuert. Dies setzt auf der Nachfrageseite Anreize, sparsamer mit Benzin umzugehen und auf der Angebotsseite, die Herstellung benzinsparender Motoren zu forcieren.

Die Erhebung von Abgaben entspricht dem Verursacherprinzip. Bei der Subventionierung kommt dagegen das Gemeinlastprinzip zum Tragen.

Der Staat kann auch selbst als Nachfrager von „Umweltleistungen“ am Markt auftreten. Hier steht wiederum das Gemeinlastprinzip

Instrument	Maßnahme	Beispiel
Ordnungsrecht	Gebote und Verbote Umweltauflagen	Abfallgesetz
Ökonomische Instrumente	Umweltabgaben Ökosteuern Umweltlizenzen Subventionen	Benzinsteuer Windkraft-förderung
Staatliche Ausgaben	Umweltsanierung Umweltschutz-investitionen	Renaturierung von Flusslandschaften
Planerische Instrumente	Landschaftsplanung Gewässerschutz Luftreinhaltung Abfallentsorgung	Naturschutzgebiete
Umwelterziehung	Information Beratung Bildung	

Tabelle 1.4: Umweltpolitische Instrumente

im Vordergrund.

Neben den bereits erwähnten ordnungsrechtlichen Instrumenten sind *umweltplanerische Instrumente* und *Umwelterziehung* als weitere nichtfiskalische Instrumente zu nennen. Hierbei geht es oft um ganze Maßnahmenbündel und deren möglichst günstige Abstimmung im Hinblick auf den Schutz bestimmter Umweltbereiche.

Beispiel:
Mit der Ausweisung eines bestimmten Gebietes als Naturschutzgebiet sind einerseits Einwirkungsverbote verbunden, andererseits werden in diesen Gebieten häufig Renaturierungsinvestitionen durchgeführt und sie werden durch geeignete Informationspolitik zur umweltpolitischen Bildung der Bürger genutzt.

Insofern finden wieder verschiedene Prinzipien (Vorsorge- und Gemeinlastprinzip) Anwendung.

Tabelle 1.4 fasst die umweltpolitschen Instrumente zusammen.

1.8 Arbeitsmarktpolitik

Der Arbeitsmarkt ist stärker als andere Märkte durch eine Vielzahl institutioneller Regelungen gekennzeichnet. Dies liegt daran, dass das

Besonderheiten des Arbeitsmarktes

Gut Arbeitskraft einige Besonderheiten gegenüber anderen Gütern aufweist. Die Arbeit ist z. B. *untrennbar mit dem Träger* - dem Arbeitnehmer - *verbunden*. Investitionen in die Weiterqualifikation der Arbeitnehmer unterliegen somit dem Risiko, dass der Arbeitnehmer kündigt und diese Investitionen quasi mitnimmt. Des Weiteren hat der Arbeitsmarkt natürlich auch eine ganz entscheidende *soziale Komponente*. Arbeitslosigkeit ist nicht nur ein Problem in dem Sinne, dass volkswirtschaftliche Ressourcen nicht effizient genutzt werden. Arbeitslosigkeit beeinträchtigt unter Umständen auch den sozialen Frieden in einer Volkswirtschaft, führt zu Krankheiten bei den Betroffenen und zu Spannungen zwischen gesellschaftlichen Gruppen.

Die Betonung der Sonderstellung des Arbeitsmarktes heißt jedoch nicht, dass die Marktkräfte im Sinne von Wettbewerb überhaupt keine Rolle mehr spielen. Sie sind allerdings zum Teil abgeschwächt bzw. durch komplexere Regelungsmechanismen ersetzt.

1.8.1 Aufgabe und Rolle der Tarifparteien

Koalitionsfreiheit

Auf dem Arbeitsmarkt werden die Arbeitsbedingungen (Lohnhöhe, Arbeitszeit etc.) häufig in *Tarifverträgen* festgelegt. Diese werden von den sogenannten *Tarifparteien*, d. h. Gewerkschaften auf der einen Seite und Arbeitgeberverbänden oder einzelnen Arbeitgebern auf der anderen Seite, abgeschlossen. Grundlage der Tarifbeziehungen ist die im Grundgesetz Art. 9 III verankerte *Koalitionsfreiheit* und das Tarifvertragsgesetz (TVG).

Tarifautonomie

Es gilt das Prinzip der *Tarifautonomie*. Das bedeutet, dass die Tarifparteien ohne staatliche Eingriffe frei Tarifverträge aushandeln dürfen.

Arten von Tarifverträgen

Die Tarifverträge können nach verschiedenen Gesichtspunkten gegliedert werden, von denen hier nur kurz die wichtigsten angesprochen werden.

- nach Geltungsbereich
  - Hat ein einzelner Arbeitgeber bzw. ein einzelnes Unternehmen mit einer Gewerkschaft einen Tarifvertrag abgeschlossen, so spricht man von einem *Haus- oder Firmentarifvertrag* .
  - Ist der Vertragspartner der Gewerkschaft ein Arbeitgeberverband handelt es sich um einen *Verbands- oder Flä-*

chentarifvertrag.

- nach Regelungsinhalt
  - In *Lohn- und Gehaltstarifverträgen* werden, wie der Name schon sagt, Regelungen über Fragen des Arbeitsentgelts getroffen. Für eine bestimmte Anzahl an Tarifgruppen wird die Vergütungshöhe festgelegt.
  - In *Manteltarifverträgen* (Rahmentarifverträge) werden alle übrigen Arbeitsbedingungen, die nicht direkt Lohn- und Gehaltsfragen betreffen, geregelt. Als Beispiele seien z. B. die Arbeitszeit, Urlaub etc. genannt.
  - Zum Teil werden über spezielle Regelungstatbestände z. B. vermögenswirksame Leistungen, Rationalisierungsschutzabkommen oder Vorruhestandsregelungen separate Tarifverträge abgeschlossen.

  Die Aufteilung der verschiedenen Arbeitsbedingungen auf unterschiedliche Tarifverträge hängt mit der Laufzeit zusammen. Während Lohn- und Gehaltsfragen i. d. R. jährlich neu verhandelt werden, haben Manteltarifverträge meist eine Laufzeit von mehreren Jahren.

Friedenspflicht

Während der Laufzeit der Tarifverträge unterliegen die Tarifparteien der *Friedenspflicht.* In dieser Zeit ist es ihnen nicht gestattet, Arbeitskampfmaßnahmen zum Zweck der Neuregelung der in den Tarifverträgen vereinbarten Arbeitsbedingungen durchzuführen. Insofern bietet der Tarifvertrag innerhalb seiner Laufzeit eine sichere Kalkulationsgrundlage für die Vertragspartner.

Tarifbindung

Es gibt verschiedene Möglichkeiten, durch die ein Arbeitsverhältnis der Tarifbindung unterliegen kann:

Verbandsmitgliedschaft

- Tarifbindung entsteht, wenn der Arbeitgeber und der Arbeitnehmer *Mitglied der tarifschließenden Parteien* sind. Das heißt, der Arbeitnehmer muss gewerkschaftlich organisiert sein und der Arbeitgeber muss entweder Mitglied im mit der Gewerkschaft vertragschließenden Arbeitgerverband sein oder mit dieser einen Haustarifvertrag abgeschlossen haben.

Arbeitsvertragliche Bezugnahme

- Ist ein Arbeitnehmer nicht Mitglied der entsprechenden tarifschließenden Gewerkschaft, so unterliegt das Arbeitsverhältnis nicht der Tarifbindung. Durch die *Bezugnahme im Arbeitsvertrag* kann der Tarifvertrag jedoch trotzdem zur Grundlage des individuellen Arbeitsverhältnisses werden.

In der Praxis wird seitens der Arbeitgeber in aller Regel kein Unterschied gemacht, ob der Arbeitnehmer Gewerkschaftsmitglied ist oder nicht. Der Grund für dieses Verhalten der Arbeitgeber liegt darin, dass eine Differenzierung zuungunsten von Nicht-Gewerkschaftsmitgliedern die Organisationsbereitschaft bzw. den Organisationsgrad unter den Arbeitnehmern steigern würde, was im Hinblick auf künftige Tarifverhandlungen für den Arbeitgeber nicht vorteilhaft ist.

Negative Koalitionsfreiheit

Da die Koalitionsfreiheit aus Art 9 III GG sowohl als Recht, einer Koalition beizutreten, als auch als Recht, dieser fernzubleiben (*negative Koalitionsfreiheit*), zu verstehen ist, sind darüber hinaus Bestimmungen in Tarifverträgen, die die Anwendung der Regelungen des Tarifvertrages auf Gewerkschaftsmitglieder beschränken oder dem Arbeitgeber vorschreiben, nur Gewerkschaftsmitglieder zu beschäftigen (closed-shop-Regelungen), unzulässig.

Allgemeinverbindlichkeitserklärung

- Neben diesen Möglichkeiten kann ein Tarifvertrag vom Bundesminister für Arbeit und Sozialordnung für *allgemeinverbindlich* erklärt werden. Die Möglichkeit, Tarifverträge für allgemeinverbindlich zu erklären, basiert auf dem § 5 des Tarifvertragsgesetztes. Danach können die Anwendung von tariflichen Regelungen auf zuvor nicht erfasste Arbeitsverhältnisse zwingend vorgeschrieben werden.

Das Verfahren sieht so aus, dass seitens mindestens einer Tarifvertragspartei ein entsprechender Antrag an den Bundesminister für Arbeit und Sozialordnung gerichtet wird. Wenn neben einigen weiteren Voraussetzungen ein öffentliches Interesse vorliegt, kann der Bundesminister den Tarifvertrag für allgemeinverbindlich erklären, so dass er dann für alle Arbeitsverhältnisse im räumlichen und fachlichen Geltungsbereich des Tarifvertrages zur Anwendung kommen muss.

Bedeutung der Tarifbindung

Organisationsgrade

Hinsichtlich der Tarifgebundenheit kann auf der Arbeitnehmer- bzw. Gewerkschaftsseite von einem Organisationsgrad von ca. 30 - 40 % ausgegangen werden. Dieser ist jedoch zwischen den einzelnen Branchen höchst unterschiedlich (z.B. nur ca. 10 % in der Gewerkschaft Handel, Banken und Versicherungen und über 90 % in der IG Bergbau).

Auf der Arbeitgeberseite ist der Organisationsgrad höher (1998 in

Westdeutschland bei ca. 50 %). In Ostdeutschland liegt der Anteil der tarifgebundenen Unternehmen deutlich niedriger bei ca. 34 %.

Das Bundesministerium für Arbeit und Sozialordnung gibt an, dass die tarifgebundenen Unternehmen allerdings ca. 90 % der sozialversicherungspflichtigen Arbeitnehmer beschäftigen. Andere Studien gehen von einer etwas geringeren Deckungsrate von ca. 75 % für Gesamtdeutschland (bzw. in Westdeutschland 60 - 98 % je nach Branche und 63 % für Ostdeutschland) aus.

Dezentralisierungstendenzen

Da die Tarifbindung des Arbeitgebers das in der Praxis entscheidende Kriterium für die Anwendung der Tarifverträge auf die Arbeitsverhältnisse ist, kann man sagen, dass somit ca. 75 - 90 % der Arbeitsverhältnisse von Tarifverträgen gedeckt sind. In letzter Zeit sind allerdings Tendenzen sichtbar, die auf eine stärkere Dezentralisierung bzw. einen Rückgang der Tarifbindung auf der Arbeitgeberseite hindeuten. Dabei sind es jedoch nicht so sehr Austritte aus Arbeitgeberverbänden, die dies bewirken, sondern vielmehr eine verstärkte Zurückhaltung bei jüngeren Betrieben, in einen Verband einzutreten.

Die Zahl der für allgemeinverbindlich erklärten Tarifverträge schwankt ständig. Anfang 1998 waren 547 Tarifverträge allgemeinverbindlich, darunter 147, die (auch) in den neuen Bundesländern gelten.

1.8.2 Staatliche Arbeitsmarktpolitik

Im Hinblick auf das wirtschaftspolitische Ziel eines hohen Beschäftigungsstandes greift der Staat auf dem Arbeitsmarkt ein.

Ein wesentlicher *Träger* der arbeitsmarktpolitischen Maßnahmen ist die *Bundesanstalt für Arbeit* mit Sitz in Nürnberg.

Zunächst muss zwischen

- passiver Arbeitsmarktpolitik und
- aktiver Arbeitsmarktpolitik

unterschieden werden.

Passive Arbeitsmarktpolitik

Im Rahmen der *passiven Arbeitsmarktpolitik* geht es um die Verwaltung und Unterstützung der vorhandenen Arbeitslosen. Arbeitslose erhalten unter bestimmten Voraussetzungen Arbeitslosengeld oder Arbeitslosenhilfe.

Aktive Arbeitsmarktpolitik

Die *aktive Arbeitsmarktpolitik* dagegen hat zum Ziel, Arbeitslosigkeit zu verhindern und Arbeitslose durch geeignete Maßnahmen wieder in den Arbeitsmarkt zu integrieren. Hierunter fallen z. B. Beratungsleistungen, Umschulungen, Fort- und Weiterbildungsmaßnahmen.

Arbeitsgesetze Daneben wirkt der Staat über die *Gesetzgebung* auf den Arbeitsmarkt ein. Die Ausgestaltung z. B. des Kündigungsrechts hat Auswirkungen auf die Entscheidungen von Arbeitgebern.

Bündnis für Arbeit Bereits häufiger, zuletzt auf Initiative der rot-grünen Bundesregierung, wird versucht, durch ein *„Bündnis für Arbeit"* Vereinbarungen zum Abbau der Arbeitslosigkeit zu erzielen. Idee dieses *korporatistischen Ansatzes* ist es, dass die Tarifpartner gemeinsam mit Vertretern der Bundesregierung zu Gesprächen zusammenkommen. Im Rahmen dieser Gespräche soll auf ein beschäftigungsförderndes Verhalten der beteiligten Parteien hingewirkt werden, z. B. mäßige Tarifforderungen auf Gewerkschaftsseite und Beschäftigungszusagen auf Arbeitgeberseite.

1.9 Einkommens- und Vermögenspolitik

1.9.1 Einkommensentstehung

In einer Volkswirtschaft werden Güter und Dienstleistungen in einem *Produktionsprozess* erstellt. In diesem Produktionsprozess werden *Produktionsfaktoren* in einer geeigneten Kombination eingesetzt.

Nettosozialprodukt zu Faktorkosten Das Ergebnis dieses Produktionsprozesses ist eine gesamtwirtschaftliche Einkommensgröße: das *Nettosozialprodukt zu Faktorkosten.* Die Verwendung der Produktionsfaktoren erfolgt nicht unentgeltlich. Die Faktoren erhalten eine Entlohnung. Aus Sicht der produzierenden Unternehmen stellt die Entlohnung der Produktionsfaktoren *Faktorkosten* dar. Aus Sicht der Faktorbesitzer stellt diese Entlohnung ein Einkommen dar. Summiert man alle an die Faktoren gezahlten Faktorkosten, so erhält man das *Volkseinkommen* (Nettosozialprodukt zu Faktorkosten). Dieser Zusammenhang ist in Abb. 1.8 dargestellt.

Das Einkommen des Produktionsfaktors Boden ist die *Bodenrente* (Pacht, Miete). Der Produktionsfaktor Kapital erhält ein *Kapitaleinkommen* (Zinsen, Gewinne). Der Produktionsfaktor Arbeit erhält ein *Arbeitseinkommen* (Löhne, Gehälter).

1.9.2 Arten der Einkommensverteilung

Von besonderem Interesse für die Einkommenspolitik ist eine Untersuchung der Einkommensverteilung. Zwei Kategorien von Konzepten können hierbei unterschieden werden:

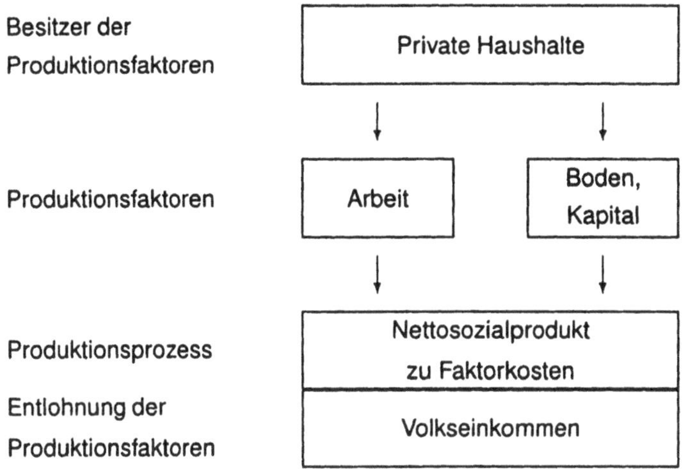

Abbildung 1.8: Einkommensentstehung

Nach dem Zeitpunkt, zu dem die Einkommensverteilung erfolgt, unterscheidet man die

- *Primärverteilung* und die
- *Sekundärverteilung.*

Eine Unterscheidung nach den bei der Primärverteilung beteiligten Größen ist die in

- *Funktionale Einkommensverteilung* und
- *Personelle Einkommensverteilung.*

Funktionale Einkommensverteilung

Einkommen der Produktionsfaktoren

Als Funktionale Einkommensverteilung bezeichnet man die Aufteilung des gesamten Volkseinkommens auf die einzelnen Faktorarten (siehe Abb. 1.9) . Theoretisch ist deshalb eine Gliederung in Bodenrenten, Kapitaleinkommen und Arbeitseinkommen oder auch eine noch genauere Abgrenzung (z. B. Einkommen aus qualifizierter Arbeit und Einkommen aus unqualifizierter Arbeit) möglich. Da die statistische Erfassung jedoch außerordentlich schwierig ist, verwendet man typischerweise nur zwei Einkunftsarten: Die Einkommen aus unselbstständiger Tätigkeit (Produktionsfaktor Arbeit) und die Einkommen aus Unternehmertätigkeit und Vermögen (Produktionsfaktoren Kapital und Boden).

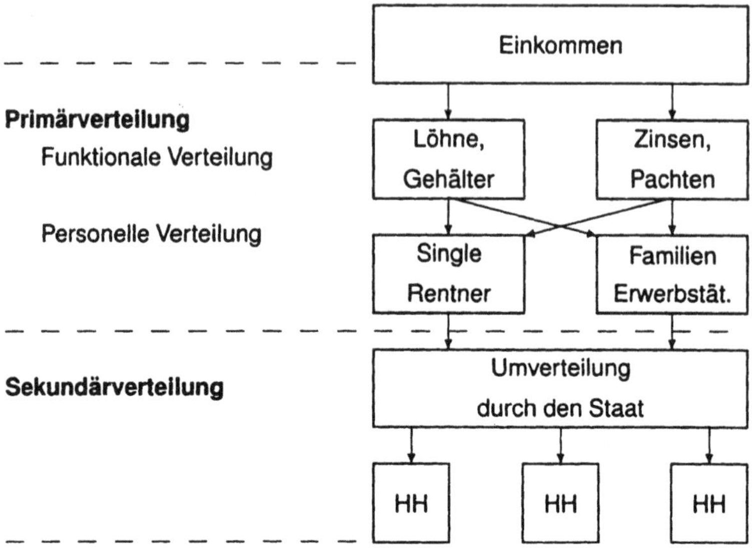

Abbildung 1.9: Einkommensverteilung

	Einkommen aus unselbstständiger Tätigkeit
+	Einkommen aus Unternehmertätigkeit und Vermögen
=	Volkseinkommen

Einkommen aus unselbstständiger Tätigkeit

Die *Einkommen aus unselbstständiger Tätigkeit* umfassen alle Aufwendungen der Unternehmen für den Produktionsfaktor Arbeit. Hierzu gehören die Bruttoarbeitseinkommen sowie die Arbeitgeberbeiträge zur Sozialversicherung und evtl. noch andere Aufwendungen der Arbeitgeber (z. B. betriebliche Altersversorgung).

Einkommen aus Unternehmertätigkeit und Vermögen

Die *Einkommen aus Unternehmertätigkeit und Vermögen* sind eine Sammelgröße für viele verschiedene Einkommen. Hierzu zählen

- Einkommen aus selbstständiger Tätigkeit (Landwirte, Handwerker, Freiberufler),
- Vermögenseinkommen (Zinsen, Mieten, Pachten),
- ausgeschüttete Gewinne und
- kalkulatorische Unternehmerlöhne.

Empfänger dieser Einkommen sind in erster Linie die privaten Haushalte. In geringem Umfang erzielt jedoch auch der Staat Einkommen aus Vermögen. Dies sind die *staatlichen Vermögenseinkommen* aus Finanzanlagen etc. Außerdem können auch die Unternehmen selbst ein Faktoreinkommen erzielen. Dies sind die *nicht ausgeschütteten Gewinne.*

Faktoreinkommen der privaten Haushalte

Häufig interessiert als Gesamteinkommensgröße jedoch nur das Faktoreinkommen der privaten Haushalte. Daher müssen vom Volkseinkommen die beiden oben erwähnten Einkommensteile abgezogen werden:

	Volkseinkommen
–	Unverteilte Gewinne
–	Staatliche Vermögenseinkommen
=	Faktoreinkommen der privaten Haushalte

Personelle Einkommensverteilung

Einkommen von Haushalten

Tatsächlich beziehen bestimmte Personen oder Haushalte nicht nur Einkommen einer einzelnen Art. Ein Haushalt könnte z. B. sowohl Arbeitseinkommen aus einer unselbstständigen Tätigkeit als auch Zinseinkommen aus Ersparnissen erhalten. Dieser Tatsache trägt die personelle Einkommensverteilung Rechnung. Man bildet hier bestimmte *Gruppen von Haushalten* oder betrachtet auch *einzelne Haushalte* mit ihren insgesamt erzielten Einkünften. Dies geschieht unabhängig davon, aus welcher Faktorart die Einkommen stammen (siehe Abb. 1.9).

Sinnvolle personelle Abgrenzungen wären z. B.

- Arbeitnehmerhaushalte
- Rentnerhaushalte
- Unternehmerhaushalte

oder

- Singlehaushalte
- Familienhaushalte.

1.9.3 Sekundärverteilung

Verfügbares Einkommen

Das erzielte Einkommen von Haushalten steht normalerweise jedoch nicht in vollem Umfang zum Verbrauch zur Verfügung. Von den Bruttoeinkommen aus unselbstständiger Arbeit oder den Einkommen aus Unternehmertätigkeit und Vermögen muss ein bestimmter Teil in

Form von *Steuern und Abgaben* an den Staat abgeführt werden. Das *verfügbare Einkommen* der Haushalte ist also deren Bruttoeinkommen (Primärverteilung) minus staatlicher Steuern und Abgaben. Der Staat wiederum verwendet einen Großteil der erzielten Einnahmen, um *Transferzahlungen* (z. B. Kindergeld, Wohngeld, Sozialhilfe) an bestimmte Haushalte zu leisten.

	Faktoreinkommen der privaten Haushalte
+	Empfangene Transferzahlungen
–	Direkte Steuern
–	Sozialbeiträge
=	Verfügbares Einkommen der privaten Haushalte

Angleichung der Einkommen

Das Ziel dieser staatlichen Sekundärverteilung ist es, *Gerechtigkeitsaspekte* in der Einkommensverteilung zu berücksichtigen. Der Begriff Gerechtigkeit ist äußerst schwer zu definieren und entzieht sich einer bewertungsfreien Analyse. Typische Sekundärverteilungen sind jedoch dadurch gekennzeichnet, dass von Haushalten mit hohem Einkommen überproportional viel an Steuern und Abgaben erhoben wird und Haushalte mit niedrigen Einkommen eher zu dem Empfängern der Sekundärverteilung gehören. Eine typische Sekundärverteilung ist also tendenziell durch eine *Angleichung der Einkommen* der privaten Haushalte gekennzeichnet.

1.9.4 Beschreibung der Einkommensverteilung

Einkommensquoten

Lohnquote und Gewinnquote

Bei der Messung der funktionalen Einkommensverteilung gibt es zwei wichtige Größen. Die *Lohnquote* und die *Gewinnquote*. Die Lohnquote ist der Anteil der Arbeitnehmereinkommen am Gesamteinkommen, und die Gewinnquote ist der Anteil der Einkommen aus Unternehmertätigkeit am Gesamteinkommen.

$$\text{Lohnquote} = \frac{\text{Einkommen aus unselbständiger Tätigkeit}}{\text{Volkseinkommen}}$$

$$\text{Gewinnquote} = \frac{\text{Eink. aus Unternehmertätigkeit u. Vermögen}}{\text{Volkseinkommen}}$$

Nach dem 2. Weltkrieg zeigte sich zunächst ein kontinuierlicher Anstieg der Lohnquote in Deutschland. Zu Beginn der 80er Jahre ergab sich der bisherige Höchststand. Die Werte liegen seitdem jedoch nur unwesentlich unter diesem Höchststand.

Jahr	Lohnquote
1965	65,3
1970	68,0
1975	73,1
1980	75,8
1985	73,0
1990	69,9
1995	71,6

Kritik am Indikator Lohnquote

Man könnte aus diesen Zahlen vorschnell schließen, dass sich die Verteilungsposition der Arbeitnehmer in den Nachkriegsjahren kontinuierlich verbessert hat. Die Aussagekraft dieser Lohnquote unterliegt jedoch einigen Einwänden:

- Die Abgrenzung zwischen Arbeitnehmern und Unternehmern ist nicht immer eindeutig. Der Vorstandsvorsitzende eines großen Unternehmens wird beispielsweise zu den Arbeitnehmern, ein selbstständig arbeitender Freiberufler hingegen zu den Unternehmern gezählt.
- Eine Veränderung der Lohnquote kann auch durch eine Verschiebung der Anteile von unselbstständig tätigen Personen und unternehmerisch tätigen Personen hervorgerufen werden. In diesem Fall hat sich unter Umständen der tatsächliche Einkommensanteil der Bezieher von Arbeitseinkommen gar nicht verbessert; ihre Anzahl hat sich nur vergrößert.
- Auch unternehmerisch tätige Personen erbringen in ihrem Unternehmen sehr oft ganz normale Arbeitsleistungen. Trotzdem wird ihr gesamtes Einkommen zu den Gewinneinkommen gezählt.

Eine sinnvolle Abgrenzung zwischen Arbeitnehmern in Führungspositionen und selbstständig tätigen in kleinen Unternehmen ist nur schwer möglich. Die beiden letzten genannten Probleme können jedoch durch besondere Indizes berücksichtigt werden.

Bereinigte Lohnquote

Die bereinigte Lohnquote ermittelt man, indem die Personenzahlen der Bezieher von Einkommen aus unselbstständiger Tätigkeit und die der Bezieher von Einkommen aus Unternehmertätigkeit und Vermögen für mehrere Jahre rechnerisch festgeschrieben werden. Die Verteilung eines Basisjahres (z. B. 60% Bezieher von Einkommen aus unselbstständiger Tätigkeit und 40% Bezieher von Einkommen aus Unternehmertätigkeit und Vermögen) wird rechnerisch auch für die folgenden Jahre unterstellt. Die Lohnquote wird so um die *Verschie-*

bung der Anteile der beiden Gruppen *bereinigt* und ist deshalb ein geeigneterer Index für die Ermittlung der Veränderung des Einkommensanteils der jeweiligen Gruppen.

Arbeitseinkommensquote

Kalkulatorischer Unternehmerlohn

Um die im eigenen Unternehmen von dem Unternehmer erbrachten Arbeitsleistungen inhaltlich korrekt als Einkommen des Faktors Arbeit zu erfassen, bildet man die Größe „Arbeitseinkommen". Sie umfasst neben den Einkommen aus unselbstständiger Tätigkeit einen kalkulatorischen Unternehmerlohn für die im eigenen Unternehmen erbrachten Leistungen. Ziel ist es, alle arbeitsbezogenen Einkommen in der Größe „Arbeitseinkommen" zu erfassen. Als Maßstab für die Entlohnung aller Selbstständigen und im eigenen Betrieb mithelfenden Familienangehörigen dient das durchschnittliche Bruttoeinkommen von beschäftigten Arbeitnehmern.

	Einkommen aus unselbstständiger Tätigkeit
+	kalkulatorischer Unternehmerlohn
=	Arbeitseinkommen

Die Arbeitseinkommensquote wird nach dem gleichen Prinzip wie die Lohnquote und die Gewinnquote gebildet:

$$\text{Arbeitseinkommensquote} = \frac{\text{Arbeitseinkommen}}{\text{Volkseinkommen}}$$

Lorenz-Kurve

Abbildung der personellen Einkommensverteilung

Während die Lohnquote eher ein Maß für die funktionale Einkommensverteilung darstellt, ist die *Lorenz-Kurve* ein Instrument, um die *personelle Einkommensverteilung* abzubilden. Hierbei werden die Haushalte einer Volkswirtschaft nach der Einkommenshöhe geordnet. In einem Diagramm (siehe Abb. 1.10) werden dann auf der x-Achse die kumulierten Einkommensbezieher und auf der y-Achse die kumulierten Einkommen abgetragen. Eine 45 Grad Linie in diesem Diagramm stellt die Kurve der Gleichverteilung dar. Die Lorenz-Kurve zeigt die tatsächliche Verteilung an. Je stärker sie von der Gleichverteilungslinie entfernt ist, desto höher ist der Grad der Einkommensungleichheit.

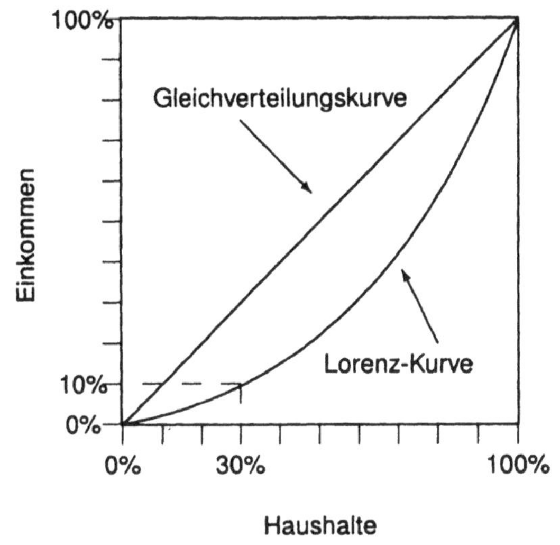

Abbildung 1.10: Lorenz-Kurve

Beispiel:
Im in Abbildung 1.10 dargestellten Fall würden z. B. die 30% einkommensschwächsten Haushalte nur ca. 10% des Volkseinkommens erhalten.

Im Extremfall, wenn nur ein einziger Einkommensbezieher das gesamte Volkseinkommen beziehen würde, ergäbe sich die Lorenz-Kurve als senkrechte Linie beim 100% Punkt.

1.9.5 Staatliche Einkommens- und Vermögenspolitik

Beeinflussung der personellen Einkommensverteilung

Die staatliche *Einkommenspolitik* versucht in erster Linie, die personelle Einkommensverteilung zu beeinflussen.

Im Rahmen der *Primärverteilung* kann der Staat nur bedingt eingreifen. Die Lohnpolitik ist aufgrund des Grundsatzes der Tarifautonomie weitestgehend seinem Kompetenzbereich entzogen. Er kann jedoch z. B. durch die Bildungspolitik das Einkommenserzielungspotential der Bürger beeinflussen.

Förderung der Vermögensbildung

Die *Vermögenspolitik* hat zum Ziel, speziell die Vermögensbildung bei Arbeitnehmern zu fördern. Beispiele sind

- Sparförderung durch Prämien (Vermögensbildungsgesetz) und

Steuervergünstigungen und

- Förderung von Gewinnbeteiligungskonzepten.

Sekundärverteilung

Die *Sekundärverteilung* ergibt sich, indem die Primärverteilung durch Umverteilungsmaßnahmen modifiziert wird. Hier greift der Staat durch seine Steuer- und Sozialgesetzgebung ein.

Das Marktsystem kann im Idealfall Leistungsgerechtigkeit liefern. Da die Märkte jedoch nicht vollkommen sind und zudem die Startbedingungen der Wirtschaftssubjekte höchst unterschiedlich sind, besteht der Wunsch die marktliche Einkommensverteilung zu modifizieren. Der Leistungsgerechtigkeitsgedanke soll dabei zwar nicht aufgegeben werden, er wird jedoch um Aspekte im Sinne einer Bedarfsgerechtigkeit ergänzt. Der progressive Einkommensteuertarif in der Bundesrepublik Deutschland ist Ausdruck dieses Ansatzes.

1.10 Übungsfragen zu Kapitel 1

1. Welche Rechtfertigungsgründe gibt es für staatliches Eingreifen in einer Marktwirtschaft?
2. Erläutern Sie Möglichkeiten zur Behebung von externen Effekten!
3. Was sind öffentliche Güter?
4. Was ist mit dem Stabilitätsziel im Rahmen der Wirtschaftspolitik gemeint und wo ist es gesetzlich verankert?
5. Welches sind die wichtigsten Träger der Wirtschaftspolitk?
6. Nehmen Sie eine Aufteilung der Wirtschaftspolitik auf einzelne Teilbereiche vor und erläutern Sie diese!
7. Was besagt die Drei-Sektoren-Hypothese?
8. Nennen Sie mögliche Ursachen von Konjunkturschwankungen!
9. Diskutieren Sie die These: Wirtschaftliches Wachstum und Umweltschutz schließen sich gegenseitig aus!
10. Was besagt der Begriff Tarifautonomie?
11. Erläutern Sie die verschiedenen Arten von Tarifverträgen! Was sind die grundsätzlichen Unterschiede?
12. Was versteht man unter aktiver und passiver Arbeitsmarktpolitik?

13. Diskutieren Sie die Aussagekraft des Indikators „Lohnquote“!

1.11 Literatur

Baßeler, U.; Heinrich, J.; Koch, W.: Grundlagen und Probleme der Volkswirtschaft, 15. Aufl., Bachem, Köln 1999.

Bender, D. u. a. (Hrsg.): Vahlens Kompendium der Wirtschaftstheorie und Wirtschaftspolitik Bd. 2, 7 Aufl., Vahlen, München 1999.

Kapitel 2

Geldpolitik, Geld- und Kapitalmarkt, Globalisierte Märkte

2.1 Geldbegriff, Geldschöpfung und -vernichtung

2.1.1 Ströme im Wirtschaftskreislauf

Ein vollständiger Wirtschaftskreislauf beinhaltet typischerweise zwei Arten von Strömen: Güterströme und Geldströme.

Güterströme sind reale Ströme. Produktionsfaktoren wandern von den Haushalten über Märkte zu den Unternehmen und Konsumgüter (sogenannte finale Güter) von den Unternehmen über Märkte zu den Haushalten (siehe Abb. 2.1). **Güterströme**

In genau umgekehrter Richtung fließt die Bezahlung für diese Faktoren und Güter. Dies sind die *Geldströme*. Sie stellen die Ausgaben der Haushalte für Konsumgüter, die Verkaufserlöse der Unternehmen für verkaufte Konsumgüter, die Entgelte der Unternehmen für eingesetzte Produktionsfaktoren (Faktorkosten) und die Einkommen der Haushalte für bereitgestellte Produktionsfaktoren dar. **Geldströme**

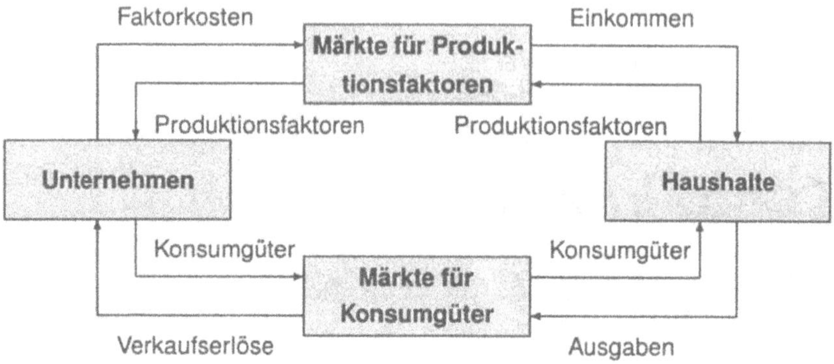

Abbildung 2.1: Geldströme und Güterströme in einer Volkswirtschaft

2.1.2 Geldfunktionen

Da sich die Definition des Geldes stark an den Funktionen des Geldes orientiert, werden hier zunächst die wichtigsten *Geldfunktionen* beschrieben:

Geld als Recheneinheit

Relative Preise Der Wert bzw. der Preis von Gütern läßt sich grundsätzlich als *relativer Preis* ausdrücken.

Beispiel:
Ein Apfel ist so viel Wert wie drei Kartoffeln, eine Kartoffel ist so viel Wert wie eine halbe Birne, usw.

Bei dieser Art der Preisfestsetzung erhält man jedoch eine sehr große Zahl von relativen Preisen, deren Verwendung sehr aufwändig, wenn nicht gar unmöglich wäre.

Geldpreise Die Zahl der Preise verringert sich jedoch drastisch, wenn man sie als *Geldpreise* ausdrückt.

Beispiel:
Aus dem obigen Beispiel wird dann z.B. ein Apfel kostet 3 Euro, eine Kartoffel kostet 1 Euro und eine Birne kostet 2 Euro.

Man bringt die Preise auf einen „gemeinsamen Nenner" und kann sie dadurch wesentlich leichter vergleichen, addieren, subtrahieren usw.

Die Funktion des Geldes als *Recheneinheit* besteht folglich darin, dass sämtliche Güter in einer Volkswirtschaft in Geldeinheiten ausgedrückt werden und dadurch unmittelbar vergleichbar sind.

Funktion der Recheneinheit

Geld als allgemeines Tauschmittel

Tausch Ware gegen Ware

Diese Funktion folgt einer ähnlichen Argumentation wie die der Recheneinheit. Moderne Volkswirtschaften sind *hochspezialisierte Tauschwirtschaften* in denen ständig eine große Zahl an Tauschgeschäften stattfindet. Bei einer großen Anzahl von Tauschgeschäften macht es jedoch keinen Sinn, direkt Ware gegen Ware zu tauschen. Jeder Anbieter müsste einen großen Suchaufwand eingehen, um einen Nachfrager zu finden, der genau seine Ware abnehmen möchte und gleichzeitig auch genau die Ware anbietet, die er selbst benötigt.

Tausch Ware gegen Geld

Es ist deshalb wesentlich sinnvoller, zunächst die Ware gegen Geld zu verkaufen und dann mit diesem erlösten Geld eine andere Ware zu kaufen. Entscheidend ist jedoch, dass es sich bei diesem Geld um ein *allgemein anerkanntes Tauschmittel* handelt, so dass jeder, der Ware gegen Geld verkauft hat, sicher sein kann, dass er mit diesem Geld auch wieder etwas anderes kaufen kann.

Geld als Wertaufbewahrungsmittel

Vorteile der Geldaufbewahrung

Bei dem oben beschriebenen Vorgang – Verkauf gegen Geld / Kauf mit dem erlösten Geld – kann zwischen den beiden Geschäften theoretisch ein beliebig langer Zeitraum liegen. Im Geld wird die erbrachte Leistung (die hergegebene Ware) praktisch gespeichert und kann später wieder reaktiviert werden. Dies hat einerseits den Vorteil, dass Leistung und Gegenleistung *nicht mehr zeitgleich* erbracht werden müssen (und Ware z. B. verderben kann). Zweitens bietet sich die Möglichkeit, ganz bewusst zu *sparen*, d.h. eine Leistung heute zu erbringen und die Gegenleistung erst morgen in Anspruch zu nehmen.

Funktionierendes Geldwesen

In einem *funktionierenden Geldwesen* erfüllt das Geld alle drei Funktionen gleichzeitig. In der Wirtschaftsgeschichte gibt es allerdings genügend Beispiele dafür, dass Geld zeitweise zumindest eine der drei Funktionen nicht erfüllen konnte. In Zeiten starker *Inflation* ist z. B. die Wertaufbewahrungsfunktion stark eingeschränkt. In extremen Situationen kann auch die Tauschmittelfunktion oder die Funktion der Recheneinheit betroffen sein.

Beispiel:
Nach dem 2. Weltkrieg blieben die Preiskontrollen aus der Kriegszeit zunächst erhalten. Da wichtige Nahrungsmittel jedoch immer noch rationiert waren, bildeten sich Schwarzmärkte, auf denen die Preise ein Vielfaches der festgesetzten Höchstpreise betrugen. Das offizielle Geld (Reichsmark) verlor in dieser Situation seine Fähigkeit, die Geldfunktionen zu erfüllen. Stattdessen fand eine Ersatzwährung in Form von Zigaretten Verwendung („Zigarettenwährung"). Zigaretten dienten hierbei als Tauschmittel und Recheneinheit.

2.1.3 Definition des Geldes

Tauschmittelfunktion

Eine Definition des Geldes ist nicht ganz einfach. Man orientiert sich hier meistens an der Tauschmittelfunktion. Alles, was die *Funktion als allgemeines Tauschmittel* erfüllt, ist als Geld anzusehen. Demnach zählen zum Geld solche Vermögensteile, die im Rahmen des nationalen Zahlungsverkehrs generell zur Erfüllung von Verbindlichkeiten akzeptiert werden. Nach dieser Definition zählen heute zum Geld:

- Banknoten
- Münzen
- Sichtguthaben bei Banken (Buchgeld oder Giralgeld)

Gesetzliche Zahlungsmittel

Banknoten und Münzen sind in Deutschland *gesetzliche Zahlungsmittel.* Beide erfüllen somit die allgemeine Tauschmittelfunktion und fallen dadurch eindeutig unter die Gelddefinition.

Sichtguthaben erfüllen Zahlungsmittelfunktion

Sichtguthaben hingegen sind kein gesetzliches Zahlungsmittel. Würde man sie deshalb jedoch vom Geldbegriff ausnehmen, so wäre der Geldumfang stark eingeengt. Da in der Realität Sichtguthaben in aller Regel zur Begleichung von Verbindlichkeiten geeignet sind bzw. akzeptiert werden, scheint es sinnvoll, sie in die Gelddefinition einzubeziehen.

2.1.4 Geldmengenabgrenzungen

Bestimmung der Geldmenge

Um die Menge des Geldes, die in einer Volkswirtschaft im Umlauf ist, zu bestimmen, werden *Geldmengenabgrenzungen* oder *Geldmengenaggregate* herangezogen.

- *Geldmenge M1*: Die Geldmenge M1 orientiert sich eng an der oben genannten Definition. Sie umfaßt – grob gesprochen – alle in einer Volkswirtschaft vorhandenen Bestände an Banknoten,

Münzen und Sichtguthaben.

- *Geldmenge M2*: Auf die Funktion der Sichtguthaben als allgemeines Tauschmittel wurde bereits oben hingewiesen. Ebenso kann argumentiert werden, dass auch *Terminguthaben* als Tauschmittel verwendet werden können. Auch die Terminguthaben eines Wirtschaftssubjektes bestimmen darüber, welche Kaufkraft dieses am Markt entfalten kann. Terminguthaben sind als Zahlungsmittel zwar nicht so gut geeignet wie Sichtguthaben, weil sie nur im Rahmen bestimmter Fristen zur Verfügung stehen. Trotzdem entfalten sie eine, wenn auch geringere, Kaufkraft bei den Wirtschaftssubjekten. Die Geldmengenabgrenzung M2 umfaßt deshalb zusätzlich zu den Bestandteilen von M1 auch Terminguthaben.
- *Geldmenge M3*: Die Argumentation setzt sich bei den *Sparguthaben* fort. Diese haben zwar noch längere Fristen als Terminguthaben und sind folglich noch schlechter als Tauschmittel geeignet. Trotzdem entfalten auch sie in bestimmtem Maße eine Kaufkraft. M3 berücksichtigt dies und fügt deshalb der Geldmenge M2 auch noch die Sparguthaben hinzu.

Die Geldmengenabgrenzungen stellen sich somit wie folgt dar:

M1 = Banknoten und Münzen + Sichtguthaben
M2 = M1 + Terminguthaben
M3 = M2 + Sparguthaben

„M3 erweitert"

Die *Europäische Zentralbank* (und vorher auch bereits seit einiger Zeit die Deutsche Bundesbank) verwendet das Geldmengenaggregat *„M3 erweitert"*. Hier sind zusätzlich zur herkömmlichen Abgrenzung M3 noch bestimmte Arten von *Geldmarktfonds* erfasst.

Geldbestandteile bei Nichtbanken

Bei all diesen Geldmengenabgrenzungen ist noch folgende wichtige Einschränkung zu beachten: Zur Geldmenge (nach M1 oder M2 usw.) zählen nur die Geldbestandteile in den Händen von *Nichtbanken* (Haushalte, Staat, Unternehmen außer Banken usw.).

Nicht zur Geldmenge zählen also z. B. das Bargeld im Tresor einer Bank, die Guthaben einer Sparkasse bei der Deutschen Bundesbank oder die Guthaben einer Sparkasse bei einer anderen Sparkasse.

2.1.5 Zentralbankengeld und Geschäftsbankengeld

Eine zentrale Rolle im Prozess der Geldschöpfung und Geldvernichtung nimmt in fast allen Ländern der Welt eine *Zentralbank* ein. In Deutschland war dies lange die Deutsche Bundesbank, die ihre Kompetenzen jedoch seit dem 01.01.1999 weitgehend an die Europäische Zentralbank abgetreten hat.

Geldschöpfung durch die Zentralbank Eine Zentralbank kann (in den meisten Fällen) selbst Geldnoten drucken, Münzen prägen und Guthaben auf eigenen Konten (Sichtguthaben) einräumen. Diese Geldbestandteile stellen *Zentralbankgeld* dar.

Geldschöpfung durch die Geschäftsbanken Neben der Zentralbank gibt es jedoch noch die sogenannten Geschäftsbanken (Banken, Sparkassen, Postbank usw.). Auch sie können in gewissem Umfang Geld schaffen (siehe Kap. 2.1.6), und zwar, indem sie Sicht-, Termin- oder Sparguthaben einräumen. Dieses Geld nennt man *Geschäftsbankengeld*.

2.1.6 Geldschöpfung und Geldvernichtung

Es gibt zwei Möglichkeiten, wie Geld entstehen und in Umlauf kommen kann.

Einführung einer neuen Währung Zum einen wird bei *Einführung einer Währung* normalerweise ein Teil des alten Geldes in neues Geld umgetauscht.

Dies war z. B. bei der Währungsunion zwischen der Bundesrepublik und der DDR 1990 der Fall. Es galt hier ein allgemeiner Umstellungssatz von 2:1 (und für Guthaben von Privatpersonen bis zu bestimmten Höchstbeträgen der Satz 1:1). Durch die Währungsunion hat sich die Geldmenge M3 um 15% erhöht. Einen stärkeren „Kopfgeld-Charakter“ hatte die Währungsreform von 1948. Hier wurden pro Person 60 DM gegen 60 Reichsmark ausgegeben.

Geldschöpfung Die zweite und wichtigere Quelle der Geldentstehung ist jedoch die sogenannte *Geldschöpfung*. Hierbei unterscheidet man

- die Schöpfung von Zentralbankgeld und
- die Schöpfung von Geschäftsbankengeld.

Schöpfung von Zentralbankgeld

Der Geldschöpfungsprozess wird im Folgenden an einem einfachen Beispiel verdeutlicht: Man stelle sich vor, es gäbe nur eine *Zentralbank* und keine Geschäftsbanken. Es sei zwar bereits Geld im Umlauf, was jedoch zur Vereinfachung vernachlässigt wird. Zusätzlich sei *ein weiteres Unternehmen* betrachtet, dessen einziger Vermögensgegenstand eine bestimmte Anzahl an Wertpapieren (z. B. Bundesanleihen) ist.

Nicht-kreditweise Geldschöpfung

Die Bilanzen dieser Wirtschaftssubjekte haben dann folgendes Aussehen:

Zentralbankbilanz

0	0

Unternehmensbilanz

Wertpapiere	Kapital

Schöpfung von Bargeld

Der Geldschöpfungsprozess läuft nun folgendermaßen ab: Das Unternehmen geht zur Zentralbank und verkauft dieser ihre Wertpapiere. Es erhält dafür Banknoten. Bei der Zentralbank entsteht auf der Aktivseite ein Posten für die erhaltenen Wertpapiere. Auf der Passivseite stehen die ausgegebenen Banknoten, da sie buchungstechnisch eine Verbindlichkeit der Zentralbank darstellen. Beim Unternehmen findet ein Aktivtausch statt. Anstelle der Wertpapiere hat es nun die Banknoten in seinem Vermögensbestand.

Zentralbankbilanz

Wertpapiere	Banknoten im Umlauf

Unternehmensbilanz

Banknoten	Kapital

Durch diesen Vorgang ist Geld – und zwar Zentralbankgeld – entstanden. Der Umlauf an Banknoten hat sich erhöht. Auf analoge Weise kann auch wieder Geld vernichtet werden. Die Zentralbank verkauft ihre Wertpapiere am Wertpapiermarkt und erhält dafür Banknoten zurück. Die Wertpapiere tauchen wieder in der Bilanz eines Käufers auf. Der Banknotenumlauf hat sich damit wieder reduziert.

Schöpfung von Sichtguthaben

Auf die gleiche Art und Weise kann natürlich auch anderes Zentralbankgeld, also z. B. Sichtguthaben, geschaffen werden. Die Bank kauft von einem Unternehmen Wertpapiere und schreibt den Gegenwert auf einem Konto gut. Die Bilanzen sehen dann folgendermaßen aus:

Zentralbankbilanz

Wertpapiere	Verbindlichkeit gegenüber dem Unternehmen

Unternehmensbilanz

Guthaben auf Zentralbankkonto	Kapital

Diese Art der Geldschöpfung wird *nicht-kreditweise Geldschöpfung* genannt. Es wird Geld durch den Ankauf von Vermögen geschöpft oder durch den Verkauf von Vermögen vernichtet.

Kreditweise Geldschöpfung

Geldschöpfung durch Zentralbankkredit

Im Gegensatz zur nicht-kreditweisen Geldschöpfung ist auch eine *kreditweise* Geldschöpfung möglich. Die Zentralbank kauft hierbei keine Wertpapiere an, sondern räumt einen Kredit ein (der jedoch oft durch Wertpapiere abgesichert sein muss). Vor der Geldschöpfung sei wieder die gleiche Ausgangslage wie oben angenommen:

Zentralbankbilanz

0	0

Unternehmensbilanz

Wertpapiere	Kapital

Nach der Geldschöpfung hat das Unternehmen immer noch die Wertpapiere in seinem Bestand. Die Gegenbuchung zu dem nun vorhandenen Bargeld erfolgt jedoch jetzt in einer *Kreditverbindlichkeit* gegenüber der Zentralbank:

Zentralbankbilanz

Kreditforderung gegenüber dem Unternehmen	Banknoten im Umlauf

Unternehmensbilanz

Wertpapiere	Kapital
Banknoten	Verbindlichkeit gegenüber der Zentralbank

Schöpfung von Geschäftsbankengeld

Zweistufige Bankenstruktur

In Deutschland (und in vielen anderen Ländern) treten die Unternehmen nicht direkt in Kontakt mit der Zentralbank. Diese Aufgabe wird von Geschäftsbanken übernommen, die quasi „zwischengeschaltet" werden. Man spricht daher auch von einer *zweistufigen Bankenstruktur* (siehe Abb. 2.2). Die Schaffung von Zentralbankgeld läuft zwischen Zentralbank und Geschäftsbanken wie oben beschrieben ab. Auch die Geschäftsbanken selbst können jedoch Geld schöpfen und zwar sogenanntes *Geschäftsbankengeld*. Geschäftsbankengeld besteht aus Guthaben bei Geschäftsbanken.

Es gibt zwei Arten der Schöpfung von Geschäftsbankengeld:

- aktive Geldschöpfung
- passive Geldschöpfung

Aktive Geldschöpfung

Bei der *aktiven Geldschöpfung* gewährt die Geschäftsbank einer Nichtbank einen *Kredit* und schreibt diesen auf einem Konto gut.

Geschäftsbank

Kreditforderung gegenüber der Nichtbank	Verbindlichkeit in Form von Sichtguthaben

Nichtbank

Sichtguthaben bei der Geschäftsbank	Kreditverbindlichkeit gegenüber der Geschäftsbank

Das Guthaben einer Nichtbank bei einer Geschäftsbank stellt Geld dar, und zwar Geschäftsbankengeld. Obwohl in diesem Fall gar kein Zentralbankgeld beteiligt ist, hat sich die Geldmenge erhöht (vgl. Kap. 2.1.4).

Abbildung 2.2: Zweistufige Bankenstruktur

Passive Geldschöpfung

Bei der *passiven Geldschöpfung* dagegen ist Zentralbankgeld im Spiel. Dies ist z. B. der Fall, wenn ein Kunde (Nichtbank) bei seiner Bank (Geschäftsbank) Bargeld (Zentralbankgeld) einzahlt.

Geschäftsbank	
0	0

Nichtbank	
Wertpapiere	Kapital

Dieser Betrag wird dem Kunden zwar auf seinem Konto gutgeschrieben. Gleichzeitig vermindert sich das im Umlauf befindliche Zentralbankgeld, weil das eingezahlte Bargeld jetzt im Tresor der Geschäftsbank liegt. Die *Geldmenge ist folglich bei der passiven Geldschöpfung unverändert geblieben*: Es ist mehr Geschäftsbankengeld im Umlauf, dafür aber weniger Zentralbankgeld.

Geschäftsbank	
Bargeld	Verbindlichkeit in Form von Sichtguthaben

Nichtbank	
Sichtguthaben bei der Geschäftsbank	Kapital

Grenzen der Geldschöpfung

Wie oben gezeigt, läuft die Schaffung von Geschäftsbankengeld ohne direkte Beteiligung der Zentralbank ab. Dies bedeutet jedoch nicht, dass die Geschäftsbanken *„unbegrenzt“ Geschäftsbankengeld schöpfen* können. Sie können zwar selbstständig Geld schöpfen, sind dabei jedoch auf Zentralbankgeld angewiesen. Dies hat zwei Gründe:

Barreserve

- *Barreserve*: Bei der aktiven Geldschöpfung entstehen zunächst nur Sichtguthaben. Die Geschäftsbank muss jedoch immer damit rechnen, dass der Kunde (Nichtbank) dieses Geld auch abheben möchte. Hierfür benötigt die Geschäftsbank Bargeld. Da sie das Bargeld nicht selbst drucken kann, ist sie hier auf die Zentralbank angewiesen. Auch wenn es unwahrscheinlich ist, dass alle Kunden gleichzeitig ihre gesamten Guthaben abheben möchten, so muss dennoch ein bestimmter Anteil (z. B. 5%) der Guthaben immer als Bargeld bereit gehalten werden. Diesen Teil nennt man auch Barreserve.

Mindestreserve

- *Mindestreserve*: Die meisten Zentralbanken verplichten die Geschäftsbanken, eine sogenannte Mindestreserve zu halten. Eine Mindestreservepflicht ist meistens so ausgestaltet, dass die Geschäftsbank für einen bestimmten Prozentsatz der bei ihr bestehenden Guthaben permanent Guthaben auf einem Zentralbankkonto bereithalten muss (z. B. 10%). Dieses Guthaben auf dem Zentralbankkonto stellt Zentralbankgeld dar und kann deshalb ebenfalls von der Geschäftsbank nicht selbstständig geschöpft werden. Auch hier ist sie auf die Zentralbank angewiesen.

Zusammenfassend lässt sich festhalten: Die Geschäftsbanken können nicht unbegrenzt aktivisch Geschäftsbankengeld schöpfen, weil sie stets einen bestimmten Prozentsatz an Barreserve und Mindestreserve benötigen. Diese können sie sich jedoch nur bei der Zentralbank beschaffen.

2.2 Aufgaben und Instrumente der Europäischen Zentralbank

Bundesbank und EZB

Bis Ende 1998 war die *Deutsche Bundesbank* die Zentralbank und Notenbank der Bundesrepublik Deutschland. Mit der Gründung der Europäischen Zentralbank (EZB) sind die geldpolitischen Kompetenzen größtenteils auf das Europäische System der Zentralbanken (ESZB) übergegangen. Da die EZB sich z. T. stark am Vorbild der Deutschen Bundesbank orientiert, werden die ehemaligen Aufgaben und Instrumente der Bundesbank noch einmal knapp in Kap. 2.2.1 dargestellt.

2.2.1 Die Deutsche Bundesbank

Aufgaben der Bundesbank

Aufgaben der Bundesbank

Die Deutsche Bundesbank hatte bis Ende 1998 nach § 3 des Bundesbankgesetzes folgende Aufgaben:

- Sie hatte für die bankmäßige Abwicklung des Zahlungsverkehrs im Inland und mit dem Ausland Sorge zu tragen.
- Ihr oblag die Regelung des Geldumlaufs und der Kreditversorgung der Wirtschaft, mit dem Ziel, die Währung zu sichern.

Die *Abwicklung des Zahlungsverkehrs* ist eine traditionelle, eher administrative Aufgabe und beinhaltet die Aufrechterhaltung eines geordneten Geldwesens. Sie ist jedoch gesamtwirtschaftlich bei weitem nicht so bedeutend wie die zweite Aufgabe und wird daher an dieser Stelle nicht weiter behandelt.

Ziel: Sicherung der Währung

Die *Regelung des Geldumlaufs, mit dem Ziel die Währung zu sichern* ist eine wesentlich kompliziertere und vielschichtigere Aufgabe. Dies hat im Wesentlichen zwei Gründe:

- Geldwertstabilität ist ein wichtiges *gesamtwirtschaftliches Ziel* (das z. B. auch im „magischen Viereck" enthalten ist). Die Erreichung dieses Zieles kann jedoch unter Umständen äußerst schwierig sein. Zur Erreichung dieses Zieles stand der Bundesbank deshalb ein relativ umfangreiches Instrumentarium zur Verfügung (siehe nächster Abschnitt).
- Zwischen dem Ziel der Geldwertstabilität und anderen gesamtwirtschaftlichen Zielen können sogenannte *trade offs* bestehen. Die Erreichung eines Zieles geht dann zu Lasten der Verwirklichung eines anderen Zieles. Eine Regierung könnte z. B. versuchen, zur Verringerung der Arbeitslosigkeit ihre Ausgaben mit Hilfe von Zentralbankkrediten (Ausgabenfinanzierung mit der „Notenpresse") drastisch zu erhöhen. Dies würde zu einer Ausdehnung der Geldmenge und zu Inflation führen. Um solche Zielkonflikte zu vermeiden bzw. um zu verhindern, dass in dieser Art Geldpolitik betrieben wird, war die Bundesbank *unabhängig von Weisungen der Regierung*. Grundsätzlich war die Bundesbank zwar verpflichtet, die *allgemeine Wirtschaftspolitik der Regierung zu unterstützen*. Diese grundsätzliche Verpflichtung war jedoch folgerichtig auch beschränkt auf die Fälle, in denen das Hauptziel, nämlich die Sicherung der Währung, nicht Gefahr gerät.

Begriff: Sicherung der Währung

Die *Interpretation* des Zieles *„Sicherung der Währung"* war übrigens durchaus nicht so eindeutig. Einerseits kann man hierunter die *binnenwirtschaftliche Stabilität* verstehen. Sicherung der Währung ist dann gleichbedeutend mit Wahrung der binnenwirtschaftlichen Kaufkraft des Geldes, sprich Verhinderung von Inflation. Andererseits hat der Begriff jedoch auch eine *außenwirtschaftliche Dimension*, nämlich die Sicherung der Kaufkraft der Währung im Ausland. Hier spielen insbesondere die Wechselkurse eine entscheidende Rolle. Eine

Abwertung der Währung führt zu einer Verminderung der Kaufkraft im Ausland. Trotzdem gab es kaum Zweifel, dass die binnenwirtschaftliche Interpretation des Zieles Vorrang vor der außenwirtschaftlichen hatte.

Instrumente der Bundesbank

Refinanzierungspolitik

Im Rahmen der *Refinanzierungspolitik* kamen die Geschäftsarten Diskontkredit und Lombardkredit zur Anwendung. Beide wurden ausschließlich mit Kreditinstituten durchgeführt. Beim *Diskontkredit* handelt es sich um einen Ankauf von Handelswechseln (und einigen anderen Wertpapierarten). Gutgeschrieben wird hierbei jedoch nicht der Nennbetrag sondern ein mit dem *Diskontsatz* abgezinster Betrag. Der *Lombardkredit* ist hingegen ein Kredit, bei dem Handelswechsel und andere Wertpapiere als Pfand hinterlegt werden. Dieser Kredit wird zum sogenannten Lombardsatz gewährt.

Offenmarktpolitik

Die *Offenmarktpolitik* war grundsätzlich an den offenen Markt gerichtet. Das wichtigste Geschäft, die sogenannten *Wertpapierpensionsgeschäfte* wurde jedoch ebenfalls nur mit Kreditinstituten abgeschlossen. Wertpapierpensionsgeschäfte sind Wertpapierkäufe mit Rückkaufvereinbarung. Die Bundesbank kaufte hier besondere Wertpapierarten mit einem Abschlag und traf gleichzeitig die Vereinbarung, dass die Kreditinstitute diese nach einer bestimmten Zeit wieder zurückkaufen mussten.

Sowohl Refinanzierungspolitik als auch Offenmarktpolitik dienten letztlich dazu, die Banken mit Zentralbankgeld zu versorgen.

Mindestreservepolitik

Die *Mindestreservepolitik* hingegen setzte nicht direkt bei der Zentralbankgeldbeschaffung der Kreditinstitute an. Sie hatte jedoch großen Einfluß auf deren Zentralbankgeldbedarf. Ursprünglich dienten Mindestreservepolitiken als Maßnahme zur Sicherung von Kundeneinlagen. Seit Bestehen der Bundesbank wurden sie jedoch ausschließlich als liquiditätspolitisches Instrument eingesetzt. Der Mindestreservepflicht unterlagen Einlagen von Nichtbanken bei Kreditinstituten (Geschäftsbanken) und zwar Sichtguthaben, Terminguthaben und Spareinlagen. Die Mindestreservesätze waren zum Schluss jedoch recht niedrig (bei 1,5%–2%).

2.2.2 Aufgaben und Instrumente des ESZB

Aufgaben des ESZB

Das Ziel des ESZB ist im Wesentlichen dem der Bundesbank gleich. Allerdings ist es etwas stärker präzisiert worden. Das vorrangige Ziel des ESZB ist die *Gewährleistung der Preisstabilität* (Artikel 2 der Satzung des ESZB). Soweit es ohne Gefährdung des Ziels der Preisstabilität möglich ist, *unterstützt das ESZB die allgemeine Wirtschaftspolitik in der Gemeinschaft* (EU). **Hauptziel des ESZB**

Die *grundlegenden Aufgaben* des ESZB (Artikel 3 der ESZB-Satzung) sind genauso denen der Bundesbank ähnlich, jedoch ebenfalls etwas genauer ausformuliert. Sie bestehen darin, **Grundlegende Aufgaben des ESZB**

- die Geldpolitik der Gemeinschaft festzulegen und auszuführen,
- Devisengeschäfte durchzuführen,
- die offiziellen Währungsreserven der Mitgliedstaaten zu halten und zu verwalten und
- das reibungslose Funktionieren der Zahlungssysteme zu fördern.

Aufbau des ESZB

Das ESZB besteht aus der EZB und den nationalen Zentralbanken der EU-Länder (darunter also auch die Bundesbank). Innerhalb des ESZB verwendet man den Begriff *Euro-System* für die EZB und die Zentralbanken der Euro-Länder. Über das Euro-System nimmt das ESZB seine Aufgaben im Euro-Raum war. Diese Begriffsunterscheidung ist nur notwendig, solange noch nicht alle EU-Mitgliedsstaaten den Euro eingeführt haben. **Euro-System**

	EZB
+	Zentralbanken der Euro-Länder
=	Euro-System
+	Zentralbanken der übrigen EU-Länder
=	ESZB

Die EZB hat *drei Beschlussorgane*: Direktorium, EZB-Rat und Erweiterter Rat. Das Direktorium besteht aus 6 Mitgliedern. Der EZB-Rat besteht aus dem Direktorium und den Präsidenten der Zentralbanken der Euro-Länder. Im Erweiterten Rat sind dagegen die Präsidenten aller EU-Länder vertreten. Die Aufgaben der Organe sind in Abb. 2.3 aufgelistet. **Organe der EZB**

Direktorium der EZB	Aufgaben
– Präsident der EZB – Vizepräsident der EZB – 4 weitere Mitglieder	– Durchführung der Geldpolitik – Vorbereitung der Sitzungen des EZB-Rates – Tagesgeschäft der EZB

EZB-Rat	Aufgaben
– Direktorium der EZB – Präsidenten der Zentralbanken der Euro-Länder	– Festlegung der Geldpolitik des Euro-Gebietes, darunter insbesondere Festlegung der Zinssätze

Erweiterter Rat	Aufgaben
– Direktorium der EZB – Präsidenten der Zentralbanken aller EU-Länder	– Beteiligung an Beratungs- und Koordinierungsaufgaben der EZB – Beteiligung an Vorbereitungen für Erweiterung des Euro-Raumes

Abbildung 2.3: Beschlussorgane der Europäischen Zentralbank EZB

Geldpolitische Instrumente des ESZB

Die geldpolitischen Instrumente des ESZB entsprechen in ihrer Wirkungsweise grundsätzlich denen der Deutschen Bundesbank. Sie sind jedoch im Einzelnen anders ausgestaltet und tragen andere Bezeichnungen.

Handlungsrahmen der Geldpolitik

Der *Handlungsrahmen* des ESZB umfasst alle verfügbaren geldpolitischen Instrumente. Er untergliedert sich in drei Bereiche:

- Offenmarktgeschäfte
- Ständige Fazilitäten
- Mindestreservehaltung

Diese Bereiche werden im Folgenden einzeln dargestellt.

Offenmarktgeschäfte

5 Instrumente in der Offenmarktpolitik

Offenmarktgeschäfte bilden den Schwerpunkt des geldpolitischen Instrumentariums. Der Großteil der geldpolitischen Geschäfte wird hierdurch abgewickelt. Für die Offenmarktpolitik stehen dem ESZB *fünf Instrumente* zur Verfügung:

1. *Befristete Transaktionen*: Für einen bestimmten Zeitraum (Frist) stellt das ESZB einer Bank Liquidität (d. h. Zentralbankgeld) zur Verfügung. Sie sind als *Pensionsgeschäft* (Ankauf von Wertpapieren mit Rückkaufvereinbarung) oder als *Pfandkredit* (Kredit mit Wertpapieren als Pfand) ausgestaltet. Inhaltlich handelt es sich in beiden Fällen um einen Kredit mit Wertpapieren als Sicherheit.

2. *Definitive Käufe und Verkäufe:* Hierbei werden Wertpapiere endgültig am Markt verkauft oder gekauft. Beim Verkauf wird dem Markt Liquidität entzogen und beim Kauf Liquidität zugeführt.

3. *Emission von Schuldverschreibungen:* Das ESZB kann selbst Schuldverschreibungen emittieren. Diese werden am Wertpapiermarkt verkauft und dienen somit zur Liquiditätsabschöpfung.

4. *Devisenswapgeschäfte:* Ein Devisenswapgeschäft ist ein Geschäft, bei dem gleichzeitig ein Kassageschäft und ein Termingeschäft in Devisen durchgeführt wird. Wenn das Kassageschäft hierbei ein Kauf von Devisen ist, so wird dem Markt Liquidität zugeführt. Wenn das Kassageschäft ein Verkauf von Devisen ist, so wird ihm Liquidität entzogen.

5. *Hereinnahme von Termineinlagen:* Das ESZB nimmt von Banken Termineinlagen herein, die verzinst werden. Dieses Instrument wirkt liquiditätsverknappend.

4 Kategorien von Geschäften

Neben den Instrumenten unterscheidet man bei den Offenmarktgeschäften vier *Kategorien von Geschäften*:

1. *Hauptrefinanzierungsgeschäfte:* Über Hauptrefinanzierungsgeschäfte wird der Großteil des Zentralbankgeldbedarfs der Banken abgewickelt. Sie sollen der Öffentlichkeit Signale über den geldpolitischen Kurs geben und Marktliquidität und Zinssätze steuern. Die Laufzeit beträgt zwei Wochen.

2. *Längerfristige Refinanzierungsgeschäfte*: Hierdurch wird langfristige Liquidität bereit gestellt. Diese Geschäfte sollen keine Signalwirkung haben. Die Laufzeit beträgt drei Monate.

3. *Feinsteuerungsoperationen:* Hierdurch werden unerwartete Liquiditätsbedarfe der Banken abgedeckt, um so den Zins zu stabilisieren. Die Laufzeit ist nicht standardisiert.

4. *Strukturelle Operationen*: Diese dienen zur Beeinflussung der

strukturellen Liquiditätsposition des Bankensektors, also der vorhandenen Liquidität bei verschiedenen Laufzeiten. Die Laufzeit ist nicht standardisiert.

Ständige Fazilitäten

2 ständige Fazilitäten Ständige Fazilitäten sind Geschäfte, die jederzeit auf Wunsch der Banken durchgeführt werden. Das ESZB stellt zwei ständige Fazilitäten bereit:

1. *Spitzenrefinanzierungsfazilität:* Sie dient der Bereitstellung von Übernachtliquidität. Sie ist gleichzeitig die Obergrenze für den Tagesgeldsatz (Zinssatz für Tageskredite unter Banken).
2. *Einlagenfazilität:* Sie dient der Absorption von Übernachtliquidität und bildet die Untergrenze für den Tagesgeldsatz.

Mindestreservehaltung

Mindestreserve richtet sich nach den Passiva Die Mindestreserve unterscheidet sich sehr stark von den übrigen geldpolitischen Geschäften und Instrumenten. Die Banken sind dazu verpflichtet, eine bestimmte Mindestreserve als Einlage beim ESZB zu halten. Diese Einlage wird mit dem Zinssatz der Hauptrefinanzierungsgeschäfte verzinst. Die Höhe der Mindestreserve hängt von der Höhe der Passiva der betreffenden Bank ab. Sie beträgt 2% der Summe aus Einlagen mit einer Frist unter zwei Jahren, Schuldverschreibungen mit einer Laufzeit unter zwei Jahren und Geldmarktpapieren. Die Mindestreservepolitik dient der Stabilisierung der Geldmarktzinsen, zur Veränderung der strukturellen Liquidität und zur Unterstützung der anderen geldpolitischen Geschäfte.

In den einzelnen Geschäften kommen teilweise unterschiedliche Instrumente zum Einsatz. Eine Zuordnung findet sich in der Tabelle 2.1.

2.3 Auswirkungen der Geldpolitik auf die Geld- und Kapitalmärkte

2.3.1 Monetäre Märkte

Finanzielle Aktiva Monetäre Märkte sind Märkte, an denen *finanzielle Aktiva* gehandelt werden. Aktiva können hier als Vermögensgegenstände im weitesten Sinne verstanden werden. Diese finanziellen Aktiva treten in den unterschiedlichsten Formen auf. Sie unterscheiden sich z. B. in

Geschäft		Instrument	
		Liquiditätsbereitstellung	**Liquiditätsabschöpfung**
I. Offenmarktgeschäfte			
1.	Hauptrefinanzierungsgeschäfte	Befristete Transaktionen	–
2.	Längerfristige Refinanzierungsgeschäfte	Befristete Transaktionen	–
3.	Feinsteuerungsoperationen	Befristete Transaktionen, Devisenswaps, Definitive Käufe	Befristete Transaktionen, Devisenswaps, Hereinnahme von Termineinlagen, Definitive Verkäufe
4.	Strukturelle Operationen	Befristete Transaktionen, Definitive Käufe	Emission von Schuldverschreibungen, Definitive Verkäufe
II. Ständige Fazilitäten			
1.	Spitzenrefinanzierungsfazilität	Befristete Transaktionen	–
2.	Einlagenfazilität	–	Hereinnahme von Einlagen
III. Mindestreserven			
	Mindestreservesätze	–	Hereinnahme verzinster Einlagen zum Satz für Hauptrefinanzierungsgeschäfte

Tabelle 2.1: Geschäfte und Instrumente der Geldpolitik des ESZB

- Fristigkeit (Laufzeit),
- Gläubiger und Schuldner,
- Risiko,
- Währung,
- Verbriefung und
- Börsennotierung.

Eine Untergliederung der monetären Märkte fällt aus diesem Grund außerordentlich schwer. Eine der gebräuchlichsten Einteilungen ist jedoch die nach der Fristigkeit (siehe Abb. 2.4). Traditionell unterscheidet man hier:

- *Geldmarkt*: Forderungen/Verbindlichkeiten mit einer Fristig-

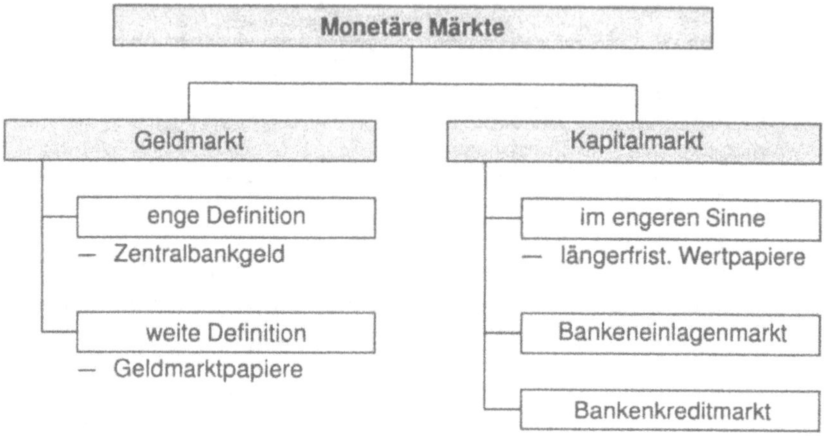

Abbildung 2.4: Monetäre Märkte

keit bis zu vier Jahren

- *Kapitalmarkt*: längerfristige Forderungen/Verbindlichkeiten

Geldmarkt

Auch der Geldmarkt ist kein einheitliches Gebilde. Man unterscheidet den *Geldmarkt im engeren Sinne* und den *Geldmarkt im weiteren Sinne.*

Geldmarkt im engeren Sinne

Markt für Zentralbankgeld

Auf diesem Markt werden *Zentralbankgeldüberschüsse* gehandelt. Marktteilnehmer sind Kreditinstitute, aber auch große Unternehmen und Kapitalsammelstellen. Die EZB nimmt auf dem Gekldmarkt im engeren Sinne nicht teil.

Notwendigkeit eines Geldmarktes

Der Handel auf diesem Markt kommt zustande, weil es ständig Banken gibt, die Zentralbankgeldüberschüsse aufweisen und andere Banken Zentralbankdefizite aufweisen. Ein *Zentralbankgeldüberschuss* entsteht dann, wenn eine Bank sich in ihrer Refinanzierung mehr Zentralbankgeld beschafft hat, als sie selbst für Mindestreserve und Barreserve benötigt (vgl. Kap. 2.1.6). Diese überschüssige Liquidität kann sie gegen Zinszahlung einer anderen Bank überlassen. Ein *Zentralbankgelddefizit* hingegen entsteht, wenn eine Bank sich mit zu wenig Liquidität in Form von Zentralbankgeld versorgt hat. Sie kann sich diese am Geldmarkt gegen Zinszahlung von einer anderen Bank für einen bestimmten Zeitraum beschaffen.

Beispiel:
Die beiden Banken A und B verfügen über einen bestimmten Bestand an Zentralbankgeld und haben gleichzeitig einen bestimmten Bedarf an Zentralbankgeld:

	Bank A	Bank B
Sichtguthaben bei der Zentralbank	100	190
Bargeld	10	40
Zentralbankgeldbestand	110	230
Zentralbankgeldbedarf	100	240
Liquiditätsüberschuss/-defizit	+ 10	–10

Der Zentralbankgeldbestand ergibt sich als Summe aus Sichtguthaben und Bargeld. Dem Bestand steht ein bestimmter Bedarf gegenüber. Dieser Bedarf entsteht aus der Notwendigkeit, eine Mindestreserve und eine Barreserve zu halten. Bank A hat insgesamt einen Überschuss an Zentralbankgeld in Höhe von 10 und Bank B ein Defizit von 10. Bank A kann jetzt als Anbieter und Bank B als Nachfrager am Geldmarkt auftreten. Für einen bestimmten Zinssatz (Geldmarktsatz) überlässt dann Bank A die Summe von 10 für einen bestimmten Zeitraum der Bank B, indem sie den Betrag von ihrem Zentralbankkonto auf das Zentralbankkonto der Bank B überweist.

Im Einzelnen werden auf dem Geldmarkt im engeren Sinne folgende Kredite gehandelt:

- Tagesgeld
- Wochengeld
- Monatsgeld
- Dreimonatsgeld
- Sechsmonatsgeld
- Neunmonatsgeld
- Zwölfmonatsgeld

Geldmarkt im weiteren Sinne

Der Geldmarkt im weiteren Sinne umfasst den Handel mit *Geldmarktpapieren*. Die wichtigesten Geldmarktpapiere sind: **Handel mit Geldmarktpapieren**

- *Schatzwechsel:* Eine vom Staat ausgestellte Urkunde, die abgezinst (diskontiert) verkauft und nach Ablauf der Frist zum Nennwert zurückgezahlt wird. Die Frist kann einige Tage bis zu 6 Monaten betragen.
- *Unverzinsliche Schatzanweisungen:* Ein Wertpapier, dass den Schatzwechseln ähnelt, aber im Gegensatz zu diesen eine längere Laufzeit (i. d. R. 6–8 Monate) hat.
- *Privatdiskonten:* Von privaten Schuldnern ausgestellte Wech-

sel, die von einer zugelassenen Akzeptbank akzeptiert wurden. Die Laufzeit beträgt 10–90 Tage.

Der größte Teil dieses Marktes besteht aus den *Offenmarktgeschäften* der EZB mit den Kreditinstituten. Ein Handel der Kreditinstitute untereinander oder zwischen Kreditinstituten und Nichtbanken findet fast nicht statt.

Kapitalmarkt

Der Kapitalmarkt lässt sich in drei Teilbereiche gliedern (siehe Abb. 2.4).

Kapitalmarkt im engeren Sinn

Markt für längerfristige Wertpapiere

Der Kapitalmarkt im engeren Sinn ist der Markt für *längerfristige Wertpapiere*. Die gehandelten Papiere lassen sich nach der Art der Erträge unterteilen:

- Dividendenpapiere: Aktien, Kuxe (Anteilscheine bei bergrechtlichen Gewerkschaften), Investmentzertifikate
- Festverzinsliche Papiere: Bankschuldverschreibungen, Industrieobligationen, Anleihen und Kassenobligationen öffentlicher Haushalte, Schuldscheine
- Finanzinnovationen: Hierunter fällt eine nahezu unüberschaubare Anzahl neuerer Wertpapierformen in den unterschiedlichsten Ausgestaltungen, wie z. B. Floater (Anleihen mit variabler Verzinsung, die an einen Referenzzinssatz gekoppelt ist), Zero-Bonds (Anleihen, die abgezinst ausgegeben werden und keine regelmäßigen Zinszahlungen haben), Swaps (Kombinationen aus Termingeschäften und Kassageschäften).

Außerdem kann man nach dem Zeitpunkt des Geschäftes innerhalb der Laufzeit des jeweiligen Papieres unterscheiden:

- *Emissionsmarkt*: Erstmalige Ausgabe von Wertpapieren. Auch Primärmarkt genannt.
- *Markt für umlaufende Wertpapiere*: Handel von Wertpapieren, deren Emission bereits zurückliegt, und deren Laufzeit (sofern überhaupt eine Laufzeit existiert) noch nicht abgelaufen ist. Dies sind z. B. die klassischen Börsenmärkte (Aktienmarkt oder Rentenmarkt).

Bankeneinlagenmarkt

Der Bankeneinlagenmarkt unfasst die typischen *Einlagegeschäfte der Kreditinstitute*. Hierunter fallen

Einlagegeschäfte der Kreditinstitute

- Sichteinlagen,
- Termineinlagen und
- Spareinlagen.

Nachfrager auf diesen Märkten sind Kreditinstitute. Als Anbieter kommen private Haushalte, Unternehmen und die öffentliche Hand in Frage.

Bankenkreditmarkt

Der Bankenkreditmarkt stellt das Pendant des Bankeneinlagemarktes dar. Kreditinstitute (als Anbieter) stellen hier ihren Kunden (den Nachfragern) Kredite zur Verfügung. Nachfrager sind wieder private Haushalte, Unternehmen und die öffentliche Hand.

Kreditgeschäfte der Kreditinstitute

Der wesentliche Unterschied zwischen dem Kapitalmarkt im engeren Sinn und dem Bankeneinlagemarkt bzw. Bankenkreditmarkt besteht in der *Fungibilität* der gehandelten Titel. Fungibilität bezeichnet die Austauschbarkeit von Wertpapieren oder anderen Titeln. Wertpapiere sind i. d. R. nicht an einen bestimmten Besitzer gebunden. Sie haben eine hohe Fungibilität. Als Folge können Wertpapiere oft problemlos an den jeweiligen Märkten an einen anderen anonymen Marktteilnehmer verkauft werden. Für Bankeinlagen und Bankkredite gilt dies nicht. Eine Weitergabe ist nicht ohne weiteres möglich. Aus diesem Grund existiert bei Bankeinlagen und Bankkrediten kein *Sekundärmarkt*.

Fungibilität als wichtiges Unterscheidungsmerkmal

Internationale Kapitalmärkte

Neben den oben beschriebenen nationalen Geld- und Kapitalmärkten existieren noch einige *internationale Märkte*. Der wichtigste hiervon ist der *Eurogeldmarkt*.

Der Eurogeldmarkt ist ein supranationaler Markt für Bankguthaben in den wichtigsten internationalen Währungen. Der Name ist irreführend: Der Markt hat nichts mit der europäischen Währung „Euro" zu tun (obwohl selbstverständlich auch Bankguthaben in Euro gehandelt werden). Marktteilnehmer sind in erster Linie große Banken, aber auch andere große Unternehmen wie z. B. Versicherungen.

Eurogeldmarkt

2.3.2 Wirkungen der Geldpolitik

Verflechtung der Geld- und Kapitalmärkte

Alle oben genannten Geld- und Kapitalmärkte sind eng miteinander verflochten. Verändert sich die Situation auf einem Markt, so werden hiervon auch die anderen Märkte betroffen.

Fortsetzung eines Effektes über alle Finanzmärkte

Die Reaktionen laufen dabei typischerweise in die gleiche Richtung. Verknappt sich die Angebotsmenge auf einem der Märkte, so wird sich auch auf den anderen Märkten eine Verknappung bemerkbar machen. Gleiches gilt für eine Änderung des Angebotes. Diesen Zusammenhang nennt man auch *Paralleleffekt*. Der Grund für diese Parallelentwicklung liegt in der teilweise recht *engen Substituierbarkeit* der Geld- oder Kapitalmarkttitel begründet. Als Folge kommt es zu Ausweichreaktionen der Marktteilnehmer.

Beispiel:
Die Zentralbank betreibt eine *expansive Geldpolitik*. Sie senkt den Zinssatz für Refinanzierungsgeschäfte. Es entsteht eine Kette von Folgen:

1. Zunächst ist der Geldmarkt im weiteren Sinne betroffen. Die Banken werden mehr Zentralbankgeld von der Zentralbank erwerben, da sich der Preis des Zentralbankgeldes (der Zinssatz) verringert hat.
2. Da die Banken sich bei der Zentralbank bereits stärker mit Zentralbankgeld versorgt haben, wird die Nachfrage am Geldmarkt im engeren Sinne zurückgehen. Auch hier wird der Zins sinken. Ein Teil der zusätzlich entstandenen Liquidität wird folglich schon auf diesem Markt abgefangen.
3. Trotzdem verbleibt ein Betrag an zusätzlicher Liquidität. Die Banken sind jetzt in der Lage ihr Kreditgeschäfte auszudehnen. Sie werden die Zinsen senken um mehr Kredite an ihre Kunden vergeben zu können. Gleichzeitig sind sie nicht mehr so stark auf Einlagen von Kunden angewiesen. Aus diesem Grund werden sie die Zinsen für Sicht-, Termin- und Spareinlagen senken. Auf dem Bankeneinlagemarkt und dem Bankenkreditmarkt sinken folglich ebenfalls die Zinssätze.
4. Private Anleger bekommen für ihre Bankeinlagen einen niedrigeren Zinssatz. Sie werden deshalb auf andere Anlageformen (z. B. Aktien oder Anleihen) ausweichen. Hiedurch steigen die Kurse der jeweiligen Wertpapiere. Eine Kurssteigerung ist gleichbedeutend mit einer niedrigeren Rendite. Auch auf dem Kapitalmarkt im engeren Sinne sinken also die Zinssätze.

5. Unternehmen können zu relativ günstigen Konditionen bei ihrer Bank Kredite aufnehmen. Sie werden deshalb verstärkt Bankenkredite verwenden und die Emission von Anleihen zurückfahren. Eine ähnliche Reaktion kann bei den öffentlichen Haushalten beobachtet werden. Auch hierdurch sinken die Zinsen auf dem Kapitalmarkt.

Eine ähnliche Reaktionskette (nur mit umgekehrten Vorzeichen) entsteht, wenn die Zentralbank die Geldmenge verknappen will und eine kontraktive Geldpolitik betreibt. Alle Geld- und Kapitalmärkte werden nach und nach betroffen, so dass letztlich auf allen Märkten die Zinsen steigen.

Auswirkungen auf die Güternachfrage

Nachdem die Auswirkungen der Geldpolitik auf die monetären Märkte beschrieben wurden, wird im Folgenden der Zusammenhang zwischen der Geldpolitik und den Preisen von Gütern und Dienstleistungen bzw. dem Preisniveau behandelt.

Wirkung der Finanzmärkte auf die Gütermärkte

Diese Verbindung zwischen den monetären Größen einer Volkswirtschaft, die sich auf den monetären Märkten herausbilden, und den Preisen auf den realen Märkten für Güter und Dienstleistungen nennt man *Transmission* oder *geldtheoretischen Transmissionsmechanismus*. Zwei wichtige Transmissionstheorien sollen kurz skizziert werden. Es handelt sich um den

- *kredittheoretischen Ansatz* und den
- *vermögenstheoretischen Ansatz.*

Kredittheoretischer Transmissionsansatz

Transmission über die Kreditkosten

Der *kredittheoretische Ansatz* betont die Bedeutung der *Kreditkosten* für die reale Nachfrage nach Investitionsgütern und sonstigen kreditfinanzierten Gütern. Der Grundzusammenhang lässt sich wie folgt beschreiben:

1. Die Geldpolitik hat Auswirkungen auf den Bankenkreditmarkt (siehe oben). Eine expansive Geldpolitik wird die Zinsen für Kredite steigen lassen. Eine expansive Geldpolitik hingegen führt zu einer Senkung der Zinsen.
2. Die Vorteilhaftigkeit von Investitionsprojekten und anderen kreditfinanzierten Ausgaben hängt in starkem Maße von den Kreditkosten ab. Bei niedrigen Kreditkosten (d. h. niedrigen Zinsen) wird die Vorteilhaftigkeit von Investitionsprojekten

steigen. Bei hohen Zinsen hingegen werden viele der zuvor lohnenden Investitionsprojekte nicht mehr rentabel sein.

3. Folglich wird mit sinkenden Zinsen der Investitionsumfang in einer Volkswirtschaft steigen und mit steigenden Zinsen der Investitionsumfang sinken.
4. Mit steigender Nachfrage nach Investitionsgütern werden die Preise der Investitionsgüter steigen. Diese gestiegenen Preise werden von den Unternehmen teilweise über die Preise für Güter und Dienstleistungen weiter gegeben. Es kommt zu einem Anstieg des Preisniveaus. Umgekehrt werden bei sinkender Investitionsnachfrage die Preise der Investitionsgüter sinken. Auch dies wird teilweise an die Preise für Güter und Dienstleistungen weiter gegeben. Das Preisniveau sinkt.

Transmission über optimale Vermögensstruktur

Der *vermögenstheoretische Transmissionsansatz* hat einen etwas anderen Schwerpunkt. Er setzt bei der *optimalen Vermögensstruktur* von privaten Wirtschaftssubjekten (z. B. Unternehmen oder Haushalten) an. Nach diesem Ansatz haben die Wirtschaftssubjekte eine bestimmte optimale Vermögensaufteilung.

Beispiel:
Ein privater Haushalt hat ein Vermögen von 100.000,- Euro. Dieses Vermögen hält er in Form von Bargeld, Aktien und hochwertigen Konsumgütern (z. B. Autos und Schmuck).

Anlageform	Betrag	Anteil
Geld	10.000	10%
Aktien	50.000	50%
hochwertige Konsumgüter	40.000	40%
Summe	100.000	100%

Angenommen sei, es handele sich hierbei um seine optimale Vermögensstruktur. Der Haushalt wünscht unabhängig von den Beträgen jeweils 10% in Geld, 50% in Aktien und 40% in Konsumgütern zu halten.

Mit einer expansiven oder restriktiven Geldpolitik tritt nun eine Störung dieses Gleichgewichtes ein. Bei einer expansiven Geldpolitik steigt die Geldhaltung des privaten Sektors; bei einer restriktiven Geldpolitik sinkt sie.

Beispiel:
Durch eine expansive Geldpolitik ist die Geldhaltung des privaten Haushaltes gestiegen. Er hat jetzt z. B. 20.000,- Euro in Geldform. Hierdurch ist seine Vermögensstruktur aus dem Gleichgewicht. Der Geldanteil ist zu groß geworden. Er muss das Geld in Aktien und Konsumgüter umschichten, um wieder die optimale Struktur zu erhalten:

Anlageform	Betrag	Anteil
Geld	11.000	10%
Aktien	55.000	50%
hochwertige Konsumgüter	44.000	40%
Summe	110.000	100%

Als Folge wird die Nachfrage der privaten Haushalte nach Sachaktiva (im Beispiel die hochwertigen Konsumgüter) bei einer expansiven Geldpolitik steigen. Hierdurch steigen die Preise von realen Gütern. Bei einer kontraktiven Geldpolitk hingegen verläuft die Reaktion genau umgekehrt. Die Preise von realen Gütern sinken.

2.4 Grundzüge der Inflationstheorie und Strategien der Inflationsbekämpfung

2.4.1 Begriff der Inflation

Merkmale der Inflation

Als *Inflation* bezeichnet man einen Prozess *anhaltender* und *erheblicher* Steigerungen des *Preisniveaus* und damit sinkenden Geldwertes. Die drei wesentlichen Merkmale bedürfen etwas näherer Erläuterung:

- *Anhaltende Steigerungen* bedeutet, dass eine kontinuierliche Erhöhung des Preisniveaus vorliegt und es sich nicht lediglich um einen einmaligen „Sprung" im Preisniveau handelt.
- *Erhebliche Steigerungen* bedeutet, dass eine gewisse Erhöhung des Preisniveaus als normal angesehen wird (ca. 1% pro Jahr) und noch nicht als Inflation bezeichnet wird.
- Steigerungen des *Preisniveaus* bedeutet, dass die Preise insgesamt steigen bzw. im Durchschnitt steigen. Das Ansteigen eines einzelnen Preises hingegen ist keine Inflation.

Tempo der Inflation

Für bestimmte Formen der Inflation werden eigene Begriffe verwendet. Nach dem Tempo der Geldentwertung bzw. der Höhe der Inflationsraten unterscheidet man zwischen *schleichender* und *galoppierender Inflation*.

- *Schleichende Inflation* liegt vor, wenn sehr niedrigere Preissteigerungsraten auftreten. Schleichende Inflation ist teilweise sehr schwer von Preisniveaustabilität zu unterscheiden, weil die Messung von Inflation mit einigen Ungenauigkeitsproblemen behaftet ist.

- *Galoppierende Inflation* ist dagegen eine Entwicklung mit schnell steigende Inflationsraten, bei der das Geld seine Funktion als Wertaufbewahrungsmittel nahezu vollständig verliert.

Sichtbarwerden der Inflation

Nach dem Sichtbarwerden der Inflation unterscheidet man außerdem zwischen *offener* und *zurückgestauter Inflation.*

- Von *Offener Inflation* spricht man, wenn sich die Preise frei bilden können und eine Inflation direkt an der Entwicklung des Preisniveaus abzulesen ist.

- Eine *zurückgestaute Inflation* liegt vor, wenn durch staatliche Preisfestsetzungen verhindert wird, dass Preissteigerungen sichtbar werden. Sichtbares Zeichen der zurückgestauten Inflation ist die Notwendigkeit einer Rationierung (z. B. über Lebensmittelmarken).

2.4.2 Inflationstheorien

Ursachen der Inflation

Inflationstheorien beschreiben mögliche Ursachen von inflationären Entwicklungen. Über die genauen Ursachen von Inflation herrscht keineswegs Einigkeit. Unterschiedliche Theorien machen teilweise recht widersprüchliche Aussagen über die Wirkungszusammenhänge, welche zu einer Geldentwertung führen können. Grundsätzlich unterscheidet man zwischen der *Monetären Theorie* und *nichtmonetären Theorien* (siehe Abb. 2.5).

Nichtmonetäre Theorien

Hohe Nachfrage als Inflationsursache

Nach der *Nachfragesogtheorie* kommt es zu Inflation, wenn die Nachfrage stärker steigt als das Angebot. Die volkswirtschaftliche Gesamtnachfrage besteht aus Nachfrage nach Konsumgütern und Nachfrage nach Investitionsgütern. Wenn sie stärker steigt als das Angebot an diesen Gütern, steigen die Preise und der Geldwert sinkt. Dies kann z. B. geschehen, wenn

- die Ersparnis der privaten Haushalte zurückgeht und deshalb mehr konsumiert wird,

- die Investitionen der Unternehmen steigen, ohne dass es sofort

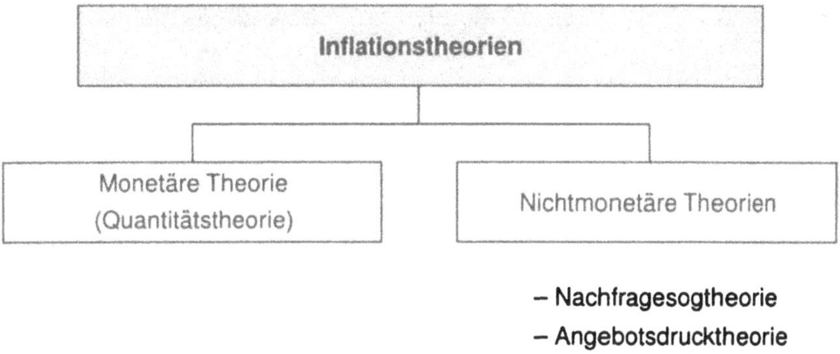

Abbildung 2.5: Inflationstheorien

zu einer Produktionserhöhung kommt,

- der Staat seine Nachfrage erhöht, ohne dass die Nachfrage der anderen Wirtschaftssubjekte sinkt.

Preiserhöhungen durch Anbieter

Nach der *Angebotsdrucktheorie* hingegen gehen die inflationären Tendenzen von der Angebotsseite aus. Annahme ist, dass die Anbieter von Gütern und Dienstleistungen über eine gewisse Preissetzungsmacht verfügen und daher die Preise erhöhen können. Die Ursachen im Einzelnen können z. B. sein:

- *Administrierte Preise:* Der Staat kann für viele Güter und Dienstleistungen, die er selbst anbietet die Preise bzw. Gebühren festsetzen. Wenn er hier die Preise erhöht, so löst dies inflationäre Tendenzen aus.

- *Steigende Kapitalkosten:* Steigende Kapitalkosten entstehen durch steigende Zinsen, die die Kreditkosten einer Unternehmung erhöhen oder durch höhere Gewinnforderungen der Eigentümer. Diese Kosten werden evtl. über Preiserhöhungen aufgefangen, was inflationäre Tendenzen auslöst.

- *Steigende Rohstoffkosten*: Auch wenn die Preise für Vorprodukte oder Rohstoffe steigen, erhöhen sich die Kosten einer Unternehmung. Auch diese Kostensteigerungen können u. U. über Preiserhöhungen abgefangen werden.

- *Steigende Lohnkosten:* Wenn Lohnkosten steigen, weil z. B. die Gewerkschaften einen neuen Tarifvertrag durchsetzen konnten, so könnten die Unternehmen ebenfalls versuchen, dies über Preiserhöhungen aufzufangen. Es kann zu einer Lohn-Preis-Spirale kommen, wenn diese höheren Preise die Arbeitnehmer wiederum veranlassen, weitere Lohnerhöhungen zu fordern, welche wiederum zu Preiserhöhungen führen.

Monetäre Theorie

Geldmenge steigt stärker als gesamtwirtschaftliches Angebot

In der monetären Theorie wird als Ursache der Inflation eine Situation ausgemacht, in der die *Geldmenge stärker steigt als das gesamtwirtschaftliche Angebot*. Dies kann z. B. mit Hilfe der sogenannten *Fisherschen Verkehrsgleichung* (auch *Quantitätsgleichung* genannt) verdeutlicht werden:

Nominales Handelsvolumen

In einer Volkswirtschaft wird in einer Periode (z. B. ein Jahr) eine bestimmte Menge an Gütern und Dienstleistungen gehandelt. Diese Menge wird als reales Handelsvolumen H bezeichnet. Die Größe H ist eine Mengengröße, d. h. sie gibt die Stückzahl der gehandelten Güter an. Um eine Wertgröße zu erhalten, muss diese Mengengröße mit einer Preisgröße multipliziert werden. Hierfür verwendet man das gesamtwirtschaftliche Preisniveau P. Der Term $H \cdot P$ bezeichnet also den Wert der in einer Volkswirtschaft in einer Periode gehandelten Güter und Dienstleistungen oder auch das *nominale Handelsvolumen*.

Zur Verfügung stehendes Geld

Da in einer Geldwirtschaft alle diese Handelstransaktionen jedoch mit Geld abgewickelt werden, benötigt die Volkswirtschaft *Geld in Höhe des nominalen Handelsvolumens*. Die Geldmenge M muss also dem Wert $H \cdot P$ entsprechen. Zusätzlich muss man jedoch berücksichtigen, dass jede einzelne Geldeinheit in einer Periode nicht nur für eine Transaktion verwendet wird, sondern nacheinander für mehrere Handelsgeschäfte eingesetzt werden kann. Dies wird durch die *Umlaufgeschwindigkeit* des Geldes U berücksichtigt. Eine Umlaufgeschwindigkeit von 2 bedeutet z. B., dass jeder einzelne Euro in einem Jahr zweimal für Handelsgeschäfte verwendet wird. Es sind deshalb pro Jahr Transaktionen in Höhe von $M \cdot U$ in einer Volkswirtschaft möglich.

Die *Fishersche Verkehrsgleichung* ergibt sich, indem man die für Handelsgeschäfte benötigte Geldmenge (nominales Handelsvolumen) der insgesamt für Handelsgeschäfte zur Verfügung stehenden Geldmenge gleichsetzt.

Fishersche Verkehrsgleichung

$$M \cdot U = H \cdot P$$

Da das reale Handelsvolumen in einem sehr engen Verhältnis zum realen Volkseinkommen Y^r steht, kann man H auch durch Y^r ersetzen. Durch Auflösen nach P erhält man

$$P = \frac{M \cdot U}{Y^r}.$$

Zunächst sei unterstellt, dass sich die Umlaufgeschwindigkeit U zumindest kurzfristig nicht verändert. Somit folgt, dass ein Anstieg der Geldmenge M einen positiven Effekt auf das Preisniveau hat.

$$P \uparrow = \frac{M \uparrow \cdot U}{Y^r}.$$

Dieser Effekt kann jedoch durch einen Anstieg des Volkseinkommen ausgeglichen werden. Wenn die Geldmenge genauso stark wächst wie das Volkseinkommen, bleibt das Preisniveau P konstant.

$$P = \frac{M \uparrow \cdot U}{Y^r \uparrow}.$$

Kontrolle der Geldmenge zur Inflationsvermeidung

Daran wird die Hauptaussage der Monetären Theorie besonders deutlich: Wenn die Geldmenge stärker steigt als das Volkseinkommen (gesamtwirtschaftliches Angebot), so muss dies zu Erhöhungen des Preisniveaus führen. Es entsteht Inflation. Aus Sicht der Monetären Theorie muss deshalb eine Zentralbank zur Verhinderung von Inflation streng darauf achten, dass die Geldmenge in genau dem gleichen Maße steigt, wie das gesamtwirtschaftliche Angebot. Wenn eine Zentralbank die Geldmenge kontrollieren kann, so hat sie gute Chancen damit auch Inflation zu verhindern.

2.5 Zielgrößen und Strategie der Geldpolitik

2.5.1 Grundzusammenhang

Sicherung der Währung

Die wichtigste Aufgabe einer Zentralbank ist sehr häufig die Sicherung der Währung. Hierunter ist in erster Linie der *Binnenwert* einer Währung also die *Preisstabilität* (Verhinderung von Inflation) zu verstehen. Zwischen Geldmenge und Preisentwicklung besteht ein enger Zusammenhang: Wenn die Geldmenge zu stark wächst, steigen die Preise in einer Volkswirtschaft. Es kommt zu einer Inflation. Wenn die Geldmenge zu langsam wächst (oder sogar fällt) können die Preise auch sinken; man spricht dann von *Deflation* .

Um beides zu verhindern muss die Zentralbank versuchen, dass *Wachstum der Geldmenge* genau zu *kontrollieren*. Beim Zentralbank-

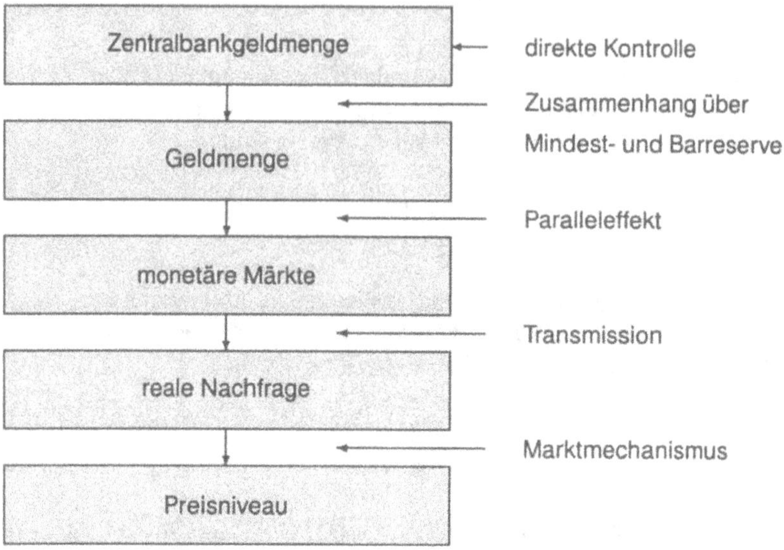

Abbildung 2.6: Wirkungskette einer geldpolitischen Maßnahme

Kontrolle der Geldmenge geld ist dies relativ einfach. Da die Zentralbank letztlich selbst entscheidet, ob sie Wertpapiere ankauft oder Kredite an Geschäftsbanken gewährt, hat sie das Wachstum des Zentralbankgeldes recht gut unter Kontrolle. Die Geldmenge besteht jedoch nicht nur aus Zentralbankgeld sondern auch aus Geschäftsbankengeld. Da zwischen der Menge an Zentralbankgeld und der Menge an Geschäftsbankengeld jedoch wegen Mindest- und Barreserve ein enger Zusammenhang besteht (siehe Kap. 2.1), kann die Zentralbank *indirekt die gesamte Geldmenge kontrollieren.*

Die gesamte Wirkungskette einer geldpolitischen Maßnahme stellt sich folgendermaßen dar (siehe Abb. 2.6):

1. Die Zentralbank kontrolliert mit ihren geldpolitischen Maßnahmen die Zentralbankgeldmenge.
2. Zwischen der Zentralbankgeldmenge und der Geldmenge besteht ein enger Zusammenhang wegen der Notwendigkeit Mindetsreserven und Barreserven in bestimmter Höhe zu halten.
3. Eine Zinsänderung auf dem Geldmarkt setzt sich über den Paralleleffekt auf die anderen monetären Märkte fort.
4. Eine Zinsänderung auf den monetären Märkten hat über den Transmissionsmechanismus Auswirkungen auf die reale Nach-

frage nach Gütern und Dienstleistungen.

5. Bei einer Nachfrageänderung auf den realen Märkten werden sich über den Marktmechanismus die Preise verändern.

2.5.2 Strategie

Die Strategie einer Zentralbank könnte recht einfach aussehen:

- Sie führt eine geldpolitische Maßnahme durch.
- Wenn der gewünschte Erfolg eingetreten ist (z. B. Verringerung der Inflation), brauchen keine weiteren Maßnahmen ergriffen werden.
- War die Wirkung zu schwach, so wird die Maßnahme verstärkt.
- War die Wirkung zu stark, wird die Maßnahme abgeschwächt.

Problem der Zeitverzögerung

Dies funktioniert häufig jedoch leider nicht so einfach, weil zwischen einer geldpolitischen Maßnahme und ihrer Wirkung eine *Zeitverzögerung* entsteht. Es dauert eine Weile, bis sich ein geldpolitischer Impuls von der Zentralbankgeldmenge über die Geldmenge und reale Güter bis zu den Preisen und damit der Inflation durchgesetzt hat. Eine lange Verzögerung wäre jedoch kaum hinnehmbar: Jede geldpolitische Maßnahme würde zwangsläufig viel zu spät kommen und zum Zeitpunkt ihrer Wirkung evtl. schon wieder überholt sein.

Zwischenziel

Aus diesem Grund bietet es sich an, mit der Geldpolitik nicht direkt ein Endziel (Preisniveaustabilität) anzusteuern, sondern ein *Zwischenziel* zu wählen. Dieses Zwischenziel muss zeitlich und in der Stellung der Wirkungskette zwischen einer geldpolitischen Maßnahme und dem endgültigen Ziel der Geldpolitik angesiedelt sein.

Ein Zwischenziel muss dabei drei wesentliche Merkmale aufweisen:

1. Zwischen dem Zwischenziel und dem Endziel muss ein enger, verlässlicher Zusammenhang bestehen. Nur dann macht die Verfolgung des Zwischenzieles mit Blick auf die Erreichung des Endzieles überhaupt Sinn.

2. Die Zentralbank kontrolliert das Zwischenziel. Sie kann also mit Hilfe ihres Instrumentariums das Zwischenziel beeinflussen oder bestimmen.

3. Zwischen den geldpolitischen Maßnahmen und dem Zwischenziel liegt keine allzu große Zeitverzögerung. Nur dann kann die Zentralbank zeitnah den Erfolg der eigenen Maßnahmen kontrollieren und evtl. die Maßnahmen anpassen.

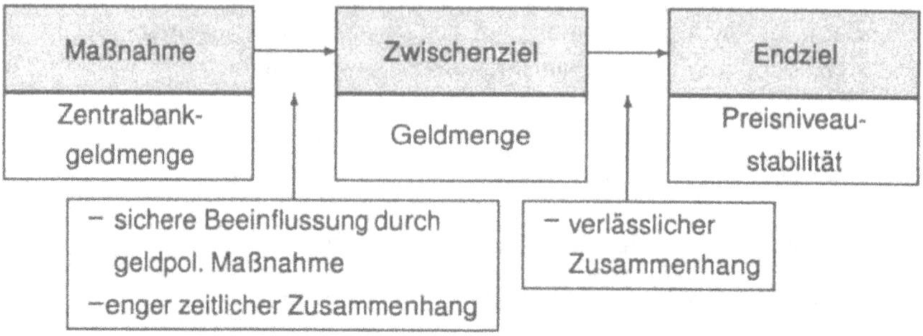

Abbildung 2.7: Zwischenziel der Geldpolitik

Als ein geeignetes Zwischenziel hat sich hierbei die *Entwicklung der Geldmenge* erwiesen. Die Geldmenge dient z. B. der EZB als Zwischenziel (siehe Abb. 2.7). Sie erfüllt nach Meinung der EZB die drei oben genannten Kriterien am besten.

2.6 Übungsfragen zu Kapitel 2

1. Erläutern Sie die wichtigsten Geldfunktionen!
2. Geben Sie eine Definition des Geldes! Welche Bestandteile gehören im Einzelnen dazu?
3. Erläutern Sie die verschiedenen Geldmengenaggregate!
4. Erläutern sie die beiden Möglichkeiten der Schöpfung von Zentralbankgeld!
5. Welche zwei Möglichkeiten der Schöpfung von Geschäftsbankengeld gibt es? Erläutern sie diese!
6. Welches sind die Aufgabe und Ziele des ESZB?
7. Nennen Sie die Zusammensetzung und Aufgaben der Organe der EZB!
8. Erläutern Sie die drei Bereiche im Handlungsrahmen des ESZB!
9. Nennen Sie mögliche geldpolitische Instrumente bei Offenmarktgeschäften und ihre Wirkung auf die Liquidität!
10. Erläutern Sie die verschiedenen monetären Märkte! Was wird jeweils gehandelt?

11. Erläutern Sie die Wirkungskette der Geldpolitik bis hin zu den Preisen auf Gütermärkten!
12. Erläutern Sie die wichtigsten Inflationstheorien!
13. Erläutern Sie das Strategieproblem in der Geldpolitik!

2.7 Literatur

Duwendag, D.; Ketterer, H.-J.; Kösters, W. u. a.: Geldtheorie und Geldpolitik in Europa, 5. Aufl., Springer, Berlin, Heidelberg, New York u. a. 1999.

Issing, O.: Einführung in die Geldtheorie, 10. Aufl., Vahlen, München 1995.

Jarchow, H.-J.: Theorie und Politik des Geldes 1, 10. Aufl., Vandenhoek & Ruprecht, Göttingen u. a. 1998.

Jarchow, H.-J.: Theorie und Politik des Geldes. II. Geldpolitik, 7. Aufl., Vandenhoek & Ruprecht, Göttingen u. a. 1995

Kapitel 3

Zahlungsbilanz und Wechselkurs

3.1 Aufbau der Zahlungsbilanz

3.1.1 Defintion

Eine *Zahlungsbilanz* ist die systematische, wertmäßige Aufstellung aller ökonomischen Transaktionen einer Periode zwischen einer Volkswirtschaft und dem Ausland. Sie erfasst alle wirtschaftlichen Transaktionen. Dies geschieht unabhängig davon, ob Gegenleistungen exisitieren oder ob sie unentgeltlich erfolgt sind. Die einzelnen Elemente dieser Definition werden im Folgenden kurz erläutert: **Definition Zahlungsbilanz**

- Das wichtigste Charakteristikum einer Zahlungsbilanz ist, dass es sich genaugenommen gar nicht um eine Bilanz, sondern um ein Konto handelt. Es werden ausschließlich *Transaktionen*, d. h. Stromgrößen, dargestellt. Die Zahlungsilanz enthält im Gegensatz zur sonstigen Definition von Bilanzen folglich keine Bestandsgrößen. **Darstellung von Stromgrößen**

- Die Zahlungsbilanz folgt einer bestimmten *inhaltlichen Systematik* (siehe auch Kap. 3.1.3). So werden Transaktionen, die ihrem Charakter nach ähnlich sind, aggregiert (zusammengefasst). Hierdurch wird eine, je nach Fragestellung sinnvolle, Interpretation von Teilbilanzen der Zahlungsbilanz ermöglicht. **Systematische Aufstellung**

- Die Zahlungsbilanz ist eine *wertmäßige Aufstellung*. Dies bedeutet, dass die einzelnen Transaktionen nicht mit ihren physi- **Wertmäßige Aufstellung** schen Mengen oder Stückzahlen, sondern mit ihrem Wert (typischerweise in der jeweiligen Landeswährung) erfasst werden. Die wertmäßige Erfassung ermöglicht überhaupt erst die Aggregation der einzelnen Transaktionen.

Periodenabgrenzung

- In einer Zahlungsbilanz werden alle Transaktionen erfasst, die *in einer Periode* stattgefunden haben. Häufig wird der Zeitraum eines Kalenderjahres, aber auch eines Quartals oder Monats verwendet.

Räumliche Abgrenzung

- Die Abgrenzung zwischen Inland und Ausland erfolgt meistens nach dem *Inländerprinzip*. Es werden hiernach alle Transaktionen zwischen Inländern und Ausländern erfasst. Als Inländer gelten alle Wirtschaftseinheiten, die ihren Wohnsitz oder ständigen Aufenthaltsort im Inland haben. Die räumliche Abgrenzung muss sich nicht zwangsläufig auf Nationalstaaten beziehen. So erstellt z. B. die Europäische Zentralbank auch eine Zahlungsbilanz für den gesamten Euro-Raum. Auch auf niedrigerer Ebene (Bundesländer oder sogar Kommunen) wäre theoretisch die Aufstellung einer Zahlungsbilanz möglich. Dies ist jedoch unüblich.

3.1.2 Verbuchungsprinzipien

Doppelte Erfassung jeder Transaktion

Das vielleicht wichtigste technische Merkmal einer Zahlungsbilanz ist, dass das *Prinzip der doppelten Buchführung* Anwendung findet. Jede Transaktion wird doppelt erfasst und zwar mit unterschiedlichem Vorzeichen, bzw. einmal auf der Aktivseite und einmal auf der Passivseite. Aus diesem Grund ist die gesamte Zahlungsbilanz immer ausgeglichen bzw. hat einen Saldo von Null. Positive oder negative Salden können deshalb zwar in den einzelnen Teilbilanzen auftreten, nicht jedoch in der Gesamtbilanz.

Um die Verbuchung von Transaktionen zu erläutern, wird zunächst eine vereinfachte Zahlungsbilanz verwendet. Diese Zahlungsbilanz bestehe aus einer Handelsbilanz, einer Übertragungsbilanz und einer Kapitalbilanz. Alle Transaktionen, die zu einem Zahlungseingang führen können, werden auf der Aktivseite der Bilanz verbucht; Transaktionen, die zu einem Zahlungsausgang führen können, auf der Passivseite.

Zahlungsbilanz

	Aktiva	Passiva
Handelsbilanz	Exporte von Gütern	Importe von Gütern
Übertragungsbilanz	Übertragungen aus dem Ausland	Übertragungen an das Ausland
Kapitalbilanz	Kapitalimporte	Kapitalexporte

Die *Handelsbilanz* umfasst den Güterhandel. Exporte sind Güterausfuhren, die auf der Aktivseite erfasst werden, weil sie zu Zahlungseingängen führen können. Importe sind Gütereinfuhren. Sie werden auf der Passivseite der Zahlungsbilanz erfasst, weil sie zu Zahlungsausgängen führen können.

Güterausfuhren und -einfuhren

Die *Übertragungsbilanz* erfasst die Gegenbuchungen für alle Transaktionen, die ohne Gegenleistung erfolgen. Empfangene Übertragungen werden auf der Aktivseite und ans Ausland gegebene Übertragungen auf der Passivseite verbucht.

Transaktionen ohne Gegenleistung

In der *Kapitalbilanz* werden die Veränderungen (aber nicht die Bestände!) von Forderungen und Verbindlichkeiten des Inlands gegenüber dem Ausland erfasst. *Kapitalexporte* umfassen die Erhöhung einer Forderung oder die Verminderung einer Verbindlichkeit des Inlands gegenüber dem Ausland. *Kapitalimporte* hingegen beinhalten die Erhöhung von Verbindlichkeiten oder die Verringerung von Forderungen gegenüber dem Ausland.

Kapitalexporte und -importe

Im Folgenden werden einige Transaktionen mit den dazu gehörigen Buchungen in der Zahlungsbilanz betrachtet:

Export von Waren gegen Zahlung

Beispiel:
Ein inländischer Exporteur liefert Waren für 100 Euro ins Ausland. Die Bezahlung erfolgt auf sein Konto.

Die physische Lieferung der Ware wird in der Handelsbilanz als Export von Gütern verbucht. Da die Zahlung auf ein Konto erfolgt, ist eine Forderung des Inlandes gegenüber dem Ausland entstanden. Es hat ein Kapitalexport in Höhe von 100 Euro stattgefunden. Es spielt hier keine Rolle, ob der Exporteur direkt eine Forderung gegenüber dem Ausland hat (weil die Zahlung z.B. auf sein Konto bei einer ausländischen Bank erfolgt ist) oder ob der Exporteur eine Forderung gegenüber seiner Hausbank hat, welche ihrerseits eine Forderung gegenüber einer ausländischen Bank erworben hat. In jedem Fall handelt es sich um einen Kapitalexport von 100 Euro.

Erfassung eines Güterexportes

Zahlungsbilanz

	Aktiva	Passiva
Handelsbilanz	Güterexporte 100 Euro	–
Übertragungsbilanz	–	–
Kapitalbilanz	–	Kapitalexporte 100 Euro

In diesem Beispiel haben Buchungen in der Handelsbilanz und in der Kapitalbilanz stattgefunden. Beide haben jetzt einen Saldo. Die Handelsbilanz hat einen Aktivüberschuss von 100 Euro. Man nennt dies auch einen *Handelsbilanzüberschuss*. Die Kapitalbilanz hat hingegen einen Passivüberschuss von 100 Euro. Die gesamte Zahlungsbilanz hingegen hat einen Saldo von Null. Hier wird noch einmal deutlich, dass einzelne Teilbilanzen durchaus Salden aufweisen können. Da die Summe der Aktivbuchungen jedoch gleich der Summe der Passivbuchungen ist, ist die gesamte Zahlungsbilanz stets ausgeglichen.

Import von Waren gegen Zahlung

Beispiel:
Ein Inländer kauft im Ausland Waren im Wert von 150 Euro. Die Zahlung erfolgt in ausländischem Bargeld.

Erfassung eines Güterimportes

Der Import der Waren wird in der Handelsbilanz als Güterimport erfasst. Die zugehörige Zahlung stellt einen Kapitalimport dar. Dies kann wie folgt verstanden werden: Vor der Zahlung hat der Käufer ausländisches Bargeld im Gegenwert von 150 Euro besessen. Dieses Bargeld stellt eine Forderung gegenüber dem Ausland dar. Durch die Hergabe des Bargeldes hat sich diese Forderung gegenüber dem Ausland verringert.

Zahlungsbilanz

	Aktiva	Passiva
Handelsbilanz	–	Güterimporte 150 Euro
Übertragungsbilanz	–	–
Kapitalbilanz	Kapitalimporte 150 Euro	–

In diesem Fall ist ein Passivüberschuss in der Handelsbilanz eingetreten. Man spricht auch von einem *Handelsbilanzdefizit*. In der Kapitalbilanz hingegen kommt es zu einem Aktivüberschuss in gleicher Höhe. Wieder ist die Zahlungsbilanz insgesamt ausgeglichen.

Zahlung ans Ausland ohne Gegenleistung

Beispiel:
Eine Regierung überweist 200 Euro an eine ausländische Organisation. Eine Gegenleistung erfolgt nicht.

Die Zahlung des Geldes stellt einen Kapitalimport in Höhe von 200 Euro dar. Die Regierung ist eine Verbindlichkeit gegenüber dem Ausland eingegangen bzw. eine evtl. bestehende Forderung (z. B. Guthaben auf einem Auslandskonto) hat sich verringert. Es wird jedoch auch eine Gegenbuchung benötigt. Wenn lediglich der Kapitalimport verbucht würde, wäre das System der doppelten Buchführung verletzt. Die Gegenbuchung erfolgt in der Übertragungsbilanz. Geleistete Übertragungen werden auf der Passivseite der Zahlungsbilanz und empfangene Übertragungen auf der Aktivseite der Zahlungsbilanz erfasst.

Erfassung einer Übertragung

Zahlungsbilanz

	Aktiva	Passiva
Handelsbilanz	–	–
Übertragungsbilanz	–	Übertragungen ans Ausland 200 Euro
Kapitalbilanz	Kapitalimporte 200 Euro	–

Es ist ein Aktivüberschuss in der Kapitalbilanz entstanden, der durch einen Passivsaldo in der Übertragungsbilanz ausgeglichen wird. Der Saldo der Zahlungsbilanz ist wiederum Null.

Einräumung eines Kredites ans Ausland

Beispiel:
Eine inländische Bank räumt einem Ausländer einen Kredit in Höhe von 300 Euro ein, der auf einem Konto gutgeschrieben wird.

Der Kredit stellt einen Kapitalexport dar. Die Bank hat eine Forderung gegenüber dem Ausland erhalten. Die Gutschrift auf dem Konto stellt einen Kapitalimport dar. Der Ausländer hat eine Forderung gegenüber der inländischen Bank erworben.

Erfassung eines Kapitalexportes

Zahlungsbilanz

	Aktiva	Passiva
Handelsbilanz	–	–
Übertragungsbilanz	–	–
Kapitalbilanz	Kapitalimporte 300 Euro	Kapitalexporte 300 Euro

Beide Transaktionen wurden in der Kapitalbilanz verbucht. Somit weist diese keinen Saldo auf. Die Zahlungsbilanz ist dementsprechend natürlich ebenfalls ausgeglichen.

Andere Transaktionen

In ähnlicher Art und Weise können sämtliche denkbaren Transaktionen in der Zahlungsbilanz erfasst werden. Als weitere Beispiele sind zu nennen:

- Tausch Ware gegen Ware
- Tausch inländisches Bargeld gegen ausländisches Bargeld
- Kauf von ausländischen Wertpapieren gegen Kredit

Eine andere Darstellung

Andere Darstellungsmethoden

Die Darstellung der Zahlungsbilanz in der oben gezeigten Kontenform wird sehr häufig angewendet. Auch andere Darstellungen sind jedoch möglich und werden auch in der Praxis angewendet. Der Informationsgehalt einer Zahlungsbilanz hängt letztlich nicht von der Darstellung in einem Aktiv–Passiv–Konto ab. Entscheidend ist vielmehr, dass jeweils eine doppelte Erfassung einer Transaktion unter den richtigen Zahlungsbilanzpositionen erfolgt, so dass eine sinnvolle Zusammenfassung zu Teilbilanzen möglich bleibt.

Solch eine Darstellung könnte beispielsweise folgendes Aussehen haben. (Als Transaktionen werden die vorangegangenen Beispiele übernommen.)

Zahlungsbilanz		
Handelsbilanz		
	Güterexporte (+)	+ 100
	Güterimporte (–)	– 150
	Saldo der Handelsbilanz	– 50
Übertragungsbilanz		
	Übertragungen ans Ausland (–)	– 200
	Übertragungen aus dem Ausland (+)	–
	Saldo der Übertragungsbilanz	– 200
Kapitalbilanz		
	Kapitalexporte (–)	– 400
	Kapitalimporte (+)	+ 650
	Saldo der Kapitalbilanz	+ 250
Saldo der Zahlungsbilanz		0

Hier werden die einzelnen Positionen der Zahlungsbilanz listenartig aufgeführt. Im Gegensatz zu der Kontendarstelung werden die Positionen nicht nach Aktiv– und Passivposten unterschieden, sondern als positive Werte (Transaktionen, die zu Zahlungseingängen führen können) und negative Werte (Transaktionen, die zu Zahlungsausgängen führen können) aufgeführt. Durch Addition der einzelnen Positionen erhält man die Salden der Teilbilanzen. Auch hier ist selbstverständlich der Saldo der Zahlungsbilanz Null.

3.1.3 Die Zahlungsbilanzsystematik der Deutschen Bundesbank

Überblick

Wie im vorangegangenen Abschnitt deutlich wurde, sind theoretisch unterschiedliche Methoden zur Darstellung der Zahlungsbilanz eines Landes geeignet. Dies betrifft nicht nur die Darstellungsform (Kontenform oder listenartig) sondern auch die *Abgrenzung der einzelnen Zahlungsbilanzpositionen*. In diesem Kapitel wird die Zahlungsbilanzsystematik der Deutschen Bundesbank vorgestellt. **Systematik der Bundesbank**

Die Positionen dieser Zahlungsbilanzsystematik sind so gewählt, dass ein Vergleich mit anderen Systematiken erleichtert wird. Man hat versucht, insbesondere mit drei Konzepten bzw. Rechenwerken eine möglichst hohe Übereinstimmung zu erreichen. Es handelt sich hierbei um **Angleichung an andere Systematiken**

- die Systematik der Volkswirtschaftlichen Gesamtrechnungen (VGR) in Deutschland,
- das Europäischen System der Volkswirtschaftlichen Gesamtrechungen (ESVG) und
- das *Balance of Payments Manual* (dt.: Zahlungsbilanzhandbuch) des Internationalen Währungsfonds (IWF).

Hierdurch verbessert sich die internationale Vergleichbarkeit von Zahlungsbilanzen und ermöglicht die Einbindung in die Rechenwerke der Volkswirtschaftlichen Gesamtrechungen.

Die Zahlungsbilanzsystematik der Deutschen Bundesbank besteht aus *vier Teilbilanzen*, welche wiederum bestimmte Unterpositionen aufweisen: **4 Teilbilanzen**

1. Leistungsbilanz (Bilanz der laufenden Posten)
2. Bilanz der Vermögensübertragungen

3. Bilanz des Kapitalverkehrs
4. Veränderungen der Währungsreserven der deutschen Bundesbank

Alle Teilbilanzen zusammen bilden die Zahlungsbilanz. Die Teilbilanzen werden im Folgenden näher erläutert.

Leistungsbilanz

Die wichtigsten Positionen der Leistungsbilanz sind:

1. Außenhandel
2. Dienstleistungen
3. Erwerbs- und Vermögenseinkommen
4. Laufende Übertragungen

Handel Der *Außenhandel* umfasst die Einfuhr und die Ausfuhr von Waren (Güterexporte und Güterimporte). Dieser Teil der Leistungsbilanz wird auch als *Handelsbilanz* bezeichnet.

Dienstleistungen Die Position *Dienstleistungen* stellt in gewisser Weise das Pendant zum Außenhandel dar. Auch hier kann man ein klare Einteilung in Exporte und Importe vornehmen. Es werden jedoch keine materiellen Wirtschaftsgüter (Waren) erfasst, sondern der Export und Import von immateriellen Wirtschaftsgütern, nämlich Dienstleistungen.

Beispiel:
Von einem deutschen Unternehmen im Ausland erbrachte Beratungsleistungen stellen einen Export von Dienstleistungen dar. Die von Deutschen im Ausland in Anspruch genommenen Urlaubsleistungem zählen zu den Dienstleistungsimporten.

Erwerbs- und Vermögenseinkommen Die *Erwerbs- und Vermögenseinkommen* umfassen Kapitalerträge und Einkommen aus nichtselbstständiger Arbeit. Beide Positionen könnten theoretisch auch bei den Dienstleistungen erfasst werden (was bis 1994 auch der Fall gewesen ist). Um die Rolle dieser Einkommen als *Faktoreinkommen* stärker zu betonen, werden sie jedoch gesondert erfasst. Bei den Kapitalerträgen ist besonders zu beachten, dass – wie der Name schon sagt – nur die Erträge (z. B. Zinsen oder Gewinne) verbucht werden, nicht jedoch der Anlagebetrag selbst.

Laufende Übertragungen Unter *Laufende Übertragungen* wird der Teil der Übertragungen (siehe Abschn. 3.1.2) eingeordnet, der seinem Charakter nach als wiederkehrend zu bezeichnen ist. Von besonderer Bedeutung sind die Übertragungen an die EU und von der EU empfangene Zahlungen.

Bei jeder dieser vier Positionen kann ein Saldo gebildet werden. Die Summe der Einzelsalden ergibt den Saldo der Leistungsbilanz.

Bilanz der Vermögensübertragungen

Die *Bilanz der Vermögensübertragungen* enthält den Teil der Übertragungen, der von seiner Natur her einmalig ist. Im Gegensatz zu den Laufenden Übertragungen aus der Leistungsbilanz soll hier ein Schwerpunkt auf vermögenswirksame Übertragungen (im Gegensatz zu den einkommenswirksamen Übertragungen in der Leistungsbilanz) gelegt werden. Hierunter fallen z. B. Schuldenerlasse, Erbschaften, Schenkungen usw. **Vermögens-übertragungen**

Bilanz des Kapitalverkehrs

In der *Bilanz des Kapitalverkehrs* (oder auch Kapitalbilanz) werden *Veränderungen bei Verbindlichkeiten und Forderungen* gegenüber dem Ausland erfasst. Um der zunehmenden weltwirtschaftlichen Bedeutung des Kapitalverkehrs Rechnung zu tragen, wurde die Gliederung der *Kapitalbilanz* vor einigen Jahren erweitert. Auf diese Weise ist es eher möglich, zwischen unterschiedlichen Arten von Forderungen und Verbindlichkeiten zu differenzieren. Die Kapitalbilanz umfasst: **Kapital-bewegungen**

1. Direktinvestitionen
2. Wertpapiere
3. Finanzderivate
4. Kreditverkehr

Als *Direktinvestitionen* bezeichnet man grenzüberschreitende Investitionen, bei denen der Investor Anteile an einem Unternehmen hält und einen gewissen Einfluss bei den Unternehmensentscheidungen ausüben kann. Da die Mitsprachebefugnisse eines Investors im Einzelfall nur schwer zu messen sind, fasst die Bundesbank unter diese Position alle Kapitalbewegungen, bei denen eine mindestens 10%ige Beteiligung am Eigenkapital der betreffenden Firma erworben wird. **Direkt-investitionen**

Die Position *Wertpapiere* stellt ein Sammelbecken für viele verschiedene Arten von Wertpapieren dar. Als wichtigste Positionen sind festverzinsliche Wertpapiere, Dividendenpapiere (Aktien bis zu einer Beteiligung von 10 %) und Investmentzertifikate zu nennen. **Wertpapiere**

Um dem ständig wachsenden Markt der *derivativen Finanzinstrumente* Rechnung zu tragen, enthält die Zahlungsbilanz eine eigene **Finanzderivate**

Position *Finanzderivate*. Finanzderivate sind Finanztitel, die aus anderen Papieren oder Indizes abgeleitet sind. Hierzu zählen z. B. Futures und Optionen.

Kreditverkehr Der *Kreditverkehr* umfasst alle übrigen Forderungen und Verbindlichkeiten zwischen Deutschland und dem Ausland. Darüber hinaus wird noch zwischen kurzfristigem Kreditverkehr (< 1 Jahr) und langfristigem Kreditverkehr unterschieden.

Veränderungen der Währungsreserven der Bundesbank

Währungsreserven sind Finanzpositionen, die auf ausländische Währung lauten. Sowohl die Zentralbank als auch andere Banken oder sogar Privatpersonen können Währungsreserven haben. Inhaltlich stellen sie eine Forderung gegenüber dem Ausland dar. Gemäß dieser Sichtweise könnten die Währungsreserven der Bundesbank (bzw. deren Veränderung) in der Kapitalbilanz erfasst werden. Da die Währungsreserven einer Zentralbank aber im Rahmen der Wechselkurspolitik eines Landes eine entscheidene Rolle spielen, wird diese Position traditionell in einer gesonderten Bilanz ausgewiesen. Diese Bilanz heißt (*„Veränderungen der Währungsreserven der Deutschen Bundesbank"*). Sie wird auch als *Devisenbilanz* bezeichnet.

Statistisch nicht aufgliederbare Transaktionen

Rechnerischer Ausgleich der Zahlungsbilanz Alle Teilbilanzen zusammen müssten theoretisch einen Zahlungsbilanzsaldo von Null ergeben. In der Praxis werden die Zahlungsbilanzdaten jedoch vielfach aus einzelnen Transaktionen erhoben, bei denen nicht automatisch die jeweilige Gegenbuchung mit erfasst wird. Es kann sich deshalb eine rechnerische Differenz ergeben. Diese Differenz wird durch den Restposten der *Statistisch nicht aufgliederbaren Transaktionen* ausgeglichen.

Überblick über die Zahlungsbilanz in Deutschland

Die Zahlungsbilanz für die Bundesrepublik Deutschland ist in Tab. 3.1 dargestellt. Folgende Charakteristika sind festzustellen:

Charakteristika der deutschen Zahlungsbilanz Die *Handelsbilanz* weist einen recht erheblichen Überschuss auf. Dies bedeutet, dass wertmäßig mehr Waren exportiert als importiert wurden. Hierin liegt einer der Gründe, warum Deutschland oft als „Exportnation" bezeichnet wird.

Die *Dienstleistungbilanz* hingegen weist seit langem ein teilweise er-

Mrd. Euro

Position	1997	1998	1999
Leistungsbilanz			
Außenhandel	+ 59,5	+ 64,9	+ 63,8
Dienstleistungen	– 30,6	– 34,5	– 40,8
Erwerbs- und Vermögenseinkommen	– 1,3	– 5,9	– 11,9
Laufende Übertragungen	– 27,0	– 27,3	– 25,7
Saldo der Leistungsbilanz	– 2,5	– 4,1	– 19,6
Saldo der Vermögensübertragungen	+ 0,0	+ 0,7	– 0,1
Kapitalbilanz			
Direktinvestitionen	– 26,3	– 62,9	– 43,6
Wertpapiere	+ 0,8	+ 3,4	– 11,9
Finanzderivate	– 7,9	– 6,0	+ 1,9
Kreditverkehr	+ 32,7	+ 74,4	+ 33,1
Saldo der Kapitalbilanz	– 0,6	+ 8,8	– 20,6
Veränderungen der Währungsres.	+ 3,4	– 3,6	+ 12,5
Saldo der statistisch nicht aufgliederbaren Transaktionen	– 0,3	– 1,7	+ 27,8

Tabelle 3.1: Zahlungsbilanz für die Bundesrepublik Deutschland 1997–1999

Quelle: Deutsche Bundesbank, Zahlungsbilanzstatistik, Februar 2000, S. 6f.
Anmerkung: Es sind nicht alle Einzelpositionen angegeben.

hebliches Defizit auf. Es wurden folglich mehr Dienstleistungen importiert als exportiert. Wesentliche Quelle dieses Defizites waren und sind die Urlaubsreisen Deutscher ins Ausland.

Die *Übertragungen* (insbesondere die laufenden Übertragungen) weisen durchgängig ein Defizit auf. Dies liegt zum einen daran, dass Deutschland bei öffentlichen Transfers häufig zu den sogenannten Geberländern (auch Nettozahler genannt) zählt. Zum anderen gibt es aber auch private Übertragungen in erheblichem Umfang, die z. B. durch Zahlungen von Gastarbeitern in ihre Heimatländer entstehen.

Bei der *Kapitalbilanz* hat sich durch die Wiedervereinigung seit 1990 ein deutlich sichtbarer Wandel vollzogen. Vor 1990 kam überwiegend ein negativer Saldo zustande. Deutschland war Nettokapitalexporteur. Seit 1990 hat sich dieses Bild jedoch gewandelt und Deutschland ist (überwiegend) zum Nettokapitalimporteur geworden.

Bei den anderen Zahlungsbilanzpositionen zeigt sich kein klares Bild. Die jeweiligen Salden sind stark von der wirtschaftlichen Situation in dem betreffenden Jahr abhängig.

3.2 Devisenmarkt und Wechselkurs

3.2.1 Devisen

Devisen *Devisen* sind Zahlungsmittel in ausländischer Währung. Sie können als Geld (Bargeld und Buchgeld) oder als Geldersatzmittel (Schecks und Wechsel) auftreten. Bargeld in ausländischer Währung bezeichnet man als *Sorten*.

Devisenkurse *Devisenkurse* (auch Wechselkurse genannt) sind Preise für ausländische Zahlungsmittel. Sie bilden sich entweder auf Devisenmärkten oder werden staatlich festgesetzt. Devisenkurse werden entweder in *Mengennotierung* oder in *Preisnotierung* angegeben. Die Definitionen beider Notierungen lauten:

- *Mengennotierung*: Der Betrag in ausländischer Währung, der für eine Einheit inländischer Währung zu zahlen ist, wird angegeben (z. B. 0,90 US-Dollar pro 1 Euro).
- *Preisnotierung*: Der Betrag in inländischer Währung, der für eine Einheit ausländischer Währung zu zahlen ist, wird angegeben (z. B. 1,10 Euro pro 1 US-Dollar).

Eine Preisnotierung aus deutscher Sicht entspricht einer Mengennotierung aus amerikanischer Sicht und umgekehrt.

Wenn sich der Devisenkurs ändert, spricht man von einer *Aufwertung* bzw. *Abwertung*.

Beispiel:
Der US-Dollar wird gegenüber dem Euro in US-Dollar pro 1 Euro notiert. Dies ist aus europäischer Sicht eine Mengennotierung und aus Sicht der USA eine Preisnotierung. Der Kurs des Euro steigt von 0,90 US-Dollar auf 0,95 US-Dollar. Dies ist eine Aufwertung des Euro und eine Abwertung des US-Dollar. Man sagt auch: Der Euro hat aufgewertet und der US-Dollar hat abgewertet.

3.2.2 Devisenmarkt

Die Ausführungen in diesem Kapitel gelten zunächst für flexible Wechselkurse. Eine Unterscheidung von flexiblen und festen Wechselkursen wird in Kap. 3.4.1 vorgenommen.

Devisenmarkt Auf dem *Devisenmarkt* treffen Devisenangebot und Devisennachfra-

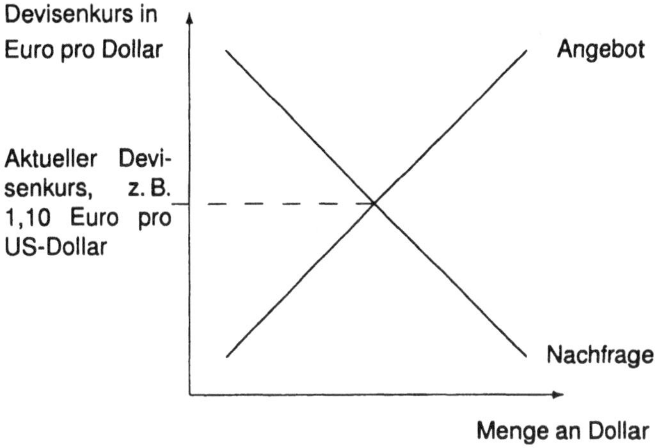

Abbildung 3.1: Devisenmarkt

ge zusammen (siehe Abb. 3.1). Das gehandelte Gut ist jedoch nicht eine Ware oder eine Dienstleistung, sondern die Devise selbst (in der Grafik der US-Dollar). Der Devisenmarkt ist typischerweise ein *Interbankenmarkt*. Nichtbanken, die Devisen kaufen oder verkaufen wollen, wickeln diese Geschäfte normalerweise über Banken ab.

Quellen des Devisenangebots

Das *Devisenangebot* stammt aus verschiedenen Quellen. Dies sind z. B.:

- Inländer, die Waren oder Dienstleistungen ins Ausland verkauft haben und die erhaltenen Devisen wieder in inländische Währung tauschen wollen
- Inländer, die Geldkapital in ausländischen Wertpapieren angelegt hatten und bei Fälligkeit die erhaltenen Devisen wieder in inländische Währung zurücktauschen möchten
- Ausländer, die im Inland Waren oder Dienstleistungen kaufen möchten und hierfür inländische Währung benötigen
- Devisenspekulanten, die hoffen, dass der Devisenkurs in Zukunft sinkt und sie so einen Kursgewinn erzielen können

Die Devisenangebotskurve verläuft normalerweise *steigend*. Je höher der Kurs liegt, um so größer ist das Devisenangebot. Dies liegt z. B. daran, dass bei einem steigenden Kurs der Kauf von Waren und Dienstleistungen für Ausländer im Inland billiger wird. Sie werden deshalb verstärkt im Inland kaufen, wodurch das Devisenangebot steigt.

Quellen der Devisennachfrage

Die *Devisennachfrage* stammt ebenfalls aus verschiedenen Quellen. Dies sind z. B.:

- Inländer, die Waren oder Dienstleistungen im Ausland kaufen wollen und hierfür die ausländische Währung benötigen
- Inländer, die Geldkapital im Ausland anlegen möchten und hierfür Devisen benötigen
- Ausländer, die Waren im Inland verkauft haben und die erhaltene inländische Währung in Devisen eintauschen möchten
- Devisenspekulanten, die hoffen, dass der Wechselkurs in Zukunft steigt und sie so einen Kursgewinn erzielen können

Die Devisennachfrage ist typischerweise eine *fallende Funktion.* Dies liegt z. B. daran, dass Inländer um so mehr Urlaubsreisen buchen (Nachfrage nach ausländischen Dienstleistungen), je niedriger der Devisenkurs ist.

Gleichgewicht auf dem Devisenmarkt

Der Marktmechanismus führt dazu, dass sich ein *Gleichgewichtskurs* bildet. Der Gleichgewichtskurs entspricht dem Gleichgewichtspreis bei anderen Märkten. Er liegt im Schnittpunkt von Devisenangebot und Devisennachfrage. Der Gleichgewichtskurs ist der Kurs, der sich auf einem freien Devisenmarkt einstellt.

Die *Lage* der Devisenangebots- und der Devisennachfragekurven hängt genau wie bei Gütermärkten von allen anderen Einflussfaktoren außer dem Preis ab.

Beispiel:
Ein gestiegenes Einkommen der privaten Haushalte könnte z. B. zu einer verstärkten Nachfrage nach Urlaubsreisen führen. Hierdurch steigt die Nachfrage nach Devisen; die Nachfragekurve verlagert sich nach rechts (siehe Abb. 3.2). Der neue Gleichgewichtskurs muss somit höher liegen; der Dollar hat aufgewertet.

Ein flexibler Wechselkurs ist dadurch gekennzeichnet, dass er sich auf dem Devisenmarkt als Gleichgewichtspreis aus Angebot und Nachfrage bildet. Flexible Wechselkurse können unter Umständen sehr stark schwanken.

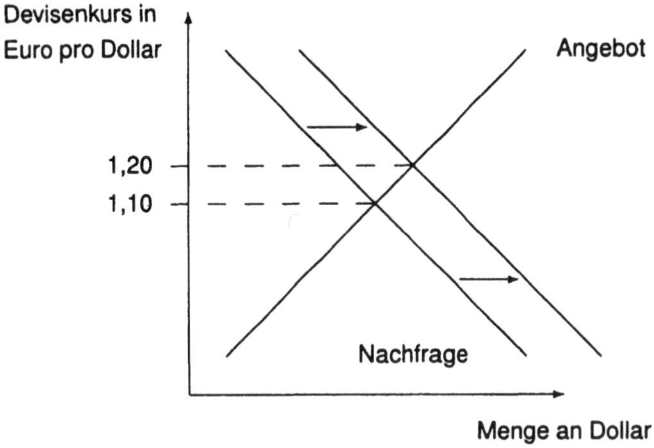

Abbildung 3.2: Wechselkurserhöhung bei Nachfragesteigerung

3.2.3 Spezielle Wechselkurse

Kassa- und Terminkurs

Erfüllungszeitpunkt bei Devisengeschäften

Bei einem Devisengeschäft vereinbaren die Geschäftspartner zunächst den Wechselkurs und die Menge der auszutauschenden Geldeinheiten. Es muss jedoch auch über den Zeitpunkt der Zahlungen eine Vereinbarung getroffen werden. Nach dem *Zeitpunkt der Zahlungen* (Erfüllungszeitpunkt) unterscheidet man zwei Gruppen von Devisengeschäften: Kassageschäfte und Termingeschäfte.

Kassageschäfte

Bei einem *Kassageschäft* hat die Zahlung unmittelbar (üblicherweise innerhalb von 2 Tagen) zu erfolgen. Den Kurs, der solchen Geschäften zugrunde liegt, nennt man *Kassakurs*.

Beispiel:
Ein Unternehmen möchte am Devisenmarkt 200.000 US-Dollar kaufen. Der aktuelle Kassakurs beträgt 0,95 US-Dollar pro Euro. Der Gegenwert beträgt also 210.526,32 Euro. Da es sich um ein Kassa-Geschäft handelt muss das Unternehmen diesen Eurobetrag innerhalb von zwei Tagen auf einem Konto bereitstellen (die Bank wird dann die Abbuchung vornehmen). Das Unternehmen kann umgekehrt innerhalb von zwei Tagen mit dem Überweisungseingang über 200.000 US-Dollar rechnen.

Auch bei Termingeschäften werden der Kurs und die Devisenmenge

Termingeschäfte bei Abschluss des Geschäftes festgelegt. Die Erfüllung der Zahlungen hingegen erfolgt zu einem späteren Zeitpunkt. Der Kurs für dieses Geschäft heißt *Terminkurs*. Da mehrere Erfüllungstermine denkbar sind (z. B. 1 Woche, 2 Wochen, 1 Monat), gibt es auch mehrere Terminkurse.

Risikominderung Bei dieser Geschäftsart werden die Geschäftsbedingungen inklusive des Kurses festgeschrieben, bevor das Geschäft erfüllt wird. Ein Termingeschäft eignet sich deshalb z. B. zur *Risikominderung*.

Beispiel:
Ein Unternehmen hat Waren in den Dollar-Raum verkauft. Es wurde vereinbart, dass die Zahlung (100.000 US-Dollar) nach einem Monat zu erfolgen hat. Das Unternehmen weiss deshalb schon heute, dass es in einem Monat 100.000 US-Dollar erhalten wird. Hiermit ist ein gewisses Risiko verbunden, da der Dollar bis dahin möglicherweise abwertet. In diesem Fall würde das Unternehmen einen geringeren Gegenwert in Euro erhalten, als ursprünglich geplant. Um dieses Risiko auszuschließen, verkauft es 100.000 US-Dollar per Termin 1 Monat gegen Euro. Der Terminkurs (1 Monat) beträgt 0,85 US-Dollar pro Euro. Einen Monat später erhält das Unternehmen die 100.000 US-Dollar. Diese werden direkt zur Erfüllung des Termingeschäftes verwendet und das Unternehmen erhält 117.647,06 Euro.

Spekulation Andererseits ist auch eine *Devisenspekulation* mit Termingeschäften möglich. Ein Spekulant, der die Devise für überbewertet hält, wird sie per Termin verkaufen. Wenn er die Devise dagegen für unterbewertet hält, wird er sie per Termin kaufen.

Beispiel:
Der aktuelle Terminkurs (Monat) beträgt 0,95 US-Dollar pro Euro. Der Spekulant erwartet jedoch, dass der Kassakurs in einem Monat höher liegt. Er hält den US-Dollar also für überbewertet. Er kauft deshalb US-Dollar per Termin. In einem Monat erhält er die US-Dollar aus dem Termingeschäft. Wenn der Kassakurs dann tatsächlich über 0,95 liegt, kann er die Dollar sofort wieder mit Gewinn verkaufen. Wenn sich der Spekulant hingegen geirrt hat und der Kassakurs unter 0,95 liegt, so muss er einen Verlust hinnehmen.

Terminkurs und zukünftiger Kassakurs Zu betonen ist noch einmal der Unterschied zwischen einem Terminkurs und einem zukünftigen Kassakurs. Ein Terminkurs wird zum heutigen Zeitpunkt vereinbart. Der Terminkurs steht deshalb bei Abschluss des Geschäftes fest. Ein zukünftiger Kassakurs hingegen steht heute noch nicht fest. Er ergibt sich erst in der Zukunft auf dem Kassamarkt.

Realer Wechselkurs

Der Außenhandel hängt sehr stark vom Wechselkurs ab (siehe Kap. 3.3). Bei einem hohen Wert der Auslandswährung (d. h. niedriger Devisenkurs in Mengennotierung) werden Güterexporte angeregt. Importe werden dagegen teurer. Bei einem niedrigen Devisenkurs verhält es sich genau umgekehrt.

Eine Import- oder Exportentscheidung hängt jedoch nicht vom Wechselkurs allein ab. Entscheidend ist außerdem, wie sich die Preise in beiden Ländern entwickeln.

Beispiel:
Ein Unternehmen kann benötigte Rohstoffe sowohl im Euro-Raum als auch im Dollar-Raum beziehen. Bisher waren die Rohstoffe im Euro-Raum geringfügig günstiger, so dass sie ausschließlich in Europa gekauft wurden.
Es komme zu einer Abwertung des US-Dollars um 10%. Für sich betrachtet wären jetzt die Rohstoffe aus dem Dollarraum günstiger und das Unternehmen würde ausschließlich dort kaufen. Nehmen wir jedoch zusätzlich an, die Rohstoffpreise wären nicht konstant geblieben. Die Rohstoffe im Dollarraum haben eine Preissteigerung um 20% (in US-Dollar berechnet) und die Rohstoffe in Europa haben eine Preissenkung von 20% zu verzeichnen. Die Preisänderung hat in diesem Fall die Änderung des Wechselkurses überkompensiert und das Unternehmen kauft weiterhin in Europa.

Berücksichtigung der Preisentwicklung

Auf gesamtwirtschaftlicher Ebene kann man diesen Effekt durch die Verwendung eines *realen Wechselkurses* berücksichtigen. Man erhält den realen Wechselkurs e^{real}, indem der nominale Wechselkurs e^{nom} um die Preisindizes P (Inland) und P^* (Ausland) bereinigt wird. P und P^* sind hierbei Preisindizes für einen bestimmten Warenkorb. Wenn dieser Warenkorb in Inlandswährung teurer wird, so steigt der Wert P bzw. P^*. Wenn der Warenkorb billiger wird, sinkt der Wert. Die Formel für den realen Wechselkurs lautet:

$$e^{real} = e^{nom} \frac{P^*}{P}$$

Es gilt deshalb, dass der reale Wechselkurs (in Preisnotierung)

- mit steigendem nominalen Wechselkurs ansteigt,
- mit steigendem Preisindex im Ausland ansteigt und
- mit steigendem Preisindex im Inland sinkt.

Der Preisindex für einen Warenkorb kann auch als Maßzahl für Inflation verstanden werden. Der reale Wechselkurs ist deshalb der um die

Inflation in beiden Ländern bereinigte nominale Wechselkurs.

Effektiver Wechselkurs

Die Entwicklung eines Wechselkurses beschreibt die Aufwertung oder Abwertung der Inlandswährung. Man erhält bei einem normalen Wechselkurs jedoch nur eine Aussage, die gegenüber einer ganz bestimmten Währung gilt. Man hat zunächst keine Aussage gegenüber einer anderen Währung.

Beispiel:
Der Kurs des Euro sinkt von 0,95 US-Dollar auf 0,90 US-Dollar (Mengennotierung). Der Euro hat also gegenüber dem Dollar abgewertet. Ob der Euro auch gegenüber anderen Währungen (z. B. Yen) abgewertet hat, kann man diesem Kurs nicht entnehmen.

Da ein Land normalerweise wirtschaftliche Beziehungen zu vielen verschiedenen Währungsräumen unterhält, ist die Wechselkursentwicklung gegenüber einer einzelnen anderen Währung oft nicht aussagekräftig genug. Man benötigt vielmehr eine Aussage darüber, wie sich die Inlandswährung gegenüber allen Auslandswährungen entwickelt.

Gewichteter Durchschnitt der Wechselkurse

Dies kann ein *effektiver Wechselkurs* leisten. Er stellt einen gewichteten (geometrischen) Durchschnitt der Wechselkurse aller wichtigen Währungen dar. Als Gewichte werden üblicherweise die Außenhandelsanteile der betreffenden Währungsräume verwendet.

Ein effektiver Wechselkurs kann sowohl für nominale Wechselkurse als auch für reale Wechselkurse berechnet werden.

3.3 Bestimmungsgründe der Teilbilanzen und der Zahlungsbilanzentwicklung

Im Weiteren werden die Einflussgrößen der Positionen einer Zahlungsbilanz näher betrachtet. Es wird dabei eine vereinfachte Zahlungsbilanz in folgender Form verwendet:

Zahlungsbilanz

	Aktiva	Passiva
Handelsbilanz	Exporte von Gütern	Importe von Gütern
Übertragungsbilanz	Übertragungen aus dem Ausland	Übertragungen an das Ausland
Kapitalbilanz	Kapitalimporte	Kapitalexporte
Devisenbilanz	Verminderung der Währungsreserven bei der Zentralbank	Erhöhung der Währungsreserven bei der Zenralbank

Die Veränderungen der Währungsreserven (Devisenbilanz) sind hier gesondert ausgewiesen und nicht in der Kapitalbilanz enthalten.

3.3.1 Handelsbilanz

Die Handelsbilanz erfasst Exporte und Importe von Waren. Die Dienstleistungsbilanz wird hier nicht gesondert berücksichtigt. Die Bestimmungsgründe der Dienstleistungsbilanz sind jedoch denen der Handelsbilanz sehr ähnlich.

Güterexporte

Die wichtigste Ursache für Änderungen der Exporte eines Landes sind Änderungen der *Nachfrage aus dem Ausland nach inländischen Exportgütern.*

Wechselkurse beeinflussen Exporte

Als wichtigste Determinante kann der *Wechselkurs* angesehen werden. Bei einer Abwertung der inländischen Währung werden inländische Güter aus Sicht eines Ausländers billiger. Ausländer werden ihre Nachfrage erhöhen, und die Exporte werden dadurch steigen.

Beispiel:
Ein amerikanischer Privathaushalt steht vor der Entscheidung, ein amerikanisches oder ein französisches Auto zu kaufen. Zu diesem Zeitpunkt sinkt der Wechselkurs des Euro von 1,00 US-Dollar auf 0,90 US-Dollar. Der Euro hat also um 10% abgewertet. Aus Sicht des amerikanischen Autokunden werden französische Autos deshalb um 10% billiger (zumindest, wenn er es direkt in Frankreich kauft). Aus diesem Grund entscheidet er sich für ein französisches Auto. Die Exporte Frankreichs werden um den Verkaufspreis des Autos steigen.

Neben dem Wechselkurs kann auch die Preisentwicklung im Inland

Preise beeinflussen Exporte

und im Ausland eine Rolle spielen. So werden bei steigenden Preisen im Ausland oder sinkenden Preisen im Inland die Exporte tendenziell steigen, bei sinkenden Preisen im Ausland oder steigenden Preisen im Inland dagegen eher sinken.

Beispiel:
Ein amerikanischer Privathaushalt steht erneut vor der Entscheidung, ein amerikanisches oder ein französisches Auto zu kaufen. Der Wechselkurs bleibt konstant bei 1,00 US-Dollar pro Euro. Nun steigen die Verkaufspreise für Autos in Amerika. Französische Autos werden dadurch relativ billiger und der Haushalt entscheidet sich wiederum für ein französisches Auto. Die Exporte Frankreichs werden steigen.

Darüber hinaus können auch noch andere Gründe zu einer Veränderung der Exporte führen. Hierunter fallen z. B.

- Qualitätsveränderungen von Exportprodukten oder der konkurrierenden ausländischen Produkte oder
- Verlagerungen des Verbraucherinteresses (Moden, Trends).

Güterimporte

Wechselkurse beeinflussen Importe

Auch bei Importen spielt der Wechselkurs die entscheidende Rolle. Eine Aufwertung der Inlandswährung verbilligt ausländische Produkte. Die Importe werden steigen. Eine Abwertung hingegen verteuert ausländische Produkte, was die Importe sinken lässt.

Beispiel:
Ein deutsches Unternehmen steht vor der Entscheidung, eine EDV-Anlage im Inland oder in den USA zu kaufen. Der Wechselkurs des Euro steigt von 1,00 US-Dollar auf 1,10 US-Dollar. Der Euro hat um 10% aufgewertet. Die amerikanische EDV-Anlage wird dadurch aus Sicht des deutschen Unternehmens um 10% billiger. Dies könnte den Ausschlag geben, sich für das amerikanische Produkt zu entscheiden. Die Importe Deutschlands steigen dann um den Preis der EDV-Anlage.

Einkommen beeinflusst Importe

Als zweite wichtige Einflussgröße wird oft das *Einkommen* eines Landes z. B. in Form des BIP angesehen. Man geht davon aus, dass die Konsumnachfrage von Haushalten bei steigendem Einkommen ebenfalls steigt. Da ein Teil der Konsumnachfrage auch auf ausländische Produkte entfällt, nimmt man an, dass bei steigendem Einkommen die Importe steigen. Bei sinkendem Einkommen hingegen sinken auch die Importe.

Auch bei den Importen gibt es eine Reihe weiterer Einflussgrößen, ähnlich denen der Exporte, die jedoch aus Sicht der Zahlungsbilanz von geringerem Interesse sind.

3.3.2 Kapitalbilanz

Als wichtigste Einflussgröße auf Kapitalbewegungen werden allgemein die *Zinssätze* in den beteiligten Ländern angesehen. Man geht davon aus, dass Zinssenkungen im Inland oder Zinserhöhungen im Ausland Kapitalexporte anregen und Kapitalimporte abschwächen. Umgekehrt werden bei Zinssenkungen im Ausland oder Zinserhöhungen im Inland Kapitalexporte abnehmen bzw. Kapitalimporte steigen. **Zinssätze**

Beispiel:
Ein deutscher Anleger hat ausschließlich inländische Rentenpapiere in seinem Portfolio. Die Zinsen in den USA steigen, weil die amerikanische Zentralbank die Leitzinsen erhöht hat. Amerikanische Rentenpapiere werden jetzt aus Sicht des deutschen Anlegers vorteilhafter. Er verkauft deshalb die Hälfte seines Portfolios mit deutschen Wertpapieren und kauft dafür amerikanische Wertpapiere. Dies stellt einen Kapitalexport dar. Die Kapitalexporte Deutschlands steigen um den Anlagebetrag.

Als zweite wichtige Einflussgröße auf Kapitalbewegungen werden *Erwartungen über den zukünftigen Wechselkurs* angesehen. Bei einer Aufwertungserwartung der Inlandswährung wird es zu Kapitalimporten kommen, bei einer Abwertungserwartung hingegen zu Kapitalexporten. **Wechselkurserwartungen**

Beispiel:
Der Wechselkurs beträgt 0,90 US-Dollar pro Euro. Ein amerikanischer Anleger erwartet jedoch, dass der Kurs innerhalb eines Jahres auf 1,00 US-Dollar steigen wird. Diesen Kursgewinn möchte er gerne realisieren. Er verkauft einen Teil seiner amerikanischen Wertpapiere und kauft dafür deutsche Aktien. Er spekuliert darauf, dass er nach einem Jahr, unabhängig von der Entwicklung des Aktienkurses, einen Währungsgewinn realisieren kann, wenn er die Aktien wieder verkauft, und zu amerikanischen Wertpapieren zurückkehrt. Der Kauf von deutschen Aktien stellt aus deutscher Sicht einen Kapitalimport dar. Die Kapitalimporte steigen um den Anlagebetrag des amerikanischen Anlegers.

Der Einfluss von Wechselkurserwartungen auf die Kapitalbilanz ist sehr plausibel. Andererseits sind diese Erwartungen nur sehr schwer zu messen. Anders als beim aktuellen Wechselkurs, der am Devisenmarkt jeden Tag festgestellt wird, kann man über die Erwartungen **Messprobleme bei Erwartungen** einzelner Anleger meistens nur Vermutungen anstellen. Es ist deshalb sehr schwer, die Entwicklung der Kapitalbilanz mit Hilfe dieses Arguments vorherzusagen.

3.3.3 Übertragungsbilanz

Übertragungsbilanz ist politisch dominiert

Große Positionen in der Übertragungsbilanz haben oft weniger eine ökonomische Ursache als *politische Gründe*. Die Übertragungsbilanz ist deshalb aus ökonomischer Sicht eher uninteressant. Auch wegen ihrer Größenordnung spielt sie im Vergleich zu den anderen Teilbilanzen eine untergeordnete Rolle (siehe Kap. 3.1.3).

3.3.4 Devisenbilanz

Interventionen

In der Devisenbilanz werden die Veränderungen der Währungsreserven eines Landes erfasst. Zu solchen Veränderungen kommt es in erster Linie bei *Interventionen der Zentralbanken* (siehe auch Kap. 3.4.1). Eine Intervention zu Gunsten der eigenen Währung vermindert den Bestand an Devisenreserven. Eine Intervention zu Gunsten der ausländischen Währung hingegen erhöht den Bestand an Währungsreserven.

Beispiel:
Der Wechselkurs des Euro ist von 1,00 US-Dollar auf 0,90 US-Dollar gesunken. Die amerikanische Zentralbank möchte ein weiteres Absinken des Kurses verhindern und den Kurs etwas nach oben drücken. Sie kauft deshalb am Devisenmarkt 500 Mio. Euro. Die Währungsreserven der amerikanischen Zentralbank haben sich um 500 Mio. Euro erhöht. Dies wird in der Devisenbilanz verbucht. (Ob die Intervention erfolgreich ist, sei hier dahingestellt.)

3.3.5 Zahlungsbilanzüberschüsse- und defizite

Zahlungsbilanzungleichgewichte

Die gesamte Zahlungsbilanz ist immer ausgeglichen. Trotzdem wird häufig von *Zahlungsbilanzüberschüssen* und *Zahlungsbilanzdefiziten* gesprochen. Mit diesen Begriffen kann also nicht die gesamte Zahlungsbilanz gemeint sein. Sie beziehen sich stattdessen auf *Teilbilanzen*.

Es stellt sich die Frage, welche Teilbilanzen bei Zahlungsbilanzüberschüssen und -defiziten gemeint sind. Mit Blick auf den Devisenmarkt ist eine Unterscheidung in *autonome Transaktionen* und *induzierte Transaktionen* besonders geeignet. Sie knüpft an den *Zweck* oder das

Motiv der jeweils zu Grunde liegenden Transaktion an. Da jede Transaktion gemäß dem Prinzip der doppelten Buchführung zu zwei Positionen in der Zahlungsbilanz führt, spricht man noch exakter von *autonomen Positionen* und *induzierten Positionen.*

Autonome Positionen

Als *autonom* gelten dabei solche Positionen, die ohne Rücksicht auf die Situation der Zahlungsbilanz vorgenommen werden. Das Motiv der Position liegt in der Transaktion selbst begründet und wird von der Zahlungsbilanzsituation höchstens indirekt beeinflusst. Zu diesen Positionen zählen Exporte und Importe, Übertragungen, sowie ein Teil der Kapitalimporte und Kapitalexporte.

Induzierte Positionen

Induzierte Positionen hingegen sind solche, die die Finanzierung einer Transaktion erfassen. Sie haben keinen Selbstzweck und würden ohne eine entsprechende autonome Position nicht zu Stande kommen.

Beispiel:
Ein inländischer Exporteur verkauft Waren für 100 Euro ins Ausland. Er erhält die Gegenleistung in Form einer Zahlung auf sein inländisches Fremwährungskonto. Diese Transaktion führt zu einer Position über 100 Euro bei den Exporten in der Handelsbilanz und zu einer Position über 100 Euro bei den Kapitalexporten in der Kapitalbilanz.
Der Export der Waren stellt hier eine autonome Position dar. Der Erwerb der Forderung gegenüber dem Ausland in Form des Fremdwährungsguthabens hingegen stellt eine induzierte Transaktion dar. Sie hat keinen Selbstzweck und wäre ohne den Export der Ware nicht zu Stande gekommen.

Nicht alle Positionen in der Kapitalbilanz stellen induzierte Positionen dar. Bei einigen Transaktionen ist ein Kapitalexport oder Kapitalimport als autonom anzusehen.

Beispiel:
Ein inländisches Unternehmen finanziert sich langfristig am ausländischen Rentenmarkt durch Ausgabe einer Anleihe in ausländischer Währung. Die Zahlungseingänge erfolgen in Fremdwährung auf ein Auslandskonto des Unternehmens.
Die Erhöhung der Verbindlichkeit (Kapitalimport) stellt eine autonome Position dar. Der Eingang des Gegenwertes auf dem Auslandskonto hingegen (Erhöhung der Forderungen gegenüber dem Ausland, Kapitalexport) ist eine induzierte Position.

Nach diesem Konzept werden die Positionen der Zahlungsbilanz in zwei Gruppen eingeteilt: Autonome Transaktionen werden „über dem Strich“ und induzierte Transaktionen „unter dem Strich“ aufgeführt.

Zahlungsbilanz

	Aktiva	Passiva
Handelsbilanz	Exporte von Gütern	Importe von Gütern
Übertragungsbilanz	Übertragungen aus dem Ausland	Übertragungen an das Ausland
Kapitalbilanz	autonome Kapitalimporte	autonome Kapitalexporte
Saldo der Zahlungsbilanz		
Kapitalbilanz	induzierte Kapitalimporte	induzierte Kapitalexporte
Devisenbilanz	Verminderung der Währungsreserven bei der Zentralbank	Erhöhung der Währungsreserven bei der Zenralbank

Zahlungsbilanzüberschuss und -defizit

Wenn die Summe der autonomen Aktivpositionen größer ist als die Summe der autonomen Passivpositionen, so nennt man dies einen *Zahlungsbilanzüberschuss*. Im umgekehrten Fall spricht man von einem *Zahlungsbilanzdefizit*.

Beispiel:
Die Zahlungsbilanz eines Landes hat folgendes Aussehen:

Zahlungsbilanz

Aktiva	Passiva
Güterexporte 100 Euro	Güterimporte 50 Euro
induzierte Kapitalimporte 50 Euro	induzierte Kapitalexporte 100 Euro

Es besteht ein Zahlungsbilanzüberschuss in Höhe von 50 Euro.

Für eine derartige Unterteilung der Zahlungsbilanz ist die Kenntnis des jeweiligen Motivs einer Zahlungsbilanzposition erforderlich. Eine praktische Umsetzung dürfte sich deshalb in vielen Fällen als äußerst schwierig erweisen. Aus theoretischer Sicht ist das Konzept dennoch sehr sinnvoll, da es einen direkten Anknüpfungspunkt zwischen Zahlungsbilanz und Devisenmarkt bietet (siehe Kap. 3.4.2).

3.4 Wechselkurssystem und Wechselkurspolitik

3.4.1 Wechselkurssysteme im Überblick

Feste und flexible Wechselkurse stellen die Extrempositionen möglicher Wechselkurssysteme dar. Sie eignen sich daher gut als Referenzmodelle und werden in den folgenden Kapiteln vorrangig behandelt. **Feste und flexible Wechselkurse als Referenzmodelle**

Flexible Wechselkurse

Bei flexiblen Wechselkursen unterliegt der Wechselkurs keinen staatlichen Einschränkungen oder staatlichen Interventionen. Er bildet sich als Marktpreis auf dem Devisenmarkt. Der Wechselkurses wird ausschließlich durch Devisenangebot und Devisennachfrage bestimmt. **Begriff flexibler Wechselkurse**

Für flexible Wechselkurse ist freier Kapitalverkehr wesentliche Voraussetzung. Bei freiem Kapitalverkehr haben Inländer das Recht, in beliebiger Menge Devisen auf Konten zu halten. Wenn kein freier Kapitalverkehr möglich ist, ist ein flexibler Wechselkurs hingegen nicht denkbar. Ein Inländer hätte keine Möglichkeit Devisen zu halten. Er käme deshalb als Anbieter oder Nachfrager auf dem Devisenmarkt nicht in Frage. **Freier Kapitalverkehr**

Feste Wechselkurse

Feste Wechselkurse entstehen dadurch, dass die beteiligten Länder (oder zumindest ein beteiligtes Land) beschließen, einen bestimmten *Wechselkurs konstant zu halten* oder zu verteidigen. **Begriff fester Wechselkurse**

Die Höhe dieses festen Wechselkurses wird zu einem bestimmten Zeitpunkt in einer bestimmten wirtschaftlichen Situation festgelegt. Diesen Kurs nennt man auch *Parität*. Eine spätere Veränderung dieses festgelegten Wechselkurses durch die beteiligten Behörden (*Realignment*) kann jedoch u. U. vorgenommen werden. **Parität**

Es gibt verschiedene Methoden, den Wechselkurs zu fixieren, die sich teilweise nur im Detail unterscheiden. Zwei Grundmechanismen sollen jedoch kurz beschrieben werden.

Erstens kann ein Wechselkurs durch *Interventionen der beteiligten Zentralbanken* auf seiner Parität fixiert werden. Hierbei bleibt der Devisenmarkt genau wie bei freien Wechselkursen erhalten. Die Zentral- **Feste Wechselkurse durch Intervention** bank greift jedoch in dem Moment ein, wenn sich der Kurs von seiner Parität entfernt. Sie verhält sich dabei wie jeder andere Marktteilnehmer, indem sie als Nachfrager oder Anbieter von Devisen auftritt. Droht der Kurs z. B. zu steigen, so wird die Zentralbank als Anbieter von Devisen tätig, indem sie Teile ihrer eigenen Devisenresereven auf dem Devisenmarkt anbietet. Hierdurch entsteht ein Überschussangebot, welches den Preis wieder sinken lässt. Wenn der Kurs abzurutschen droht, so wird die Zentralbank genau das Gegenteil tun. Sie kauft Devisen am Markt. Hierdurch entsteht eine Überschussnachfrage und der Kurs steigt wieder.

Feste Wechselkurse durch Devisenbewirtschaftung

Die zweite Möglichkeit besteht darin, eine *Devisenbewirtschaftung* einzuführen. Hierbei ist es grundsätzlich für Privatleute nicht mehr zulässig, Devisen zu besitzen. Der Devisenmarkt wird praktisch abgeschafft. Jeder, der Devisen benötigt, kann diese nur bei der Zentralbank zu einem ganz bestimmten Kurs erwerben oder auch wieder verkaufen. Hierdurch wird jede Möglichkeit einer Kursänderung von vornherein ausgeschlossen.

Mischformen und spezielle Wechselkurssysteme

Neben festen und flexiblen Wechselkursen sind auch *Mischformen* möglich. Hier kommen insbesondere zwei Systeme in Betracht:

- *Feste anpassungsfähige Wechselkurse*: Der Wechselkurs ist grundsätzlich bei einem bestimmten Kurs festgelegt. Wenn es die wirtschaftliche Lage erfordert, kann dieser feste Wechselkurs jedoch geändert werden. Nach der Anpassung (Realignment) gilt ein neuer fester Wechselkurs.
- *Flexible Wechselkurse mit Interventionen*: Es handelt sich um einen grundsätzlich freien Wechselkurs, der sich auf dem Devisenmarkt bildet. Es exisitiert keine vereinbarte Parität. Wenn es den betreffenden Zentralbanken jedoch angebracht erscheint, können sie am Devisenmarkt intervenieren und so den an sich flexiblen Devisenkurs beeinflussen.

Weitere Wechselkurssysteme

Außerdem gibt es eine Reihe von speziellen Wechselkurssystemen mit besonderen Eigenschaften. Die wichtigsten werden kurz erläutert:

- *Goldstandard*: Früher war es oft üblich, dass Länder ein Umtauschrecht der eigenen Währung gegen Gold gewährt haben. Dieser Umtausch erfolgte zu einem festen Goldpreis. Wenn zwei Länder mit unterschiedlichen Währungen gleichzeitig diese Goldeinlösepflicht gewähren, so entsteht über die beiden Goldpreise ein fester Wechselkurs zwischen den beiden Währungen, obwohl er formal nicht vereinbart oder festgeschrieben wurde.

- *Bretton-Woods-System*: Das Bretton-Woods-System galt von 1945 bis 1976 zwischen den wichtigsten Währungen der Welt. Es handelte sich um ein System fester Wechselkurse mit Anpassungsmöglichkeiten. Die wichtigsten Währungen waren mit festen Wechselkursen an den US-Dollar gebunden. Sobald der Kurs einer Währung gegenüber dem US-Dollar nicht mehr der festgelegten Parität entsprach, war das betreffende Land verpflichtet, zu intervenieren.

- *Bandbreitensysteme*: Hier handelt es sich um Systeme fester Wechselkurse, bei denen die Interventionspflicht jedoch nicht sofort entsteht, wenn sich der Wechselkurs von der vereinbarten Parität entfernt. Vielmehr liegen um den vereinbarten festen Wechselkurs Bandbreiten, innerhalb derer sich der Wechselkurs bewegen darf. Erst bei Erreichen des oberen oder unteren Bandes (auch Interventionspunkte genannt) sind die Zentralbanken zur Intervention verpflichtet. Bekannteste Beispiele sind das Europäische Währungssystem EWS und sein Nachfolger WKM II (Wechselkursmechanismus II) (siehe Kap. 5.3).

  Bei Einführung des Euro 1999 wurde zwischen der Dänischen Krone, der Griechischen Drachme und dem Euro der WKM II errichtet. Griechenland schiedt jedoch mit Einführung des Euro in Griechenland Anfang 2001 wieder aus. Für die Dänische Krone gilt ein Leitkurs von 7,46038 Kronen pro Euro. Die Bandbreite beträgt ± 2,25%. Bei Erreichen des oberen oder unteren Randes der Bandbreite, sind die beteiligten Zentralbanken (hier die EZB und die Dänische Nationalbank) zu Interventionen verpflichtet.

- *Currency-Board-Systeme*: Es handelt sich um ein einseitig errichtetes System fester Wechselkurse. Es wird häufig von kleineren Staaten verwendet, die sich auf diese Weise an eine große Ankerwährung binden. Das Currency-Board ist eine Behörde oder andere Einrichtung, die (oft mit gesetzlicher Verpflichtung) die Ankerwährung in unbegrenzter Menge zum festgesetzten Kurs kauft oder verkauft. Auf diese Weise wird die Entwicklung der Zentralbankgeldmenge mit der Entwicklung der Währungsreserven in der Ankerwährung veknüpft.

3.4.2 Der Zusammenhang zwischen der Zahlungsbilanzsituation und dem Devisenmarkt

Wirkung auf den Devisenmarkt

Devisenangebot und Devisennachfrage

Autonome und induzierte Zahlungsbilanzpositionen (siehe Kap. 3.3.5) eignen sich gut, die Höhe von Devisenangebot und Devisennachfrage zu bestimmen. Eine autonome Aktivposition führt über die induzierte Passivposition zu einem Angebot auf dem Devisenmarkt. Eine autonome Passivposition hingegen führt über die induzierte Aktivposition zu einer Nachfrage auf dem Devisenmarkt.

Beispiel:
Ein inländischer Exporteur verkauft Waren im Wert von 100 Euro ins Ausland. Die Zahlung erhält er auf sein inländisches Fremdwährungskonto. Da der Exporteur kein Interesse hat, fremde Währung zu halten, verkauft er die Devisen am Devisenmarkt. Es entsteht ein Devisenangebot im Gegenwert von 100 Euro. Der Export stellt eine autonome Aktivposition dar. Sie führt über die induzierte Passivposition (Erwerb von Devisen) zu einem Devisenangebot.

Diese Wirkung ist nicht von der Währung abhängig, in der die Transaktion abgewickelt wird. In jedem Fall führen autonome Aktivpositionen zu einem Devisenangebot und autonome Passivpositionen zu einer Devisennachfrage.

Beispiel:
Bei einer anderen Lieferung ins Ausland im Wert von 200 Euro wird vereinbart, dass die Zahlung in Euro erfolgen muss. Der ausländische Käufer muss sich in diesem Fall zunächst 200 Euro zur Begleichung der Verbindlichkeit verschaffen. Er tritt als Anbieter am Devisenmarkt auf und erwirbt dort 200 Euro. Es ist ein Devisenangebot im Gegenwert von 200 Euro entstanden.

Keine induzierten Positionen

Es ist in Einzelfällen möglich, dass eine Transaktion nur autonome Positionen hervorruft (z. B. Tausch Ware gegen Ware). Tatsächlich ergibt sich hieraus u. U. weder ein Devisenangebot noch eine Devisennachfrage. Systematisch stellt es jedoch kein Problem dar, trotzdem von einem Devisenangebot aus der autonomen Aktivposition und einer gleichhohen Devisennachfrage aus der autonomen Passiposition auszugehen, da sich Angebot und Nachfrage genau ausgleichen und somit keinen Einfluss auf den Saldo der Zahlungsbilanz ausüben.

Devisenangebot und Devisennachfrage ergeben sich damit aus folgenden autonomen Positionen der Zahlungsbilanz:

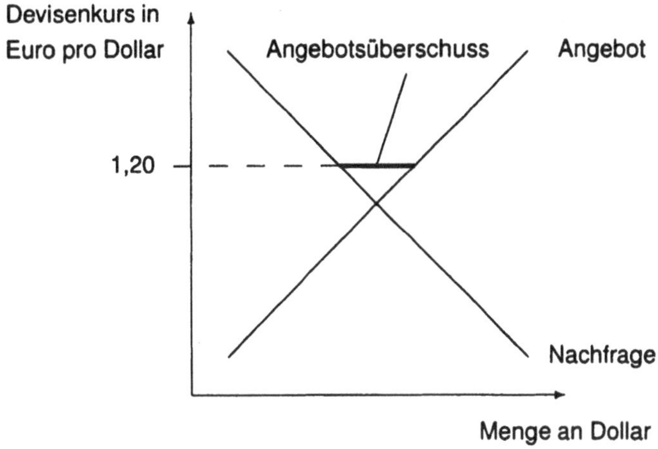

Abbildung 3.3: Angebotsüberschuss auf dem Devisenmarkt

- Devisenangebot
  - Zahlung für Güterexporte
  - Zahlung für Übertragungen aus dem Ausland
  - Zahlung für autonome Kapitalimporte
- Devisennachfrage
  - Benötigte Devisen für Güterimporte
  - Benötigte Devisen für Übertragungen an das Ausland
  - Benötigte Zahlung für autonome Kapitalexporte

Zahlungsbilanzungleichgewichte und Devisenmarkt

Wenn die Zahlungsbilanz einen Überschuss aufweist, so herrscht auf dem Devisenmarkt ein Angebotsüberschuss. Bei einem Zahlungsbilanzdefizit hingegen herrscht ein Nachfrageüberschuss.

Dies wird grafisch in Abb. 3.3 gezeigt. Auf dem Devisenmarkt herrscht kein Gleichgewicht. Die Nachfrage ist größer als das Angebot. Ein Zahlungsbilanzungleichgewicht führt also stets zu einem Ungleichgewicht auf dem Devisenmarkt in gleicher Höhe.

Bei den beiden zentralen Wechselkursregimen kommt jeweils ein anderer Mechanismus zum Tragen, der dafür sorgt, dass das Gleichgewicht auf dem Devisenmarkt wieder hergestellt wird.

Zahlungsbilanzreaktion bei festen Wechselkursen

Bei festen Wechselkursen stellt sich die Situation recht einfach dar. In der Abbildung herrscht ein Zahlungsbilanzüberschuss und dementsprechend auch ein Angebotsüberschuss auf dem Devisenmarkt. Der aktuelle Devisenkurs beträgt 1,20 Euro pro US-Dollar.

Stützung des Wechselkurses durch Devisennachfrage

Bei einem System fester Wechselkurse möchte die Zentralbank diesen Wechselkurs beibehalten. Sie muss deshalb den Angebotsüberschuss auf dem Devisenmarkt ausgleichen. Sie tut dies, indem sie selbst Devisennachfrage schafft. Die Zentralbank kauft folglich US-Dollar in Höhe des Angebotsüberschusses. Der Devisenmarkt ist dadurch im Gleichgewicht. Der Devisenkurs wird bei 1,20 Euro bleiben. Bei einem Zahlungsbilanzdefizit hingegen würde ein Nachfrageüberschuss auf dem Devisenmarkt entstehen. In diesem Fall müsste die Zentralbank US-Dollar am Devisenmarkt anbieten, um den Nachfrageüberschuss auszugleichen.

Auswirkungen auf die Devisenbilanz

Gleichzeitig ergibt sich eine Änderung in der Devisenbilanz. Wenn die Zentralbank Devisen verkauft, verringern sich die Devisenreserven. Wenn sie Devisen kauft, erhöhen sich die Devisenreserven.

Weitere Wirkungen von Interventionen

Neben der direkten Wirkung auf den Devisenmarkt können sich noch eine Reihe weiterer Effekte ergeben. Jede Intervention verändert für sich betrachtet die Geldmenge in einem Land. Hieraus resultieren Wirkungen auf das Zins- und Preisniveau einer Volkswirtschaft, welche ihrerseits wieder Positionen der Zahlungsbilanz beeinflussen können. Diese Effekte werden hier jedoch vernachlässigt.

Zusammenfassend ergibt sich bei festen Wechselkursen folgende Situation: Zahlungsbilanzungleichgewichte werden durch Interventionen nicht beseitigt. Es kommt jedoch bei unverändertem Wechselkurs zu einem Gleichgewicht auf dem Devisenmarkt.

Zahlungsbilanzausgleich bei flexiblen Wechselkursen

Bei flexiblen Wechselkursen interveniert die Zentralbank nicht. Folglich kann sie auch kein Marktgleichgewicht bei unverändertem Wechselkurs herbeiführen. Der Devisenmarkt muss auf andere Weise zum Ausgleich gebracht werden.

Marktmechanismus bestimmt Wechselkurs

Ein Devisenmarkt hat einen Preismechanismus wie andere Märkte auch. Bei einem Angebotsüberschuss sinkt der Preis und bei einem Nachfrageüberschuss steigt der Preis. Der Preis entspricht dem Devisenkurs in Preisnotierung (wie in der Abbildung).

Eine Änderung des Devisenkurses hat jedoch wiederum Auswirkungen auf die Positionen in der Zahlungsbilanz. Bei einer Aufwertung der Inlandswährung werden die Exporte sinken und die Importe steigen. Bei einer Abwertung der Inlandswährung hingegen werden die Exporte steigen und die Importe sinken.

Beispiel:
Es sei wieder folgende Zahlungsbilanz gegeben:

Zahlungsbilanz

Aktiva	Passiva
Güterexporte 100 Euro	Güterimporte 50 Euro
induzierte Kapitalimporte 50 Euro	induzierte Kapitalexporte 100 Euro

Es besteht ein Zahlungsbilanzüberschuss in Höhe von 50 Euro. Dies äußert sich in einem Angebotsüberschuss auf dem Devisenmarkt in Höhe von 50 Euro.
Der Marktmechanismus führt zu einer Abwertung des US-Dollar. Sein Kurs fällt von 1,20 Euro auf 1,10 Euro. Die Exporte sinken z. B. auf 75 Euro und die Importe steigen auf 75 Euro.

Zahlungsbilanz

Aktiva	Passiva
Güterexporte 75 Euro	Güterimporte 75 Euro
induzierte Kapitalimporte 75 Euro	induzierte Kapitalexporte 75 Euro

Hierdurch verschwindet der Zahlungsbilanzüberschuss, ohne dass sich die Devisenreserven verändern. Beim neuen Wechselkurs ist die Summe der autonomen Aktivpositionen gleich der Summe aus autonomen Passivpositionen. Der Devisenmarkt ist deshalb wieder im Gleichgewicht.

Auswirkungen auf Exporte und Importe

Auch dies kann man grafisch darstellen (Abb. 3.4). Bei einer Verringerung des Kurses wird das Devisenangebot sinken. Dies liegt daran, dass sich die Exporte verringern. Gleichzeitig wird die Nachfrage nach Devisen steigen, weil die Importe steigen. Das Gleichgewicht ist erreicht, wenn Angebot und Nachfrage gleich groß sind. In der Grafik ist dies bei einem Kurs von 1,10 Euro der Fall.

Zusammenfassend gilt bei flexiblen Wechselkursen: Zahlungsbilanzungleichgewichte äußern sich in Ungleichgewichten auf dem Devisenmarkt. Da die Zentralbank nicht interveniert, verändert sich der Wechselkurs. Diese Änderung des Wechselkurses hat Auswirkungen auf die autonomen Positionen der Zahlungsbilanz. Der Wechselkurs wird sich solange ändern, bis die Zahlungsbilanz wieder ausgeglichen ist.

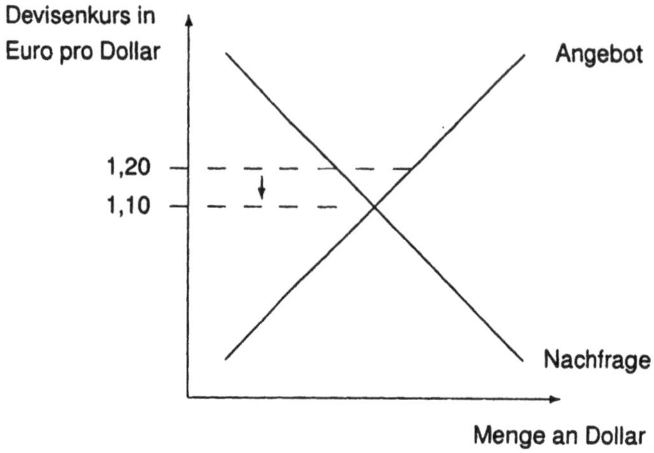

Abbildung 3.4: Anpassung des Devisenkurses

3.4.3 Wesentliche Vor- und Nachteile beider Wechselkurssysteme

Sicherheit über die Kursentwicklung

Die wichtigsten *Vorteile* fester Wechselkurse leuchten unmittelbar ein: Bei festen Wechselkursen gibt es *keine Unsicherheiten* über die zukünftige Kursentwicklung. Dies kann für einzelne Wirtschaftssubjekte sehr vorteilhaft sein, weil sie ihre wirtschaftlichen Transaktionen mit dem Ausland unter Sicherheit planen können. Außerdem besteht nicht die Gefahr von „irrational" starken Kursausschlägen, die ohne realwirtschaftliche Grundlage nur aufgrund von Spekulationen zustande kommen können.

Nachteile fester Wechselkurse

Der wesentliche *Nachteil* von festen Wechselkursen besteht jedoch darin, dass entweder keine völlig autonome Geldpolitik mehr möglich ist oder aber der Kapitalverkehr stark kontrolliert werden muss.

Dies kann folgendermaßen erklärt werden: Wenn eine Zentralbank durch Interventionen versucht, den Wechselkurs konstant zu halten, so hat dies immer Auswirkungen auf die Geldmenge. Wenn sie Devisen ankauft, so muss sie dafür inländische Währung hergeben. Dies erhöht die umlaufende Geldmenge. Wenn sie hingegen Devisen anbietet, so erhält sie dafür inländische Währung. Dieser Betrag wird dem Geldkreislauf entzogen und die Geldmenge sinkt. Die Hauptaufgabe einer Zentralbank ist jedoch normalerweise die Inflationsbekämpfung. Hierfür benötigt sie eine exakte Kontrolle der Geldmenge. Wenn sie am Devisenmarkt intervenieren muss, so verliert sie teilweise ihre geldpolitische Autonomie, da ihr bestimmte Veränderungen der Geldmenge durch den Devisenmarkt quasi aufgezwungen werden. Außerdem kann eine Zentralbank natürlich nur so lange Devisen anbieten, wie ihre Devisenreserven noch nicht aufgebraucht sind. Bei einer Devisenbewirtschaftung treten diese Probleme natürlich nicht auf. Andererseits ist hier kein freier Kapitalverkehr mehr möglich.

Bei flexiblen Wechselkursen gilt die Argumentation genau umgekehrt: Es ist ein freier Kapitalverkehr und eine autonome Geldpolitik möglich. Dafür kann es aber auch zu starken Kursschwankungen kommen, und die Wirtschaftssubjekte treffen ihre Entscheidungen grundsätzlich unter Unsicherheit bezüglich des künftigen Kurses.

Die Problematik kann sehr treffend in folgender Erkenntnis zusammengefasst werden: Es ist nicht möglich, gleichzeitig

- feste Wechselkurse,
- eine autonome Geldpolitik und
- freien Kapitalverkehr

zu haben.

3.5 Übungsfragen zu Kapitel 3

1. Geben Sie eine Definition der Zahlungsbilanz und erläutern Sie diese!
2. Erfassen Sie folgende Transaktionen in der Zahlungsbilanz:
    - Warenexport gegen Kredit: 200 Euro
    - Dienstleistungsimport ohne Gegenleistung: 150 Euro
    - Intervention der Zentralbank zur Stützung der inländischen Währung: 50 Euro
    - Einräumung eines Kredites an das Ausland und Bereitstellung auf einem Konto: 100 Euro
3. Welches sind die wichtigsten Teilbilanzen in der Zahlungsbilanzsystematik der Deutschen Bundesbank?
4. Erläutern Sie die Begriffe Zahlungsbilanzüberschuss und Zahlungsbilanzdefizit!
5. Was ist ein Devisenkurs und welche Möglichkeiten der Notierung gibt es?

6. Erläutern Sie den Verlauf von Devisenangebot und Devisennachfrage!
7. Wie unterscheiden sich Kassakurse und Terminkurse?
8. Was ist der reale Wechselkurs?
9. Wie reagiert die Handelsbilanz auf eine Abwertung?
10. Wie kommt es bei festen Wechselkursen zum Zahlungsbilanzausgleich?
11. Nennen Sie Vor- und Nachteile fester Wechselkurse!

3.6 Literatur

Willms, M.: Währung, in: Bender, D.; Berg, H.; Cassel, D. u. a. (Hrsg.): Vahlens Kompendium der Wirtschaftstheorie und Wirtschaftspolitik. Band 1, 7. Auflage, Vahlen, München 1999, S. 237-283.

Willms, M. (1995): Internationale Währungspolitik, 2. Aufl., Vahlen, München.

Kapitel 4

Vermögenstheorie (Portfoliotheorie)

4.1 Geldvermögens- und Realvermögensbildung

4.1.1 Vermögensbegriff

Es existiert keine einheitliche Definition des Begriffes Vermögen. Je nach Fragestellung, Art des Wirtschaftssystems oder auch der Verfügbarkeit entsprechender Daten wird das Vermögen unterschiedlich abgegrenzt.

Alle Definitionen haben jedoch die folgenden Elemente gemeinsamen:

1. Vermögen ist eine *Bestandsgröße* und keine Stromgröße. Bestandsgrößen sind zeitpunktbezogene Größen, die in Mengen- oder Geldeinheiten erfasst werden können. Sie werden zwar zu einem bestimmten Datum erfasst, beziehen sich jedoch nicht auf einen Zeitraum.
2. Vermögen umfasst Güter und Rechte über die Wirtschaftssubjekte *verfügen* können.
3. Diese Güter und Rechte müssen *ökonomisch bewertet oder bewertbar* sein.

Grundsätzlich können alle Arten von Wirtschaftssubjekten (private Haushalte, Unternehmen, Staat) Vermögen bilden und halten. In den folgenden Ausführungen erfolgt jedoch eine Beschränkung auf das Vermögen privater Haushalte.

Bei privaten Haushalten kann man insbesondere zwei Vermögensarten unterscheiden:

- *Geldvermögen*: Das Geldvermögen umfasst alle auf Geldwerte lautenden Forderungen.
- *Realvermögen*: Zum Realvermögen (Sachvermögen) zählen alle materiellen und immateriellen Wirtschaftsgüter, die nicht zum Geldvermögen gehören.

Auch das *Humanvermögen* könnte theoretisch als dritte Kategorie zum Vermögen privater Haushalte gezählt werden. Es umfasst die Fähigkeiten und Kenntnisse privater Haushalte in ihrer Funktion als Produktionsfaktoren. Da es als Anlageform für private Haushalte jedoch nur sehr bedingt in Frage kommt, wird es im Folgenden nicht weiter untersucht.

4.1.2 Vermögensbildung privater Haushalte

Vermögensbildung durch Ersparnis

Haushalte, die ihr erzieltes Einkommen nicht vollständig für den Konsum von Gütern ausgeben bilden *Ersparnis*. Diese Ersparnis steigert das Vermögen des Haushaltes.

Vermögensanlage in Geld

Für den Haushalt stellt sich die Frage, in welcher Form er sein Vermögen am sinnvollsten hält. Die einfachste Möglichkeit wäre, dieses Vermögen in *Geld* zu halten. Geld kann eine Wertaufbewahrungsfunktion erfüllen (siehe Kap. 2.1.2). Der Haushalt kann sein Vermögen jedoch auch in anderen Formen halten. Man unterscheidet dabei zwischen Finanzanlagen und Sachanlagen (s. Abb. 4.1).

Als *Finanzanlagen* kommen unter Anderem verzinsliche Wertpapiere, Aktien, Investmentfondsanteile, Optionsscheine, Optionen, Futures, Spareinlagen oder Lebensversicherungen in Betracht.

Zwischen Geld einerseits und Finanzanlagen andererseits existiert analog zu den verschiedenen Geldmengenaggregaten (siehe Kap. 2.1.4) ein Abgrenzungsproblem. Je nach Definition des Geldbegriffes können Termin- und Spareinlagen zum Geld oder zu den Finanzanlagen zählen. Es sei hier unterstellt, dass das Geld lediglich Bargeld und Sichtguthaben umfasst und alle anderen Guthaben zu den Finanzanlagen gehören.

Geld und Finanzanlagen sind zur Kategorie des Geldvermögens zu zählen.

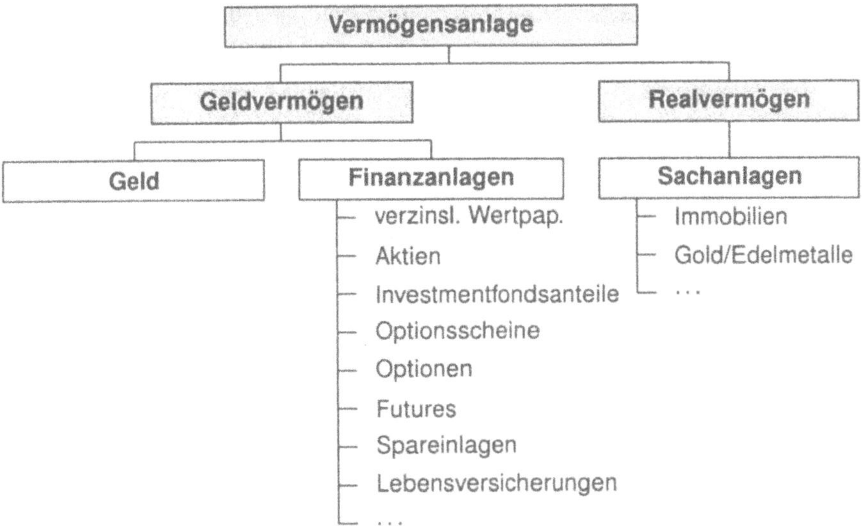

Abbildung 4.1: Vermögensanlage

Eine andere Möglichkeit stellen *Sachanlagen* dar. Hierzu zählen beispielsweise Immobilien und Gold oder andere Edelmetalle.

Wertaufbewahrung und andere Ziele

Mit der Vermögensanlage verfolgt der Haushalt normalerweise nicht nur das Ziel einer Wertaufbewahrung. Zusätzlich möchte er eine *Rendite* erzielen. Außerdem spielt das mit der jeweiligen Anlageform verbundene *Risiko* eine entscheidende Rolle.

4.2 Grundlagen der Portfoliotheorie, Anlegerziele, Rendite und Anlagerisiko

4.2.1 Entscheidungskriterien eines Anlegers

Rendite

Als Rendite bezeichnet man die Erträge einer Vermögensanlage.

Regelmäßiger Zufluss

Ein wesentlicher Bestandteil der Rendite sind die *laufenden Erträge*. Sie fliessen dem Anleger während des Anlagezeitraums in regelmäßigen Abständen zu. Laufende Erträge sind z. B. Zinszahlungen (bei verzinslichen Wertpapieren oder Spareinlagen), Ausschüttungen (bei Aktien oder Investmentfonds) und Nettomieteinnahmen (bei Immobilien).

Nicht alle Anlageformen erbringen laufende Erträge. So schütten z. B. Aktiengesellschaften nicht in jedem Fall Dividenden aus. Auch Immobilienanlagen erbringen nicht in jedem Fall positive Nettomieterträge.

Um laufende Erträge vergleichbar zu machen, werden sie als Prozentzahl ausgedrückt. Bei einem Anlagebetrag (oder Kaufpreis) von P_0 und einem laufenden Ertrag von E beträgt diese Prozentzahl $\frac{E}{P_0} \cdot 100$.

Beispiel:
Eine Immobilie ist zu einem Preis von 200.000 Euro erworben worden. Die jährlichen Nettomieteinnahmen betragen 10.000 Euro. In Prozent ausgedrückt sind das pro Jahr laufende Erträge in Höhe von

$$\frac{10.000 Euro}{200.000 Euro} = 0,05 = 5\%.$$

Kursgewinne Der zweite Bestandteil der Gesamtrendite sind *Kursgewinne oder Kursverluste* bzw. ganz allgemein *Preisänderungen*. Bei einigen Anlageformen stehen diese Preisänderungen zu Beginn des Anlagezeitraums bereits fest. Dies ist z. B. bei verzinslichen Wertpapieren der Fall, die zu einem Kurs von unter oder über 100 gekauft werden. Der Anleger weiss in diesem Fall genau, dass bei Rückzahlung des Wertpapiers am Ende der Laufzeit ein bestimmter Kursgewinn bzw. Kursverlust erzielt wird.

Bei anderen Anlageformen steht diese Preisänderung jedoch nicht von vornherein fest. So wird ein Aktieninhaber entweder einen Kursgewinn oder einen Kursverlust realisieren, je nachdem ob der aktuelle Aktienkurs am Ende des Anlagezeitraums höher oder niedriger liegt als der Kurs bei Kauf der Aktie.

Auch der Kursgewinn (oder die Preisänderung) kann als Prozentzahl ausgedrückt werden. Bei einem Kaufpreis von P_0 und einem Verkaufspreis von P_1 beträgt diese $\frac{P_1 - P_0}{P_0} \cdot 100$.

Beispiel:
Die im vorherigen Beispiel genannte Immobilie wird nach einem Jahr zu einem Preis von 220.000 Euro wieder verkauft. Der Wertzuwachs beträgt dann

$$\frac{220.000 Euro - 200.000 Euro}{200.000 Euro} = 0,1 = 10\%.$$

Die *Rendite* eines Anlageobjektes berücksichtigt sowohl die laufenden Erträge als auch Preisänderungen. Die Rendite r setzt sich aus den laufenden Erträgen und Wertzuwächsen in Prozent ausgedrückt zusammen: **Rendite**

$$r = \frac{E}{P_0} + \frac{P_1 - P_0}{P_0} = \frac{P_1 - P_0 + E}{P_0}$$

Beispiel:
Die Rendite der Immobilie ist die Summe aus Nettomieteinnahmen und Wertsteigerung (beides in Prozent ausgedrückt):

$$r = \frac{220.000 Euro - 200.000 Euro + 10.000 Euro}{200.000 Euro} = 0,15 = 15\%$$

Alle hier genannten Berechnungen gelten jedoch nur für den Fall, dass die Anlageperiode eins beträgt (z. B. ein Jahr) und dass die laufenden Erträge nur einmal und zwar am Ende des Jahres anfallen.

Risiko

Bei vielen Anlageformen ist die Rendite zu Beginn des Anlagezeitraums noch unsicher. Der Anleger ist einem *Risiko* ausgesetzt. Die beiden wichtigsten Gründe für dieses Risiko lassen sich nach den Bestandteilen der Rendite unterscheiden. **Renditerisiko**

- *Risiko aufgrund von möglichen Preisänderungen*: Bei vielen Anlageformen steht der Verkaufspreis nicht von vornherein fest. Selbst bei Anlageformen, die einen festen Verkaufspreis haben (z. B. verzinsliche Wertpapiere) verbleibt ein gewisses Risiko, weil die Zahlungsfähigkeit des Schuldners nicht in jedem Fall gegeben sein muss.
- *Risiko aufgrund unsicherer laufender Erträge*: Bei Anlageformen mit laufenden Erträgen ist die Höhe dieser Erträge oft unsicher (z. B. Aktiendividenden). Selbst bei Anlageformen, mit fest vereinbarten Erträgen, verbleibt ein Risiko (z. B. Zahlungsunfähigkeit von Mietern).

Beide Aspekte zusammen bilden das *Gesamtrisiko* oder das *Renditerisiko.*

Besonders zu betonen ist, dass sich der Begriff Risiko sowohl auf niedrige Renditen als auch auf hohe Renditen bezieht. Das Risiko einer Anlage kann im Einzelfall zu Renditen führen, die höher sind als **Risiko wirkt in zwei Richtungen**

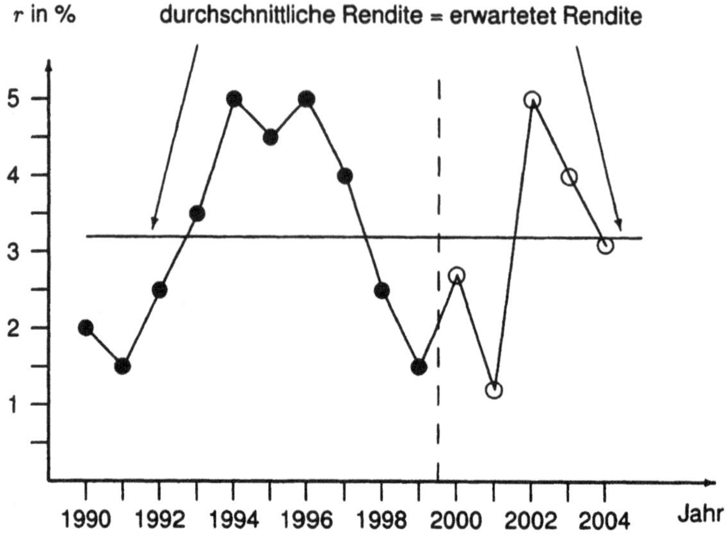

Abbildung 4.2: Historische Renditen und erwartete Rendite

erwartet, aber auch zu Renditen, die hinter den Erwartungen zurück bleiben.

Erwartetet Rendite

Ein Anleger bildet bei der Anlageentscheidung *Erwartungen* über die Rendite seiner Anlage. Er kann dies z. B. mit Hilfe einer Analyse von Renditen der Vergangenheit tun.

Erwartete Rendite

In der Abb. 4.2 sind die Renditen für eine hypothetische Aktie dargestellt. Die Renditen dieser Aktie sind nicht immer gleich geblieben, sondern waren starken Schwankungen ausgesetzt. Der Durchschnitt aller vergangenen Renditen könnte als ein Schätzwert für die zukünftige Rendite dienen. Diesen Schätzwert nennt man *erwartete Rendite.* Die erwartete Rendite wird mit dem Symbol μ bezeichnet.

Beispiel:
Aus den Werten in Abb. 4.2 ergibt sich eine durchschnittliche Rendite von 3,2% für die Jahre 1990–1999. Die erwartete Rendite beträgt deshalb ebenfalls $\mu = 3,2\%$.

Diese Vorgehensweise stellt jedoch nur eine Möglichkeit dar, Erwartungen über zukünftige Renditen zu bilden. Ein Anleger könnte ebenso weitere Informationen über das betreffende Anlageobjekt oder allgemeine Informationen über Besonderheiten des betreffenden Marktes oder die gesamtwirtschaftliche Entwicklung berücksichtigen. Im Idealfall ermittelt ein Anleger die erwartete Rendite unter Berücksichtigung *aller verfügbaren relevanten Informationen.*

Andere Möglichkeiten der Erwartungsbildung

Varianz und Standardabweichung

Die erwartete Rendite stellt jedoch aus Sicht des Anlegers keine sichere Größe dar. Er kann nicht davon ausgehen, dass diese Rendite tatsächlich in jedem Fall eintritt. Es steht vielmehr zu erwarten, dass die Rendite auch in Zukunft schwanken wird (siehe Abb. 4.2) und nur im Durchschnitt der erwarteten Rendite entspricht.

Erwartetes Risiko

Die entscheidende Frage ist, in welcher Größenordnung Schwankungen zu erwarten sind, da hiervon das Risiko der Anlage abhängt. Werden starke Schwankungen erwartet, so ist das Risiko der Anlage hoch. Bei schwächeren erwarteten Schwankungen hingegen ist es gering. Auch hierüber wird ein Anleger Erwartungen bilden. Er kann dies z. B. tun, indem er annimmt, dass auch in Zukunft Schwankungen in gleichem Ausmaß wie in der Vergangenheit auftreten.

Wichtige Maßzahlen für diese Risiko sind *Varianz* und *Standardabweichung*. Sie geben mögliche Abweichungen der tatsächlichen Rendite von der erwarteten Rendite an. Man bezeichnet sie deshalb auch als *Risiko-Indizes.*

Standardabweichung

Die *Standardabweichung* σ ist die durchschnittliche Abweichung der vergangenen Renditen r_i von der durchschnittlichen Rendite μ. Die Standardabweichung ist die Wurzel aus der *Varianz.*

Wenn ein Anleger annimmt, dass die Renditeschwankungen der Vergangenheit zwar nicht in genau gleicher Abfolge aber in gleichem Umfang auch in der Zukunft auftreten, so stellt die Standardabweichung σ eine Maßzahl für das erwartete Risiko dar.

Ähnlich wie bei der erwarteten Rendite gilt auch hier: Der Anleger könnte das zukünftige Risiko einer Anlage anders einschätzen, wenn er weitere Informationen berücksichtigt. Die Orientierung an den tatsächlichen Schwankungen in der Vergangenheit stellt jedoch in vielen Fällen eine relativ gute Schätzung dar, die außerdem leicht ermittelt werden kann.

Beispiel:
Die nebenstehende Tabelle enthält die Werte aus Abb. 4.2. Die Formeln für Varianz und Standardabweichung lauten

$$Var = \frac{1}{n-1}\sum_{n=1}^{i}(r_i - \mu)^2$$

$$\sigma = \sqrt{Var}$$

Für die durchschnittliche Rendite von $\mu = 3,2$ ergibt sich eine Standardabweichung von 1,38.

Jahr i	Rendite r_i
1990	2,0
1991	1,5
1992	2,5
1993	3,5
1994	5,0
1995	4,5
1996	5,0
1997	4,0
1998	2,5
1999	1,5

Anlegerziele

Wahl der Anlageform mit Rendite und Risiko

Wie bereits in Kap. 4.1 erwähnt, ist die Wertaufbewahrung für einen Anleger ein mögliches Motiv, überhaupt Vermögen zu bilden. Bei der Frage, *welche Anlageform* ein Anleger wählt, sind hingegen die (erwartete) Rendite und das (erwartetes) Risiko zwei wichtige Einflussgrößen.

Rendite

Hohe Renditen werden bevorzugt

Die Einstellung eines Anlegers bezüglich der Rendite kann relativ leicht definiert werden. Ein Anleger bevorzugt bei zwei ansonsten gleichen Anlagen immer diejenige mit der höheren erwarteten Rendite. Dies gilt für jedes beliebige Renditeniveau.

Risikoeinstellung

Einstellung zum Risiko

Bei der Risikoeinstellung von Anlegern kann keine so eindeutige Aussage getroffen werden. Man unterscheidet vielmehr drei verschiedene Einstellungen zum Risiko.

- *Risikoaversion*: Ein Anleger bevorzugt bei zwei ansonsten gleichen Anlagen, diejenige mit dem geringeren Risiko. Für diesen Anleger stellt Sicherheit ein erstrebenswertes Ziel dar.
- *Risikofreude*: Ein Anleger bevorzugt bei zwei ansonsten gleichen Anlagen, diejenige mit dem höheren Risiko. Bei diesem Anleger stellt das Risiko an sich einen Vorteil dar („Spielertyp").

- *Risikoneutralität*: Für diesen Anleger spielt das Risiko keine Rolle bei der Anlageentscheidung.

Risikoneutralität und Risikofreude mögen zwar zunächst als wenig rational erscheinen. In der Realität sind sie jedoch durchaus anzutreffen (Lotterie, Extremsportarten). Trotzdem kann man davon ausgehen, dass bei Anlageentscheidungen Risikoaversion die am häufigsten anzutreffende Risikoeinstellung sein wird. Im Folgenden wird deshalb Risikoaversion unterstellt.

Isonutzenkurven

Um die Gesamteinschätzung einer Anlage aus Sicht eines Anlegers abzubilden, müssen beide Einflussparameter, μ und σ, gleichzeitig betrachtet werden.

Eine geringere Rendite μ stellt für sich betrachtet einen Nachteil dar. Dieser Nachteil kann jedoch unter Umständen durch ein geringeres Risiko σ ausgeglichen werden. Es könnte also sein, dass ein Anleger trotz geringerer Rendite eine Anlage wählt, weil er den Vorteil aus dem geringeren Risiko höher einschätzt, als den Nachteil aus der niedrigeren Rendite.

Andersherum stellt ein höheres Risiko für sich betrachtet einen Nachteil dar. Dieser Nachteil kann aber evtl. durch eine höhere Rendite ausgeglichen werden. Wenn der Vorteil aus der höheren Rendite vom Anleger höher eingeschätzt wird als der Nachteil aus dem höheren Risiko, so wählt er vielleicht die Anlage mit dem höheren Risiko.

Diesen Zusammenhang kann man grafisch in einem sogenannten μ-σ-Diagramm darstellen (Abb. 4.3). Jede mögliche Anlageform ist durch einen Punkt darstellbar. Die Koordinaten des Punktes entsprechen der erwartetetn Rendite μ und dem Risiko σ.

Definition: Isonutzenkurven

Eine Isonutzenkurve ist wie folgt definiert: Alle μ-σ-Kombinationen, die vom Anleger als gleich gut eingeschätzt werden (die ihm den gleichen Nutzen bringen), liegen auf einer Isonutzenkurve. Dies gilt z. B. für die beiden Anlagen A und B. Die Anlage B hat zwar eine höhere Rendite, dafür aber auch ein höheres Risiko. Beide Effekte gleichen sich in der Grafik genau aus, so dass A und B vom Anleger als gleich eingeschätzt werden und beide Anlagen auf einer Isonutzenkurve (I_3) liegen.

Je weiter links oben eine Isonutzenkurve liegt, umso höher werden die Anlagen vom Anleger eingeschätzt. So werden die Anlagen auf I_2 z. B. den Anlagen auf I_3 vorgezogen. Die Anlage C erbringt einen höheren Nutzen als A. Dies ist allerdings auch ohne Kenntnis der Isonutzenkurven keine Überraschung, da C ein größeres μ bei kleinerem

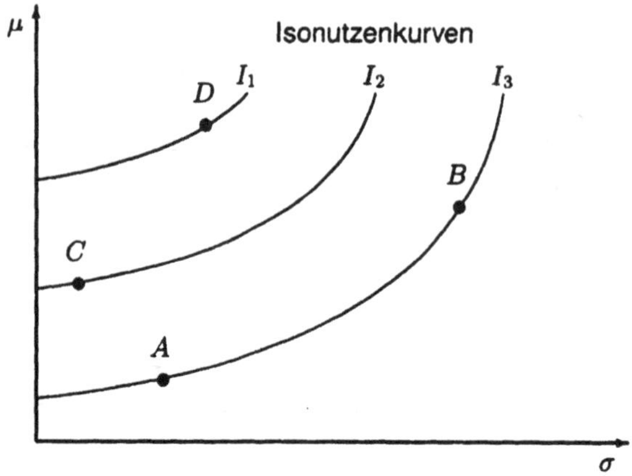

Abbildung 4.3: Isonutzenkurven bei Risikoaversion

σ als A hat.

Der genaue Verlauf der Isonutzenkurven spielt jedoch in anderen Fällen eine wichtige Rolle. Vergleicht man B und D mit C, so haben sowohl B als auch D im Vergleich zu C eine höhere Rendite bei höherem Risiko. Da es sich in diesem Fall um zwei gegensätzliche Effekte handelt, ist eine Rangfolge nicht von vornherein klar. Die Isonutzenkurven geben jedoch Auskunft. D wird als besser eingeschätzt als C und liegt deshalb auf einer höheren Isonutzenkurve. B hingegen wird schlechter eingeschätzt als C und liegt deshalb auf einer niedrigeren Isonutzenkurve.

Theoretisch könnte man die gesamte Grafik mit einer Schar von Isonutzenkurven überziehen. Jede überhaupt denkbare μ-σ-Kombination liegt so auf einer Isonutzenkurve. Für alle diese Isonutzenkurven gilt, dass sie als umso besser eingeschätzt werden, je weiter links oben sie liegen.

Optimale Anlagen

Ermittlung der optimalen Anlage Isonutzenkurven können herangezogen werden, um die aus Sicht eines Anlegers optimale Anlage zu ermitteln. Von allen möglichen Anlageformen wird die gewählt, die auf der höchsten Isonutzenkurve liegt.

Beispiel:
Es gebe nur die drei Anlagemöglichkeiten A, B und C. Die höchste Isonutzenkurve ist mit der Anlage C zu erreichen. Anlage D würde zwar allen drei Anlagen vorgezogen. Wenn sie jedoch nicht zur Verfügung steht, ist C die bestmögliche Wahl.

4.2.2 Portfoliotheorie

Definition Portfolio

Gleichzeitige Investition in verschiedene Anlagen

Bisher wurde davon ausgegangen, dass ein Anleger sich für eine ganz bestimmte Anlageform entscheiden muss. Dies entspricht jedoch in vielen Fällen nicht der Realität. Tatsächlich wird ein Anleger i. d. R. die Wahl haben, einen bestimmten Anlagebetrag entweder vollständig in einer Anlageform zu investieren oder aber auf verschiedene Anlageformen aufzuteilen. Er hat dabei häufig nicht nur die Wahl zwischen verschiedenen Anlageformen, sondern kann auch noch innerhalb einer Anlageform verschiedene Einzelanlagen wählen.

Ein solches *Bündel an einzelnen Anlagen* wird als Portfolio bezeichnet.

Beispiel:
Ein Anleger hat einen Gesamtbetrag von 1.000.000 Euro zur Verfügung. Er erwirbt für 500.000 Euro (50% des Anlagebetrages) eine Immobilie sowie für 200.000 Euro (20%) Aktien des Unternehmens A und für 300.000 Euro (30%) Aktien des Unternehmens B. Alle drei Anlagen stellen das Portfolio des Anlegers dar.

Gesamtrendite eines Portfolios

Die erwartete Gesamtrendite des Portfolios setzt sich aus den jeweiligen Einzelrenditen und den Anteilen der Anlagen am gesamten Portfolio zusammen. Die Gesamtrendite eines Portfolios ist der *gewichtete Durchschnitt der Einzelrenditen.*

Beispiel:
Die erwarteten Einzelrenditen der Anlagen aus dem obigen Beispiel sind in der Tabelle aufgeführt. Zur Vereinfachng sei unterstellt, dass es keine Kursgewinne gibt.

Anlage	Anteil	lfd. Erträge	Rendite
Immobilie	50%	25.000	5%
A-Aktie	20%	20.000	10%
B-Aktie	30%	30.000	10%

Die Gesamtrendite r_{ges} (gewichteter Durchschnitt der Einzelrenditen) beträgt

$$r_{ges} = 0,5 \cdot 5 + 0,2 \cdot 10 + 0,3 \cdot 10 = 0,075 = 7,5\%.$$

Dieses Ergebnis erhält man auch, wenn man die laufenden Erträge addiert und auf die gesamte Anlagesumme bezieht

$$r_{ges} = \frac{75.000 \quad Euro}{1.000.000 \quad Euro} = 7,5\%$$

Gesamtrisiko eines Portfolios

Korrelation von Risiken

Das Gesamtrisiko eines Portfolios hängt von den Risiken der einzelnen Anlagen und von den Anteilen der Anlagen am Portfolio ab. Allerdings gibt der gewichtete Durchschnitt der einzelnen Standardabweichungen nicht die Standardabweichung des Portfolios wieder. Der Grund hierfür ist die sogenannte *Korrelation von Einzelrisiken*, die zusätzlich berücksichtigt werden muss.

Bei einer einzelnen Anlage hat der Anleger zwar eine erwartete Rendite. Wie hoch die Rendite jedoch tatsächlich ausfällt, ist mit einem Risiko behaftet, welches durch die Standardabweichung σ gemessen wird. Das Risiko drückt sich dadurch aus, dass die tatsächliche Rendite eventuell höher oder niedriger ausfällt als erwartet.

Risiken sind häufig nicht unabhängig voneinander

Diese Abweichung von der erwarteten Rendite muss jedoch bei verschiedenen Anlagen nicht unabhängig voneinander sein. Es ist z. B. sehr gut denkbar, dass sich die Renditen bei einigen Anlageformen sehr *ähnlich entwickeln*. In diesem Fall treten überdurchschnittliche Renditen bei den verschiedenen Anlagen gleichzeitig auf und unterdurchschnittliche Renditen ebenfalls.

Andererseits ist es denkbar, dass sich Abweichungen von den erwarteten Renditen bei verschiedenen Wertpapieren immer genau *entgegengesetzt* einstellen. Wenn bei der einen Anlage eine überdurchschnittliche Rendite realisiert wird, dann wird bei der anderen Anlage eine unterdurchschnittliche Rendite erzielt und umgekehrt.

Diese Abhängigkeit kann man mit Hilfe des *Korrelationskoeffizienten* messen. Es können drei Fälle unterschieden werden:

- *Positive Korrelation*: Die betrachteten Renditen bewegen sich immer in die gleiche Richtung. Der Korrelationskoeffizienz liegt zwischen Null und Eins. Im Extremfall liegt eine perfekte positive Korrelation vor. Die Renditen bewegen sich dann nicht nur in die gleiche Richtung sondern weisen auch die gleiche größenmäßige Abweichung vom Erwartungswert auf. Der Korrelationskoeffizient beträgt in diesem Fall Eins.

- *Negative Korrelation*: Die Renditen bewegen sich immer in entgegengesetzter Richtung. Dies ist bei einem Korrelationskoeffizienten zwischen Null und minus Eins der Fall. Im Extremfall sind die Renditeausschläge vom Betrag her gleich, so dass der Verlust bei der einen Anlage immer genau durch einen Gewinn bei der anderen Anlage ausgeglichen wird. Der Korrelationskoeffizient beträgt dann minus Eins.
- *Keine Korrelation:* Die Renditen der Wertpapiere bewegen sich völlig unabhängig voneinander. Der Korrelationskoeffizient beträgt Null.

Beispiel:
Ein Anleger hat eine Immobilie für 500.000 Euro im Bestand. Weitere 500.000 Euro kann er entweder in A-Aktien oder in B-Aktien investieren. Aus Renditegesichtspunkten macht dies keinen Unterschied, da beide Aktien das gleiche μ von 10% aufweisen. Die Korrelation ist jedoch nicht bei beiden Aktien gleich.

Anlage	Branche	Korrelation mit der Immobilie
A-Aktie	Wohnungsbau	1
B-Aktie	Konsumgüter	-1

Wenn er die A-Aktie wählt, so werden sich unerwartete positive wie negative Renditeschwankungen immer bei beiden Anlagen gleichzeitig einstellen. Das Gesamtportfolio unterliegt deshalb einer relativ starken Schwankung und das Gesamtrisiko ist somit relativ hoch. Bei Wahl der B-Aktie hingegen werden sich positive „Überraschungen" bei der Immobilie immer genau mit negativen „Überraschungen" bei der Aktie ausgleichen und umgekehrt. In diesem Extremfall ist das Risiko vollständig ausgeschaltet.

Risiko des Portfolios

Für das Risiko des Portfolios gilt:

- *Perfekte positive Korrelation*: Das Gesamtrisiko ist der gewichtete Durchschnitt der Einzelrisiken.
- *Perfekte negative Korrelation*: Das Gesamtrisiko ist sehr viel niedriger und beträgt bei gleichen Portfolioanteilen sogar Null.

Diversifizierung

Für ein Portfolio ergeben sich aus diesen Überlegungen zwei entscheidende Schlussfolgerungen:

1. *Diversifizierung vermindert das Risiko*: Anlagen mit gleichem Einzelrisiko haben ein geringeres Gesamtrisiko, so lange sie nicht perfekt korreliert sind. Aus diesem Grund kann eine Auf-

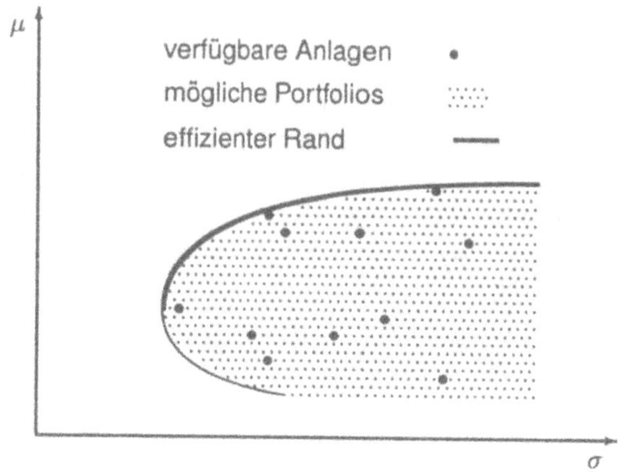

Abbildung 4.4: Anlagen, Portfolios und effiziente Portfolios

teilung (Diversifizierung) des Anlagebetrages auf mehrere, ansonsten identische Anlagen das Risiko bei gleicher Rendite senken und deshalb vorteilhaft sein.

2. *Auch risikoreiche Anlagen können das Gesamtrisiko vermindern:* Selbst bei einer positiven Korrelation (allerdings kleiner Eins) kann die Hinzunahme einer risikoreicheren Anlageform das Gesamtrisiko u. U. senken.

Effiziente Portfolios

Unendliche Anzahl möglicher Portfolios

Schon bei einer Gesamtzahl von zwei Anlagen, die zur Verfügung stehen, gibt es theoretisch eine unendlich große Zahl von *verschiedenen Portfolios*, die mit einem bestimmten Anlagebetrag realisiert werden können. Dies liegt daran, dass die prozentuale Gewichtung der einzelnen Anlagen frei gewählt werden kann. Hierdurch ergibt sich gleichzeitig eine unendliche Menge an möglichen μ-σ-Kombinationen. Bei einer Vielzahl an Anlagemöglichkeiten vergrößert sich die Zahl möglicher Portfolios noch weiter.

Dies ist in Abb. 4.4 dargestellt. Die verfügbaren Anlagen sind noch als einzelne Punkte in der Grafik erkennbar. Die möglichen Portfolios hingegen entsprechen der gepunkteten Fläche.

Ein Anleger kann grundsätzlich ein beliebiges Portfolio aus den möglichen Portfolios wählen. Viele Portfolios kommen jedoch von vornherein nicht in Frage, wenn man Risikoaversion unterstellt. Sie haben entweder bei gleicher Rendite ein höheres Risiko als andere Portfolios, oder bei gleichem Risiko eine niedrigere Rendite.

Übrig bleiben nur die sogenannten *effizienten Portfolios*. Sie sind wie folgt definiert: Es gibt

- bei gleichem Risiko kein Portfolio mit größerer Rendite, oder
- bei gleicher Rendite kein Portfolio mit geringerem Risiko.

Alle effizienten Portfolios liegen deshalb an der linken oberen Kante der Menge der möglichen Portfolios. Diese Kante bezeichnet man auch als *effizienten Rand*.

Marktrisiko und unsystematisches Risiko

Unterscheidung von Risiken

Durch Diversifizierung können in einem Portfolio große Teile des Risikos ausgeschaltet werden. Normalerweise können Risiken jedoch nicht vollständig ausgeschlossen werden. Dies liegt daran, dass die meisten Anlageformen positive Korrelationen aufweisen. In der Abb. 4.4 wird dies dadurch deutlich, dass der effiziente Rand nicht bis an die senkrechte Achse heranreicht. Auch bei geringen Renditen verbleibt stets ein gewisses Risiko.

Wird dies berücksichtigt, kann eine weitere Untergliederung des Risikos vorgenommen werden:

- *Unsystematische Risiken* können durch Diversifizierung ausgeschaltet werden. Sie werden durch Schwankungen einzelner Anlagen hervorgerufen und können durch entsprechende Portfoliobildung gegenseitig aufgefangen werden. Effiziente Portfolios sind dadurch gekennzeichnet, dass sie kein unsystematisches Risiko mehr aufweisen.
- *Marktrisiken* hingegen können nicht durch Diversifizierung aufgefangen werden. Sie sind auf Schwankungen aller verfügbaren Anlagen (des gesamten Anlagemarktes) zurückzuführen. Selbst effiziente Portfolios beinhalten daher weiterhin das Marktrisiko.

Beispiel:
Ein Immobilienfonds hat die Möglichkeit, in sehr viele verschiedene Immobilien zu investieren. Der Fondsmanager kann durch geschickte Diversifizierung alle unsystematischen Risiken ausschließen. Hierzu gehören z. B. Änderungen im Mietenniveau, die gewerbliche Immobilien anders betreffen als Wohnimmobilien oder Schwankungen der Mieten in einzelnen Städten. Nicht ausschließen kann er jedoch das Marktrisiko des Immobilienmarktes. Alle Größen, die sämtliche Immobilien gleichermaßen beeinflussen (z. B. Zinsniveau, gesetzliche Regelungen) bergen Risiken, die nicht zu vermeiden sind.

Wahl des optimalen Portfolios

Der effiziente Rand aller möglichen Portfolios hat einen steigenden Verlauf. Dies bedeutet, dass ein Anleger bei der Wahl des Portfolios eine höhere Rendite erzielen kann, wenn er dafür auch ein höheres Risiko in Kauf nimmt.

Welche exakte Kombination aus Rendite und Risiko aus Sicht eines einzelnen Anlegers optimal ist, kann nicht allgemeingültig beantwortet werden. Hierzu benötigt man genauere Kenntnisse über die *persönliche Wertschätzung des Anlegers* bezüglich Rendite und Risiko.

Genau diese Wertschätzung wird jedoch durch die Isonutzenkurven angegeben. Alle μ-σ–Kombinationen, die auf einer Kurve liegen, werden vom Anleger als gleich eingeschätzt. Alle Kombinationen, die auf einer höheren Isonutzenkurve liegen, werden von dem Anleger vorgezogen.

Wahl des optimalen Portfolios

Das optimale Portfolio eines Anlegers ergibt sich als dasjenige Portfolio auf dem effizienten Rand, welches auf der höchsten Isonutzenkurve liegt. Dies ist genau im *Tangentialpunkt* von einer Isonutzenkurve und dem effizienten Rand gegeben. In Abb. 4.5 ist dies das Portfolio A.

Portfolio B liegt zwar auf einer höheren Isonutzenkurve, ist jedoch nicht realisierbar, da es nicht in der Menge der möglichen Portfolios liegt.

Portfolio C ist zwar genau wie A ein effizientes Portfolio, es ist jedoch nicht das optimale Portfolio, da es auf einer niedrigeren Isonutzenkurve liegt.

Das ineffiziente Portfolio D ist zwar grundsätzlich realisierbar, liegt aber ebenfalls nicht auf der Isonutzenkurve I_2. Aus dieser Grafik wird

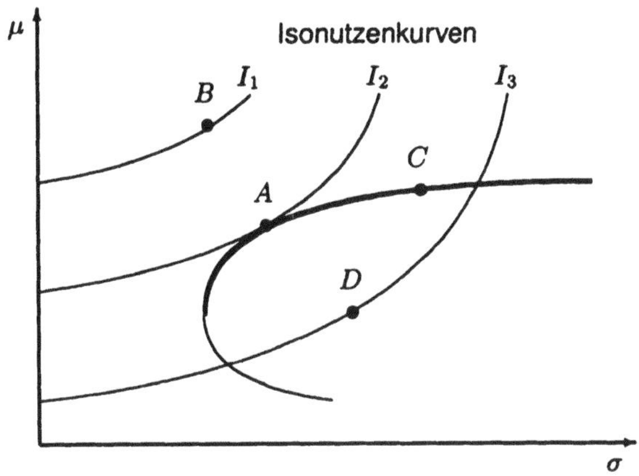

Abbildung 4.5: Das optimale Portfolio

nochmal deutlich, dass nur effiziente Portfolios optimale Portfolios sein können.

4.3 Bestimmungsgrößen des langfristigen Zinssatzes

4.3.1 Überblick

Definitionen von Zins und Zinssatz

Der Zins ist die Gegenleistung, die ein Schuldner einem Gläubiger für die zeitweilige Überlassung von Kaufkraft zahlt. Es handelt sich um einen *Bestandshaltepreis*, da es sich um ein zeitlich begrenztes Geschäft handelt. Der Zins unterscheidet sich deshalb von *Kaufpreisen* in Kaufgeschäften, bei denen der Geschäftsgegenstand endgültig den Besitzer wechselt. **Zinsen sind Bestandshaltepreise**

Die Höhe dieses Bestandshaltepreises wird üblicherweise in Form eines *Zinssatzes* (auch Zinsfuß genannt) angegeben. Der Zinssatz gibt die Höhe der Zinszahlung pro Zeiteinheit als Anteil an dem zugrundeliegenden Darlehensbetrag an. **Zinssatz**

Beispiel:
Ein privater Haushalt nimmt bei seiner Bank einen Immobilienkredit in Höhe von 500.000 Euro auf. Die Laufzeit beträgt 3 Jahre bei einem Zinssatz von 4% p. a. Es gibt keine Tilgungen während der Vertragslaufzeit.
Die Zahlungsströme haben aus Sicht des Schuldners folgendes Aussehen:

Zeitpunkt	Betrag	Zahlungsgrund
0	+ 500.000 Euro	Auszahlung des Darlehens
nach 1 J.	- 20.000 Euro	Zinszahlung für Jahr 1
nach 2 J.	- 20.000 Euro	Zinszahlung für Jahr 2
nach 3 J.	- 520.000 Euro	Tilgung + Zinszahlung für Jahr 3

Hier kommen alle Merkmale des Zinses zum Ausdruck:

- Es liegt eine zeitweilige Überlassung von Kaufkraft vor, weil der Schuldner einen Geldbetrag bekommt, den er nach 3 Jahren wieder zurückzahlen muss.
- Für die Überlassung zahlt der Schuldner einen Preis in Form der Zinsen. Bei diesem Vertrag werden am Ende jeden Jahres Zinszahlungen fällig.
- Der Preis wird in Form eines Zinssatzes angegeben. 4% Zinsen p. a. bedeuten, dass jedes Jahr 4% des Darlehensbetrages an Zinsen gezahlt werden müssen.

Reale und nominale Zinssätze

Inflation mindert reale Verzinsung

Die Zinssätze, welche sich auf Finanzmärkten bilden, sind üblicherweise *nominale Zinssätze*. Sie geben an, wie hoch die betragsmäßige Verzinsung ist. Diese Größe berücksichtigt jedoch nicht die wertmäßige Höhe der Verzinsung. Der Grund hierfür liegt darin, dass der Wert des Geldes nicht gleich bleiben muss. Wenn Inflation (Erhöhung des Preisniveaus) vorliegt, verliert ein nominaler Geldbetrag an Wert, weil er Kaufkraft verliert. Wenn dagegen Deflation (Senkung des Preisniveaus) vorliegt, so gewinnt ein nominaler Geldbetrag an Wert. Der *reale Zinssatz* berücksichtigt die Inflation. Der reale Zinssatz r^{real} ist der um die Inflationsrate p bereinigte nominale Zinssatz r.

Dieser Zusammenhang wird durch das Fisher-Theorem beschrieben, welches hier in vereinfachter Form angegeben wird:

$$r^{real} = r - p$$

Beispiel:
Ein Anleger bekommt für eine Geldanlage einen nominalen Zinssatz von $r = 8\%$ geboten. Er erwartet jedoch eine starke Inflation in Höhe von $p = 7\%$. Der reale Zinssatz beträgt dann nur noch

$$r^{real} = 8\% - 7\% = 1\%.$$

Für die *reale Verzinsung* einer Geldanlage oder die realen Zinskosten eines Darlehens gilt folglich:

- Beide steigen mit steigendem nominalen Zinssatz.
- Beide sinken mit steigender Inflationsrate.

Man könnte diese Überlegung auch umgekehrt formulieren: Der nominale Zinssatz ist der reale Zinssatz plus der erwarteten Inflationsrate.

$$r = r^{real} + p$$

Wenn man den realen Zinssatz z. B. als „gerechten Zinssatz" auffasst, der einen bestimmten konstanten Wert hat, ergibt sich folgende Schlussfolgerung: Der tatsächliche Zinssatz (nominaler Zinssatz) steigt mit steigenden Inflationserwartungen.

Wenn keine Inflation herrscht, oder wenn in theoretischen Modellen Preise und damit auch Inflation nicht berücksichtigt werden, so ist der nominale Zinssatz gleich dem realen Zinssatz.

Zinstheorien

In der *Zinstheorie* kann man zwei wesentliche Theoriegebiete unterscheiden. Das erste Gebiet befasst sich mit der Höhe von Zinssätzen und deren Zustandekommen. Der zweite Bereich befasst sich mit der Struktur von Zinssätzen. Hier geht es um die Frage, in welchem Verhältnis kurzfristige und langfristige Zinssätze zueinander stehen. Diese Theoriegebiete bezeichnet man als

2 Gebiete der Zinstheorie

- Theorien der Zinsbildung und
- Zinsstrukturtheorien.

In beiden Theoriegebieten gibt es mehrere unterschiedliche Theorieansätze (Abb. 4.6). Die wichtigsten hiervon werden im folgenden Abschnitt kurz dargestellt.

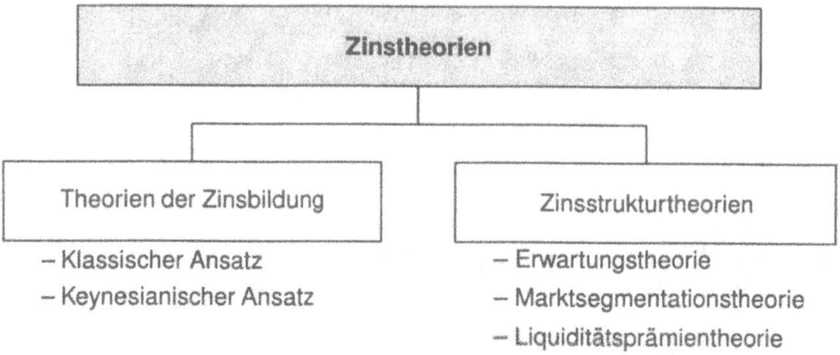

Abbildung 4.6: Zinstheorien

4.3.2 Theorien der Zinsbildung

Klassischer Ansatz

In diesem Ansatz ist die Höhe des Zinses hauptsächlich auf *realwirtschaftliche Größen* zurückzuführen. Hierunter fallen Konsum, Produktion und Investition von Gütern und Dienstleistungen. Monetäre Größen (wie Geldmenge und Inflation) werden dagegen vernachlässigt.

Haushalte erzielen ein bestimmtes Einkommen Y. Dieses Einkommen verwenden sie zum Teil für den Konsum C. Der verbleibende Teil wird zur Ersparnis S. Es gilt also

$$Einkommen - Konsum = Ersparnis$$

$$Y - C = S$$

Kapitalangebot hat steigenden Verlauf

Diese Ersparnis wird zu einem Kapitalangebot auf dem Kapitalmarkt (siehe Abb. 4.7). Man unterstellt, dass die Höhe der Ersparnis vom Zinssatz abhängig ist. Bei einem hohen Zinssatz wird die Ersparnisbildung vergleichsweise attraktiv. Haushalte werden einen kleineren Teil ihres Einkommens konsumieren und einen größeren Teil sparen. Das Angebot auf dem Kapitalmarkt hat folglich einen mit steigendem Zins steigenden Verlauf.

Kapitalnachfrage hat fallenden Verlauf

Die Nachfrageseite auf dem Kapitalmarkt wird durch die Unternehmen repräsentiert. Unternehmen fragen auf dem Kapitalmarkt Kapital nach, um es für Investitionen I zu verwenden. Auch bei den Investi-

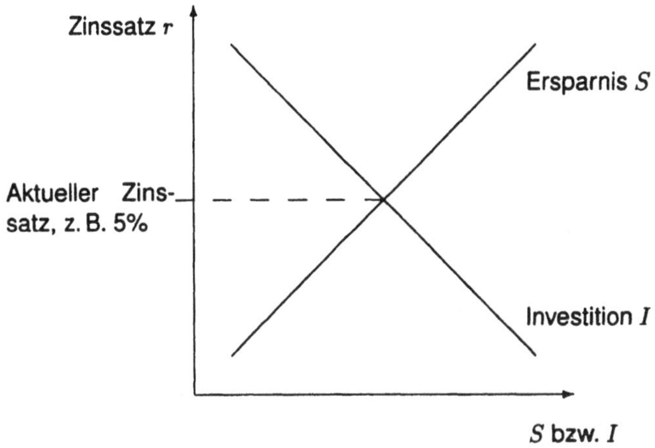

Abbildung 4.7: Ersparnis und Investition im klassischen Ansatz

tionen wird eine Abhängigkeit vom Zinssatz unterstellt. Je niedriger die Zinsen sind, umso eher werden Investitionsprojekte lohnend, da Zinszahlungen für Investitionsprojekte Kosten darstellen. Mit sinkendem Zins steigen deshalb die Investitionen und auch die Nachfrage am Kapitalmarkt. Die Investitionsfunktion hat deshalb einen fallenden Verlauf.

Gleichgewicht auf dem Kapitalmarkt

Auf dem Kapitalmarkt bildet sich ein Marktgleichgewicht. Im Gleichgewicht ist das Kapitalangebot aus der Ersparnis gleich der Kapitalnachfrage für Investitionen. Es herrscht ein bestimmter *Gleichgewichtszins*.

Änderungen des Gleichgewichtszinssatzes kommen zustande, wenn sich die Ersparnisfunktion oder die Investitionsfunktion verschieben.

Beispiel:
In einer Volkswirtschaft kommt es wegen drohender politischer Konflikte zu einer verstärkten Ersparnisbildung. Die Ersparnis verschiebt sich dadurch nach rechts. Der Gleichgewichtszinssatz sinkt.

Die wichtigsten Merkmale des klassischen Ansatzes lauten zusammengefasst:

- Die wesentliche Determinante der Zinshöhe ist der Kapitalreichtum eines Landes, welcher durch die Höhe an Ersparnisbildung bestimmt wird.

- Es werden nur reale Größen berücksichtigt. Monetäre Größen haben in diesem Ansatz keinen Einfluss auf die Zinshöhe

Keynesianischer Ansatz

Im Gegensatz zum klassischen Ansatz spielen im keynesianischen Ansatz *monetäre Größen* (Geldangebot und Geldnachfrage) zusätzlich eine Rolle. Die wichtigsten Einflussgrößen sind das Geldangebot und das Volkseinkommen.

Zins bildet sich auf dem Geldmarkt

Es wird davon ausgegangen, dass sich der Zinssatz auf dem Geldmarkt bildet. Auf dem Geldmarkt treffen Geldnachfrage und Geldangebot aufeinander (siehe Abb. 4.8).

Motive der Geldhaltung

Die Geldnachfrage M^N hängt von zwei Faktoren ab: Dem Volkseinkommen Y und dem Zinssatz r. Diese Abhängigkeit wird über die Motive, aus denen Wirtschaftssubjekte Geld halten, begründet.

- *Transaktionskasse*: Die Wirtschaftssubjekte benötigen Geld, um ihre Nachfrage nach realen Gütern (Konsumausgaben) ausführen zu können. Es wird unterstellt, dass die Konsumausgaben mit steigendem Einkommen zunehmen. Folglich benötigen die Wirtschaftssubjekte umso mehr Transaktionskasse, je höher das Einkommen ist. Die Geldnachfrage steigt deshalb mit steigendem Einkommen.

- *Spekulationskasse*: Der Teil des Einkommens, welcher nicht für Konsumausgaben verwendet wird, stellt für die Wirtschaftssubjekte eine Ersparnis dar. Es wird angenommen, dass diese Ersparnis entweder in Geld oder in Wertpapieren gehalten werden kann. Je höher der Zinssatz ist, umso eher werden die Wirtschaftssubjekte Wertpapiere anstelle von Geld halten wollen. In der keynesianischen Theorie wird dies mit einem Spekulationsmotiv begründet: Bei einem hohen Zins besteht eine hohe Wahrscheinlichkeit, dass der Zins in Zukunft sinken wird. Sinkende Zinsen führen jedoch zu steigenden Kursen bei Wertpapieren. Die Wirtschaftssubjekte können somit einen Spekulationsgewinn erzielen. Bei niedrigen Zinsen dagegen steigt die Wahrscheinlichkeit, dass die Zinsen in Zukunft steigen. Es besteht also die Gefahr, dass Wertpapiere in ihrem Kurs sinken. Um diese Spekulationsverluste zu vermeiden, werden die Wirtschaftssubjekte vorzugsweise Geld halten. Insgesamt steigt die Geldnachfrage also mit sinkendem Zins.

Das Geldangebot M^A dagegen wird gemäß dieser Theorie vollständig durch die Zentralbank mit ihrer Geldpolitik kontrolliert. Es ist in

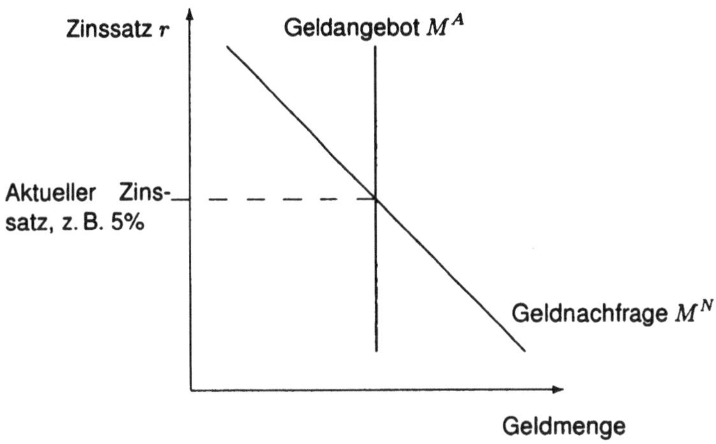

Abbildung 4.8: Geldangebot und Geldnachfrage im keynesianischen Ansatz

seiner Menge nicht von anderen Einflussgrössen abhängig. Die Geldangebotsfunktion verläuft deshalb senkrecht.

Es ergeben sich somit die folgenden Wirkungszusammenhänge:

- die Geldnachfrage M^N
    - steigt mit steigendem Einkommen Y
    - sinkt mit steigendem Zinssatz r
- das Geldangebot M^A
    - wird vollständig durch die Geldpolitik der Zentralbank kontrolliert

Der Zinssatz r hängt somit von zwei Faktoren ab:

- Bei steigendem Geldangebot sinkt der Zinssatz
- Bei steigendem Einkommen steigt der Zinssatz

Beispiel:
Die Zentralbank erhöht das Geldangebot. Dies verschiebt die Geldangebotskurve nach rechts. Der Zinssatz muss deshalb sinken, um auf dem Geldmarkt wieder ein Gleichgewicht herzustellen.

Beispiel:
Das Volkseinkommen in einer Volkswirtschaft steigt. Hierdurch steigt die Geldnachfrage aufgrund eines erhöhten Bedarfs an Transaktionskasse. Die Geldnachfragefunktion verschiebt sich nach rechts. Der Zinssatz muss sinken, um das Gleichgewicht auf dem Geldmarkt wieder herzustellen.

Zusammenfassend gilt im keynesianischen Ansatz:

- Die Höhe des Zinssatzes hängt sowohl von *monetären Faktoren* (Geldmenge) als auch von *realen Faktoren* (Volkseinkommen) ab.
- Bei steigender Geldmenge sinkt der Zinssatz und umgekehrt. Bei steigendem Volkseinkommen steigt der Zinssatz und umgekehrt.

4.3.3 Zinsstrukturtheorien

Überblick Zinsstruktur

Es gibt in einer Volkswirtschaft üblicherweise nicht nur einen Zinssatz. Die Zinssätze variieren vielmehr auf den verschiedenen Finanzmärkten. Dies liegt z. B. an

- unterschiedlicher *Bonität* der Schuldner,
- *regionalen Unterschieden* oder
- unterschiedlichen *Fristigkeiten*.

Begriff: Zinsstruktur

Das letztere Unterscheidungsmerkmal bezeichnet man auch als Zinsstruktur. Die Zinsstruktur beschreibt, in welchem Verhältnis die Zinssätze für Anlagen mit unterschiedlicher Laufzeit zu einem bestimmten Zeitpunkt zueinander stehen.

Man unterscheidet zwei typische Zinsstrukturen (siehe Abb. 4.9):

- *Normale Zinsstruktur*: Die Zinssätze für Geschäfte mit einer längeren Laufzeit sind höher als die für Geschäfte mit einer kürzeren Laufzeit.
- *Inverse Zinsstruktur*: Zinssätze für Geschäfte mit einer kürzeren Laufzeit sind höher als die Zinssätze für Geschäfte mit einer längeren Laufzeit.

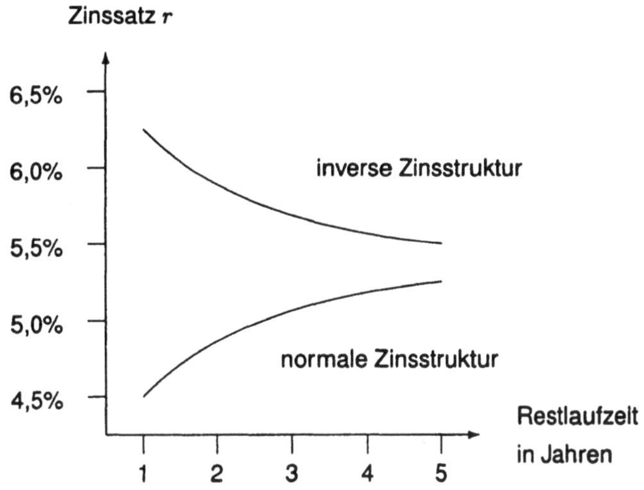

Abbildung 4.9: Normale und inverse Zinsstruktur

Beispiel:
Auf dem Rentenmarkt werden Bundesanleihen mit unterschiedlicher Restlaufzeit gehandelt. Die Renditen entsprechen folgender Tabelle:

Restlaufzeit	Rendite/Verzinsung
1 Jahr	5,15%
2 Jahre	5,45%
3 Jahre	5,60%

Es liegt eine normale Zinsstruktur vor.

Beispiel:
Ein privater Kunde möchte eine Immobilie durch seine Bank finanzieren lassen. Die Bank bietet ihm folgende Konditionen für unterschiedliche Laufzeiten an.

Zinsbindung / Laufzeit	effektiver Zinssatz
5 Jahre	8,05%
7 Jahre	7,95%
10 Jahre	7,90%

Hier liegt eine inverse Zinsstruktur vor.

In der Realität lassen sich ganz unterschiedliche Zinsstrukturen beobachten. Einige Merkmale treten jedoch gehäuft auf:

- Normale Zinsstrukturen sind häufiger als inverse Zinsstrukturen.

- Der Zinsanstieg bei einer Verlängerung der Laufzeit (bei normaler Zinsstruktur) wird tendenziell geringer, je länger die Laufzeiten schon sind.
- Bei einem hohen Zinsniveau kommt es eher zu einer inversen Zinsstruktur als bei einem niedrigem Zinsniveau.
- Kurzfristige und langfristige Zinssätze bewegen sich meistens gleichgerichtet.
- Kurzfristige Zinssätze schwanken stärker als langfristige.

Im Folgenden werden die drei wichtigsten Theorien der Zinsstruktur (vgl. Abb. 4.6) im Überblick dargestellt.

Erwartungstheorie

Die Erwartungstheorie geht von folgender Grundüberlegung aus: Ein Anleger, der einen bestimmten Betrag für eine längere Laufzeit anlegen möchte, kann entweder direkt eine langfristige Anlage wählen, die seiner gesamten Anlagezeit entspricht oder aber mehrere kurzfristige Anlagen nacheinander abschliessen.

Erwartete Zinssätze bestimmen die Zinsstruktur

Der langfristige Zinssatz und der aktuelle kurzfristige Zinssatz sind dem Anleger bekannt. Über die kurzfristigen Zinssätze der folgenden Perioden bildet er Erwartungen. Ein Anleger ist genau dann indifferent zwischen einer langfristigen und mehreren kurzfristigen Anlagen (d. h. er bewertet beide Möglichkeiten als gleich gut), wenn der langfristige Zinssatz dem Durchschnitt der erwarteten kurzfristigen Zinssätze entspricht.

Auf dem Markt bildet sich dadurch eine Zinsstruktur, die genau dieses Merkmal aufweist: Der langfristige Zinssatz muss dem Durchschnitt der kurzfristigen erwarteten Zinssätze entsprechen.

Beispiel:
Ein Anleger möchte 100 Euro für einen Zeitraum von insgesamt 3 Jahren anlegen. Der aktuelle Zinssatz für eine 1-jährige Anlage beträgt 5%. In der Zukunft erwartet er Zinssätze für einjährige Anlagen von 6% (im zweiten Jahr) und 7% (im dritten Jahr). Wenn diese Erwartungen für sehr viele Anleger zutreffen, sollten sich folgende langfristige Zinssätze bilden:

Laufzeit	Zinssätze
2 Jahre	ca. 5,5%
3 Jahre	ca. 6,0%

Der Zinssatz für die langfristigen Anlagen (2 und 3 Jahre) entspricht jeweils dem Durchschnitt der erwarteten Zinssätze für 1 Jahr. Dies ist bei der Laufzeit von 2 Jahren der Durchschnitt aus 5% und 6% und bei der Laufzeit von 3 Jahren der Durchschnitt aus 5%, 6% und 7%. (Zinseszinseffekte wurden hier vernachlässigt.)

Der wichtigste Kritikpunkt an der Erwartungstheorie ist die Vernachlässigung von Risikoaspekten. So wird ein risikoaverser Anleger u. U. die langfristige Anlage wählen, weil er dabei die Verzinsung bis zum Ende seiner Anlagezeit sicher hat. Bei einer Kette aus kurzfristigen Anlagen dagegen hat er immer noch das Risiko, dass sich seine Erwartungen als falsch herausstellen.

Marktsegmentationstheorie

In der *Marktsegmentationstheorie* wird das Risiko berücksichtigt. Sie geht davon aus, dass die Marktteilnehmer stark risikoavers sind. Aus diesem Grund wird jeder Anleger oder Kreditnehmer das Risiko mehrerer kurzfristiger Geschäfte auf jeden Fall vermeiden wollen. Ein Anleger oder Kreditnehmer wählt deshalb stets die Fristigkeit, die genau seinem Anlagezeitraum oder Kreditzeitraum entspricht.

Kurzfristige und langfristige Zinssätze sind unabhängig

Hierdurch zerfallen die Kredit- und Kapitalmärkte in viele verschiedene Segmente. Es gibt Märkte für kurzfristige Anlagen und Kredite sowie Märkte für langfristige Anlagen und Kredite, zwischen denen aber keine direkte Beziehung besteht. Die kurzfristigen und langfristigen Zinssätze entwickeln sich unabhängig voneinander je nach Angebot und Nachfrage auf dem entsprechenden Markt.

Beispiel:
Es gebe einen Markt mit einer Fristigkeit von 7 Jahren, der von privaten Immobilienbesitzern (Kapitalnachfrage) und Pensionskassen (Kapitalangebot) dominiert wird. Der Zinssatz beträgt 6%. Der Markt für Fristigkeiten mit einem Jahr dagegen wird von privaten Kleinanlegern (Kapitalangebot) und Unternehmen (Kapitalnachfrage) dominiert. Der Zinssatz beträgt 5%.
Jetzt komme es zu einer Erhöhung der Kapitalnachfrage der Unternehmen. Der Zinssatz im kurzfristigen Bereich steigt deshalb auf 5,5%. Dies hat jedoch keinen Einfluss auf den langfristigen Zinssatz, weil keiner der Akteure seinen Markt wechseln kann.
Die Unternehmen und privaten Kleinanleger müssen auf ihrem Markt bleiben, weil sie zwingend auf die Fristigkeit von einem Jahr angewiesen sind. Genauso verbleiben die Immobilienbesitzer und die Pensionskassen auf dem Markt für lange Fristen, weil sie zwingend auf die Fristigkeit von 7 Jahren angewiesen sind.

Die Annahme, dass die Marktteilnehmer jeweils auf ihre gewünschte Fristigkeit fixiert sind, erscheint jedoch ebenfalls nicht sehr plausibel. Sie schließt aus, dass bei sehr viel günstigeren Zinsbedingungen in anderen Marktsegmenten diese abweichende Fristigkeit gewählt wird.

Liquiditätsprämientheorie

Die Liquiditätsprämientheorie stellt in gewisser Weise eine Verbindung der beiden vorherigen Theorien dar. Sie berücksichtigt zwar Risikoaspekte, nimmt aber trotzdem an, dass es Verbindungen zwischen den Märkten mit verschiedenen Fristigkeiten gibt.

Für Kapitalgeber und Kapitalnehmer werden zwei entgegengesetzte Präferenzen unterstellt:

- *Kapitalgeber* bevorzugen grundsätzlich kürzere Laufzeiten. Für sie stellt die höhere Liquidität einen Vorteil dar. Bei einer unsicheren Zukunft ist eine langfristige Bindung des Kapitals ein Nachteil.
- *Kapitalnehmer* hingegen bevorzugen längere Laufzeiten. Für sie stellt – ebenfalls aus Risikogründen – eine lange Bindung die sicherere Alternative dar. Bei kürzeren Laufzeiten wäre die Kapitalversorgung mit der Unsicherheit behaftet, sich schon nach kurzer Zeit erneut Kapital zu noch nicht bekannten Zinskosten beschaffen zu müssen.

Nachfrageüberschuss bei langfristigem Kapital

Hieraus ergibt sich ein *Nachfrageüberhang beim langfristigen Kapital.* Die Kapitalnachfrager müssen deshalb die Kapitalgeber für die geringere Liquidität (Verfügbarkeit) ihrer Anlage mit einem höheren Zinssatz entschädigen. Diesen zusätzlichen Zins bezeichnet man als *Liquiditätsprämie.*

Angebotsüberschuss bei kurzfristigem Kapital

Bei den kurzfristigen Kapitalmärkten herrscht jedoch ein Angebotsüberschuss. Hier werden keine Liquiditätsprämien gezahlt und der Zins ist dementsprechend niedriger.

Der Vorteil der Liquiditätsprämientheorie liegt darin, dass sie unmittelbar eine normale Zinsstruktur erklären kann, was bei den beiden anderen Theorien nicht immer der Fall ist.

4.4 Möglichkeiten und Grenzen der Zinsprognose

4.4.1 Notwendigkeit von Zinsprognosen

Wirtschaftliches Handeln und wirtschaftliche Entscheidungen sind fast immer zukunftsgerichtet. Aus diesem Grund sind auch die Entscheidungsdeterminanten wirtschaftlichen Handelns zu einem großen Teil Zukunftsgrößen. Da bei den meisten ökonomischen Größen die zukünftige Entwicklung unsicher ist, ergibt sich für einen Entscheidungsträger ein Problem: Die Entscheidung hängt von einer in der Gegenwart noch nicht bekannten Größe ab.

Wirtschaftliche Entscheidungen sind zukunftsgerichtet

Beide Aspekte – Relevanz von zukünftigen Größen für wirtschaftliche Entscheidungen und Unsicherheit über deren Entwicklung – sind bei fast allen Arten von Preisen und darunter auch bei Zinssätzen gegeben. Dies trifft sowohl für Entscheidungen im privaten Bereich (Sparentscheidungen, Wahl der Vermögensanlage usw.) als auch für Entscheidungen auf Unternehmensebene (Investitionsentscheidungen, Finanzierungsentscheidungen usw.) zu.

Beispiel:
Eine Familie steht vor der Entscheidung weiterhin zur Miete zu wohnen oder ein Wohnhaus zu bauen und dies über einen Immobilienkredit zu finanzieren. Neben einigen gegenwärtigen und damit bekannten Größen (aktueller Raumbedarf, vorhandene Ersparnisse usw.) hängt diese Entscheidung von zukünftigen Größen ab (Entwicklung der Grundstückspreise, zukünftiges Einkommen, Zinsentwicklung usw.). Es könnte z. B. sein, dass sich die Familie zum sofortigen Baubeginn entschließt, wenn sie mit steigenden Zinsen in den nächsten 10 Jahren rechnet. Andererseits würde sie sich vielleicht gegen einen Baubeginn zum aktuellen Zeitpunkt entscheiden, wenn in der Zukunft sinkende Zinsen erwartet werden.

Ein Entscheidungsträger hat in einer solchen Situation grundsätzlich zwei Möglichkeiten:

Möglichkeiten, mit Unsicherheiten umzugehen

1. Die zukünftige Zinsentwicklung wird vollständig ignoriert. Die Entscheidung wird nur aufgrund gegenwärtig verfügbarer Informationen getroffen.

2. Der Entscheidungsträger bildet sich Erwartungen über die zukünftige Zinsentwicklung und bezieht diese Erwartungen in seine Überlegungen mit ein.

Zinsprognose ist nichts anderes als eine Form der Erwartungsbildung. Ein rational handelndes Wirtschaftssubjekt wird diese Erwartungen

Zinsprognose ist Erwartungsbildung

bei seinen Entscheidungen berücksichtigen. Es berücksichtigt vielleicht ebenfalls, dass diese Erwartungen keine gesicherten Größen sind. Ein vollständiger Verzicht auf eine Zinsprognose wäre jedoch unvernünftig.

4.4.2 Anforderungen an Prognoseverfahren

4 Grundanforderungen

Unterschiedliche Prognoseverfahren haben jeweils spezifische Vor- und Nachteile. Sie unterscheiden sich in der Vorgehensweise, in ihrer Aussagekraft und vielen weiteren Merkmalen. Trotzdem kann man einige Grundanforderungen an Prognosemethoden formulieren.

- Der Vorgehensweise sollte eine *klare ökonomisch begründete Struktur* zu Grunde liegen. Nur so lässt sich eine Prognose überzeugend rechtfertigen.
- Es sollte eine *angemessene Berechnungsmethode* verwendet werden, die logischen und vor allem mathematischen Ansprüchen genügt.
- Die Prognosemethode sollte *für vergangene Zeiträume gute Ergebnisse* erbringen. Es steht kaum zu erwarten, dass eine Methode, welche schon in der Vergangenheit nicht funktioniert hätte, in der Zukunft verlässliche Prognoseergebnisse bringen wird.
- Die Prognose muss bei vorhandener Datenlage *überhaupt durchführbar* sein. Eine theoretisch gut begründete Prognosemethode ist wertlos, wenn sie Informationen benötigt, die nicht vorhanden sind.

4.4.3 Methoden der Zinsprognose

Die meisten Verfahren der Zinsprognose enthalten Elemente der zwei folgenden grundsätzlichen Ansätze:

- Eine theoretisch fundierte Regressionsanalyse, die auf Fundamentaldaten basiert.
- Eine eher technisch orientierte einfache Zeitreihenanalyse.

Zinsprognose mit Fundamentaldaten

Der Ausgangspunkt einer Zinsprognose mit Fundamentaldaten stellt ein theoretisches Modell dar. Bei der Analyse des Zinssatzes könnte dies z. B. eine der Theorien der Zinsbildung (klassischer Ansatz oder keynesianischer Ansatz, siehe Kap. 4.3.2) sein. In diesen Modellen wird die Zinshöhe durch die Ausprägung anderer ökonomischer Größen erklärt. Diese Größen bezeichnet man auch als Fundamentaldaten. Im klassischen Ansatz ist z. B. die reale Ersparnisbildung die Fundamentalgröße, welche die Höhe des Zinssatzes erklärt. In der keynesianischen Theorie sind dagegen Einkommen und Geldangebot die entsprechenden Fundamentalgrößen.

Herleitung aus einem theoretischen Modell

Wenn man sich für ein theoretisches Modell entschieden hat, wird überprüft,ob die Daten der Vergangenheit einen Zusammenhang zwischen den Fundamentalgrößen und der gesuchten Größe Zins bestätigen. Hierfür kann im einfachsten Fall eine Regressionsschätzung verwendet werden.

Aus der Regression ergibt sich ein geschätzter zahlenmäßig exakter Zusammenhang zwischen der Fundamentalgröße und der gesuchten Größe Zinssatz.

Für die Zinsprognose wird nun davon ausgegangen, dass diese Zusammenhang auch in der Zukunft noch gilt.

Beispiel:
Es soll eine Regression nach einem leicht veränderten keynesianischen Ansatz vorgenommen werden. Dieser Ansatz begründet theoretisch, dass zwischen dem Geldmengenwachstum des vorangegangenen Quartals und dem aktuellen Kapitalmarktzins ein positiver Zusammenhang besteht.
Hierfür werden die Daten eines bestimmten Zeitraumes der Vergangenheit verwendet. Grafisch stellen sie eine Punktwolke dar. Jeder Punkt steht für einen Zinssatz der Vergangenheit mit dem zugehörigen Geldmengenwachstum des jeweiligen Vorquartals.

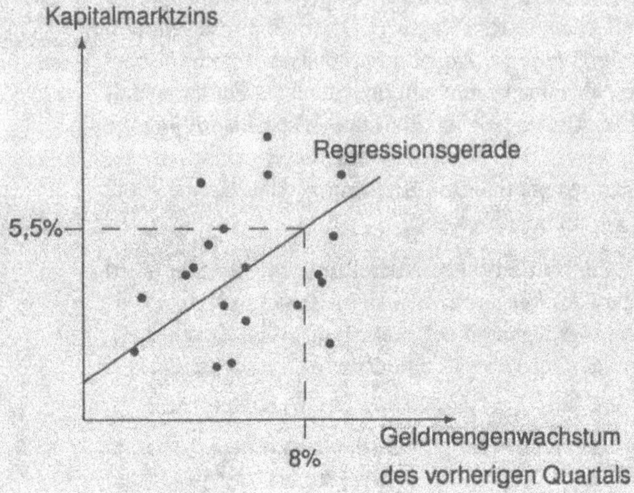

Mit Hilfe der Regressionsanalyse kann nun z. B. die Gerade errechnet werden, welche die Punktwolke am besten repräsentiert. Genauer ausgedrückt, wird die Gerade errechnet, bei welcher die Summe der quadrierten Abstände der Punkte von der Geraden am kleinsten ist.
Ist die Gerade ermittelt, kann auf dieser Basis eine Prognose vorgenommen werden. Sei das aktuelle Geldmengenwachstum 8%, so lautet die Prognose, dass im kommenden Quartal der Kapitalmarktzins 5,5% betragen wird.

Die Ergebnisse der Analyse mit Fundamentaldaten hängen sehr stark von der Methode der Berechnung, dem zugrundeliegenden Zeitraum und vielen anderen Faktoren ab. Einige Zusammenhänge haben sich jedoch in vielen Untersuchungen als relativ stabil herausgestellt. Fundamentalfaktoren zur Erklärung der Zinshöhe (am Beispiel des langfristigen Kapitalmarktzinses) sind demnach insbesondere:

- geldpolitische Einflüsse wie z. B. die Geldmenge M3
- internationale Einflüsse, wie z. B. das Zinsniveau in anderen großen Industrienationen
- das Risiko von Vermögensanlagen, welches sich z. B. in der Volatilität (Stärke und Häufigkeit der Schwankungen) von Wertpapierkursen oder Wechselkursen niederschlägt
- güterwirtschaftliche Faktoren, wie z. B. die Auftragseingänge in der Produktion

Zinsprognose mit Zeitreihenanalysen

Die einfachste Form einer Zeitreihenanalyse verwendet im Gegensatz zur Regressionsanalyse kein theoretisches Modell als Grundlage. Es werden keine weiteren ökonomischen Größen zur Prognose herangezogen. Vielmehr wird versucht, allein in der Bewegung der Zinssätze eine Gesetzmäßigkeit zu erkennen und diese auf die Zukunft anzuwenden. Im einfachsten Fall führt dies zu einer Fortschreibung eines *Trends*. Es können aber auch kompliziertere Annahmen und Methoden verwendet werden.

Gesetzmäßigkeiten in der Zinsentwicklung

Beispiel:
Im August soll eine Prognose für den Kapitalmarktzins im Monat September abgegeben werden. Hierfür wird die Zinsentwicklung im bisherigen Jahresablauf verwendet. Der Verlauf der Zinssätze kann grafisch als eine Kurve dargestellt werden. Es wird nunmehr die Gerade ermittelt, welche den bisherigen Kurvenverlauf „am besten" widergibt. Diese Gerade nennt man Trendgerade.

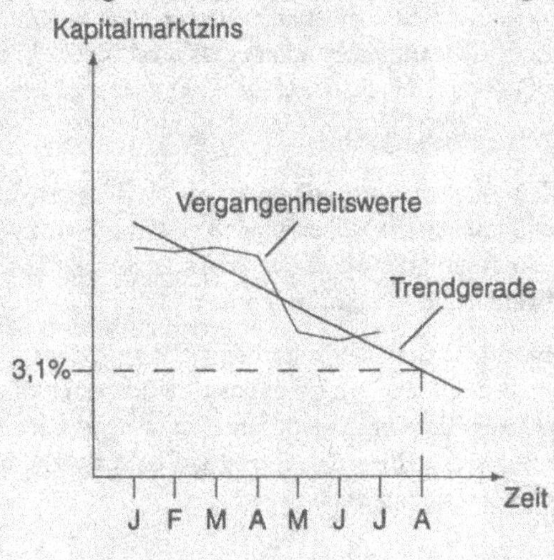

Wird unterstellt, dass der Trendverlauf auch in Zukunft weitergilt, so lautet die Prognose für den Monat August, dass der Kapitalmarktzinssatz 3,1% betragen wird.

4.4.4 Bewertung der Zinsprognose

Jede wirtschaftliche Prognose ist mit Unsicherheiten behaftet. Dies gilt in besonderem Maße für finanzielle Größen. Finanzmärkte sind durch eine relativ große Unsicherheit geprägt, was sich in teilweise stark schwankenden Kursen, Preisen und Zinsen niederschlägt. Dies

Risiko erschwert Prognose

erschwert eine Prognose zusätzlich.

Die beiden vorgestellten Prognoseverfahren haben jedoch auch einige ganz spezifische Nachteile.

Nachteile von Fundamentaldatenanalysen:

- Die theoretische Erklärung von Zinssätzen erfolgt in der Theorie uneinheitlich. Es gibt eine Vielzahl von Modellen, die jeweils zu ganz bestimmten unterschiedlichen Regressionsschätzungen führen.
- Ein nachgewiesener Zusammenhang zwischen einer Fundamentalgröße und dem zu prognostizierenden Zinssatz mag zwar für die Vergangenheit gegeben sein. Dies gibt jedoch keine letzte Sicherheit, dass dieser Zusammenhang im Zeitablauf stabil ist und auch noch in der Gegenwart gilt.
- Theoretische Modelle erklären Zinssätze oft mit Fundamentalfaktoren des gleichen Zeitpunktes. Bei einer Prognose des zukünftigen Zinssatzes muss dann zuvor auch noch eine Prognose für den jeweiligen Fundamentalfakor angestellt werden. Hierdurch wird die Unsicherheit der Prognose noch vergrößert.

Nachteil von Zeitreihenanalysen:

- Reine Zeitreihenanalysen haben keine ökonomisch fundierte Basis, weil kein theoretisches Modell zu Grunde liegt. Dies erschwert die Begründung einer, mathematisch unter Umständen sehr aufwändig ermittelten, Prognose.

Skepsis ist angebracht

Insgesamt muss man gegenüber einer Zinsprognose eher skeptisch sein. Es hat sich gezeigt, dass viele Prognoseansätze einer reinen Zufallsvorhersage kaum überlegen sind. Die besten Ergebnisse wurden mit Zinsprognosen erzielt, die sich auf langfristige Zinssätze für einen kurzen Prognosehorizont beziehen.

4.5 Übungsfragen zu Kapitel 4

1. Wie kommt es zur Vermögensbildung eines Haushaltes?
2. Geben sie einen systematischen Überblick über mögliche Vermögensanlagen!
3. Welche Entscheidungskriterien berücksichtigt ein Anleger bei der Wahl einer Anlage?
4. Welche Bestandteile bilden die Rendite einer Anlage?

5. Erläutern Sie die verschiedenen Formen der Risikoeinstellung!
6. Stellen Sie grafisch die Wahl einer optimalen Anlage dar!
7. Welche Aussage kann man über das Risiko eines Portfolios machen?
8. Stellen Sie grafisch die Wahl eines optimalen Portfolios dar!
9. Erläutern Sie die wichtigsten Theorien der Zinsbildung!
10. Erläutern Sie die wichtigsten Zinsstrukturtheorien! Aus welchen Theorien ergibt sich eine normale Zinsstruktur?
11. Was ist der Unterschied zwischen realen und nominalen Zinssätzen?
12. Warum sind Zinsprognosen in vielen Bereichen unverzichtbar?
13. Welche generellen Anforderungen kann man an eine Prognosemethode stellen?
14. Erläutern Sie eine Methode der Zinsprognose mit Fundamentaldaten!
15. Nennen sie besondere Probleme der Zinsprognose!

4.6 Literatur

Filc, W.: Therorie und Empirie des Kapitalmarktzinses, 2. Aufl., Deutscher Sparkassen Verlag, Stuttgart 1998.

Steiner, M.; Bruns, C.: Wertpapiermanagement, 7. Aufl., Schäffer-Poeschel, Stuttgart 2000.

Kapitel 5

Europäische Union

5.1 Europäischer Einigungsprozess

5.1.1 Geschichtliche Entwicklung

Im Laufe der Geschichte bestand bereits häufiger der Wunsch nach einer europäischen Einheit. Nach dem zweiten Weltkrieg wurde dieses Ziel im Zuge des Ost-West-Konfliktes wieder aufgenommen.

Einen Überblick über wichtige Stationen dieses Integrationsprozesses gibt die folgende Übersicht:

1951	Gründung der Europäischen Gemeinschaft für Kohle und Stahl (EGKS)
1955	Konferenz von Messina
1957	Römische Verträge: Gründung der EWG und Euratom
1967	Schaffung der EG
1968	Vollendung der Zollunion der EWG
1973	Beitritt Dänemark, Großbritannien und Irland zur EG
1979	Inkrafttreten des Europäischen Währungssystems
1981	Beitritt Griechenland zur EG
1986	Beitritt Spanien und Portugal zur EG
1987	Einheitliche Europäische Akte (EEA)
1992	Europäischer Binnenmarkt
1993	Maastrichter Verträge, Vertrag über die Europäische Union
1995	Beitritt Österreich, Finnland und Schweden zur EU

EGKS Der europäische Integrationsprozess begann 1951 mit der Gründung der *Europäischen Gemeinschaft für Kohle und Stahl.* Die geschichtlichen Erfahrungen spielten hier eine wesentliche Rolle. Da die deutsche Montanindustrie im zweiten Weltkrieg quasi das Rückgrat der deutschen Rüstungsindustrie darstellte, bestand u. a. der Wunsch, diesen Zweig durch Einbindung in ein europäisches Bündnis kontrollieren zu können. Durch dieses Bündnis wurden die Handelsschranken für Montangüter zwischen den beteiligten Ländern abgebaut. An der EGKS beteiligten sich neben der Bundesrepublik Deutschland noch Belgien, Frankreich, Italien, Luxemburg und die Niederlande.

EAG, Euratom, EWG 1955 beschlossen diese *„Montanunionsländer"* auf einer *Konferenz in Messina* die Schaffung eines vereinigten Europas durch schrittweise Fusion und die Schaffung eines gemeinsamen Marktes. Da sich die politische Integration als sehr schwierig erwies, lag der Schwerpunkt auf der wirtschaftlichen Integration. Im März 1957 wurden die sogenannten *„Römischen Verträge"* zur Gründung einer *Europäischen Wirtschaftsgemeinschaft* (EWG) und einer *Europäischen Atomgemeinschaft* (EAG, Euratom) unterzeichnet. Darin vereinbarte man die Errichtung einer *Zollunion* und die Schaffung eines allgemeinen gemeinsamen Marktes. 1967 wurden die drei Institutionen (EGKS,
EG Euratom und EWG) zur *Europäischen Gemeinschaft* (EG) zusammengefasst. 1968 gelang es, die *Zollunion* zu verwirklichen. Die Zölle innerhalb der Gemeinschaft wurden abgeschafft und gegenüber Drittländern ein einheitlicher Außenzoll festgelegt. 1973 traten Dänemark, Großbritannien und Irland der EG bei. Durch den Beitritt von Griechenland 1981 und Spanien und Portugal 1986 erhöhte sich die Zahl der Mitgliedsländer auf 12.

Europäischer Binnenmarkt 1987 wurden die Römischen Verträge durch Verabschiedung der *Einheitlichen Europäischen Akte* (EEA) erweitert. So wurde neben der neuen Zielsetzung, den *Europäischen Binnenmarkt* bis zum 31.12.92 zu verwirklichen, die Zusammenarbeit auch auf politische Felder ausgedehnt. Die Europäische Politische Zusammenarbeit (EPZ) bezieht Politikfelder wie die Außenpolitik sowie die Umwelt,- Sozial- und Währungspolitik mit ein. Des Weiteren wurden die Rechte des Europäischen Parlaments gestärkt und das Prinzip der Einstimmigkeit im Ministerrat in Teilbereichen durch Mehrheitsentscheidungen ersetzt. Als übergordnetes Ziel setzte sich die EG die Schaffung der Vereinigten Staaten von Europa, also einer supra-nationalen Gemeinschaft.

Maastrichter Verträge Die Schaffung des Binnenmarktes war jedoch nicht die einzige Aktivität im Rahmen der europäischen Integrationsbemühungen. 1993
EU wurde die EG durch die *Verträge von Maastricht* zur *Europäischen Union* (EU). Er erweitert und verzahnt die bereits bestehenden Ver-

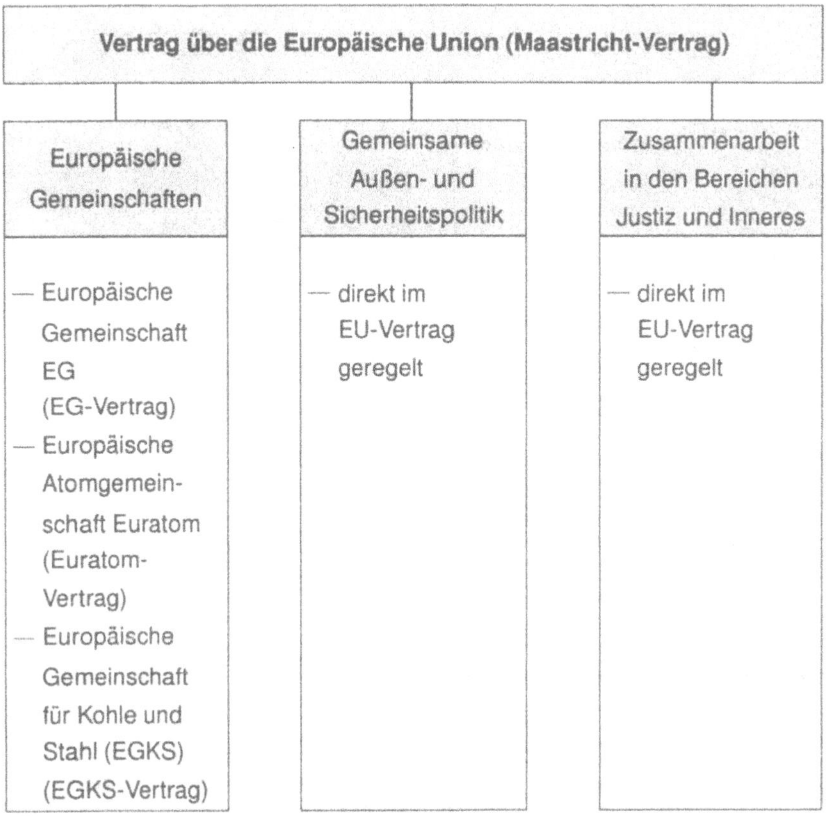

Abbildung 5.1: 3 Säulen der Europäischen Union in den Vertragswerken

tragswerke. Die Europäische Union basiert danach auf drei Säulen (siehe Abb. 5.1):

- Ausbau der Europäischen Gemeinschaft zu einer Wirtschafts- und Währungsunion: Stärkung und Weiterentwicklung der Kernelemente Zollunion, gemeinsame Agrarpolitik, Strukturpolitik und Binnenmarkt.

3 Säulen der EU

- Gemeinsame Außen- und Sicherheitspolitik (GASP): Zusammenarbeit im Rahmen von Militärbündnissen und auf wirtschaftlichen Gebieten.

- Kooperation in der Justiz- und Innenpolitik: Vereinbarungen zur Erleichterung von Grenzübergängen (Schengener Abkommen) und Kooperationen zur internationalen Verbrechensbekämpfung.

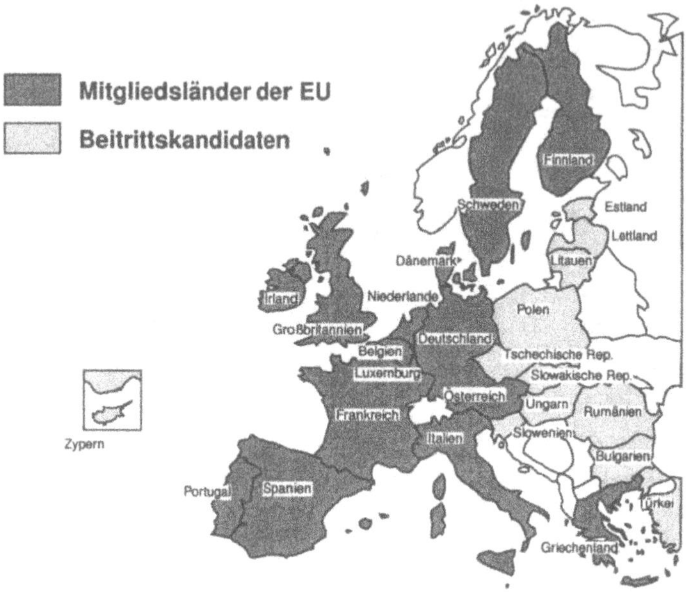

Abbildung 5.2: EU-Länder und Beitrittskandidaten

Die EU hat im Laufe der Zeit ihre Bedeutung stetig vergrößert. Neben der Erweiterung der Aufgaben- und Integrationsbereiche, hat sich die Union auch räumlich ausgeweitet, indem weitere Länder dem Bündnis beigetreten sind. 1995 traten Österreich, Finnland und Schweden bei. Eine Reihe weiterer Länder hat die Aufnahme beantragt (siehe Abb. 5.2).

1958	Gemeinschaft der 6	Belgien, Deutschland, Frankreich, Italien, Luxemburg, Niederlande
1973	Gemeinschaft der 9	+ Dänemark, Großbritannien, Irland
1981	Gemeinschaft der 10	+ Griechenland
1986	Gemeinschaft der 12	+ Portugal, Spanien
1995	Union der 15	+ Finnland, Schweden, Österreich

Die Aufnahme in die EU ist jedoch an bestimmte Voraussetzungen gebunden:

„Als Voraussetzung für die Mitgliedschaft muss der Beitrittskandidat eine institutionelle Stabilität als Garantie für demokratische und rechtsstaatliche Ordnung, für den Schutz von Minderheiten verwirklicht haben; sie erfordert ferner eine funktionsfähige Marktwirtschaft sowie die Fähigkeit, dem Wettbewerbsdruck und den Marktkräften innerhalb der Union standzuhalten. Die Mitgliedschaft setzt ferner voraus, dass die einzelnen Beitrittskandidaten die aus einer Mitgliedschaft erwachsenen Verpflichtungen übernehmen und sich auch die Ziele der Politischen Union sowie der Wirtschafts- und Währungsunion zu eigen machen können.“ (EU-Informationen 1/1995)

Vor diesem Hintergrund ist zu sehen, dass z. B. Länder wie die Türkei, die bereits 1987 einen Beitrittsantrag gestellt hat, bislang noch nicht aufgenommen wurden.

5.1.2 Theorie der Integration

Intensität der Integration

An dem Weg zur Europäischen Union in ihrer heutigen Form wird deutlich, dass die Integration von Ländern in unterschiedlicher Intensität erfolgen kann.

In der Theorie werden verschiedene Integrationsstufen unterschieden. Nach steigender Integrationstiefe bzw. -stärke geordnet sind dies eine Präferenzzone, eine Freihandelszone, eine Zollunion, ein Gemeinsamer Markt / Binnenmarkt, eine Wirtschaftsunion, eine Währungsunion und als stärkste Form letztlich der Staatenzusammenschluss (siehe Abb. 5.3).

Einzelne Länder werden sich nur dann für Bündnisse oder Zusammenschlüsse mit anderen Ländern entscheiden, wenn sie sich davon Vorteile versprechen. Damit ist jedoch noch keine Aussage darüber getroffen, ob auch die Weltwirtschaft als Ganzes, also alle Länder gemeinsam betrachtet, von der Integration einer Teilgruppe von Ländern profitiert.

Gesamtwirtschaftlicher Nutzen der Integration

Zur Beurteilung des gesamtwirtschaftlichen Nutzens der Integration, d. h. ob die Weltwirtschaft insgesamt von der Integration profitiert, müssen zwei grundsätzliche Effekte unterschieden werden:

- Trade creation effect (Aufschließungseffekt)
- Trade diverting effect (Abschließungseffekt)

Aufschließungseffekt

Der *trade creation effect* (Aufschließungseffekt oder auch handelsschaffender Effekt) bezeichnet die Tatsache, dass durch den Abbau von Handelsschranken der Handel innerhalb der Integrationsgemeinschaft gefördert wird.

zunehmende Integrationstiefe ↓

Integrationsform	Beschreibung
Präferenzzone	Es werden einzelne ausgewählte Zölle abgebaut.
Freihandelszone	Innerhalb der Zone werden sämtliche Zölle abgeschafft. Gegenüber Drittländern legt aber jedes Land selbständig Zölle fest.
Zollunion	Im Gegensatz zur Freihandelszone wird hier auch ein einheitlicher Außenzoll gegenüber Drittstaaten festgelegt. Des Weiteren werden die Zolleinnahmen zwischen den Mitgliedsländern aufgeteilt.
Gemeinsamer Markt/ Binnenmarkt	Nicht nur Zölle sondern sämtliche Handelsschranken für Güter und Produktionsfaktoren wie Arbeit und Kapital sind hier beseitigt.
Wirtschaftsunion	Zusätzlich zu den Aspekten eines Binnenmarktes, wird hier auch die Wirtschaftspolitik weitgehend gemeinsam gestaltet oder zentralen Instanzen übergeben.
Währungsunion	Zwischen den nationalen Währungen herrschen unwiderruflich feste Wechselkurse und eine uneingeschränkte Währungskonvertibilität. Eine Steigerung ist dabei noch die Einführung einer Einheitswährung.

Abbildung 5.3: Integrationsformen im Überblick

Beispiel:
Wenn z.B. vorher ein Gut, obgleich es im Inland teurer produziert wird als im Ausland, aufgrund von Zollschranken nicht importiert wurde, so wird nach dem Wegfall der Handelshemmnisse dieser Handel sicher stattfinden. Innerhalb der Gemeinschaft wird der Wettbewerb erhöht und die Produkte werden tendenziell dort produziert, wo deren Herstellung die geringsten realen Kosten verursacht.

Abschließungseffekt Solange aber nicht alle Länder der Welt der Gemeinschaft angehören, kann es ebenso zum sogenannten *trade diverting effect* (Abschließungseffekt oder auch handelsumlenkender Effekt) kommen. Dieser besagt, dass es durch den Wegfall von Handelshemmnissen zwischen einer Gruppe von Ländern gegenüber Drittstaaten zu Verzerrungen kommen kann.

Beispiel:
Angenommen ein Gut wurde vor der Integration aus einem Drittstaat importiert, da die Produktionskosten zuzüglich Zoll niedriger waren als die Kosten bei nationaler Produktion oder dem Import aus einem zukünftigen Partnerstaat (also inklusive Zoll). Werden die Zölle zum Partnerstaat aufgehoben, kann es sein, dass das Gut nun dort insgesamt billiger ist als der Import aus einem Drittstaat, bei dem zu den eigentlichen Produktionskosten stets der u. U. relativ hohe Außenzoll der Gemeinschaft hinzu kommt. Das bedeutet, dass die Güter nicht unbedingt dort produziert werden, wo sie die geringsten Realkosten verursachen. Die Integration verursacht in diesem Fall eine Art Abschottung der Gemeinschaft gegenüber Drittstaaten.

Je nachdem, welcher Effekt überwiegt, hat die Integration für die Weltwirtschaft Nettovorteile oder Nettonachteile.

5.2 Europäischer Binnenmarkt und seine Beziehungen zum Weltmarkt

Die Verwirklichung eines Europäischen Binnenmarktes ist eines der wesentlichen Integrationsziele im Rahmen des europäischen Einigungsprozesses gewesen. Ziel ist, innerhalb der Gemeinschaft von den Vorteilen der internationalen Arbeitsteilung zu profitieren und nach außen die Wettbewerbsfähigkeit zu sichern.

Während eine Zollunion bereits seit 1968 bestand, war die Schaffung eines Europäischen Binnenmarktes als der nächste Schritt zur wirtschaftlichen Integration in Europa zu verstehen.

Der Binnenmarkt umfasst im Wesentlichen vier Freiheiten: **4 Grundfreiheiten**

1. Freiheit des Warenverkehrs
2. Freiheit des Personenverkehrs
3. Freiheit des Dienstleistungsverkehrs
4. Freiheit des Kapitalverkehrs

Diese sind als Ziel in Art. 14 des EG-Vertrages verankert.

Freier Wahrenverkehr

zu 1) Der *Freie Warenverkehr* (Art. 30 EWG) garantiert, dass keine mengenmäßigen Importbeschränkungen in der Gemeinschaft zulässig sind. Allerdings gilt eine Vorbehaltsklausel, die Ausnahmen u. a. bei Gefährdung der Sicherung nationaler Güter oder gewerblichen und kommerziellen Eigentums vorsieht.

Vorbehaltsklausel

Der Europäische Gerichtshof legt die Vorbehaltsklausel jedoch recht restriktiv aus. Die Vorbehaltsklausel greift nur unter folgenden Bedingungen:

- Es gibt *keine abschließende Gemeinschaftsregelung*.
- Es gibt *kein anderes, milderes Mittel* als eine Importbeschränkung.
- Es liegt *keine Diskriminierung* von Mitgliedsländern vor.

Ein bekanntes Beispiel ist in diesem Zusammenhang die Aufhebung des Reinheitsgebotes für importierte Biere. Zwar ist das Reinheitsgebot für deutsche Brauereien nach wie vor gesetzlich verankert, der Import von Bieren darf jedoch dadurch nicht beschränkt werden. Das heißt, für Importbier gilt das Reinheitsgebot nicht.

Freier Personenverkehr

zu 2) Der *freie Personenverkehr* (Art. 48 EWG) bezieht sich auf die Freizügigkeit von Arbeitnehmern, Rentnern, Studenten etc. und umfasst auch die Niederlassungsfreiheit von Selbständigen (Art. 52 EWG).

In diesem Zusammenhang stehen z. B. Bestrebungen, die auf eine gegenseitige Anerkennung von Befähigungsnachweisen wie Hochschuldiplomen und Berufsabschlüssen abzielen.

Freier Dienstleistungsverkehr

zu 3) Beim *freien Diensleistungsverkehr* (Art. 59 EWG) geht es um grenzüberschreitende Dienstleistungen wie z. B. die von Banken, Versicherungen, der Telekommunikationsbranche und dem Energiesektor. Vorschriften hinsichtlich des Marktzuganges und der Geschäftsdurchführungsregulierung sind Gegenstand der Harmonisierungsbestrebungen.

Diese Harmonisierungsbestrebungen sind im Bankenbereich bereits weitgehend verwirklicht. So kann eine Bank, die in einem einzelnen Mitgliedsland zugelassen wurde, im Prinzip in der gesamten EU ihre Leistungen anbieten. Sämtliche Kontrolltätigkeiten werden vom Heimatland der Bank vorgenommen.

Freier Kapitalverkehr

zu 4) Der *freie Kapitalverkehr* (Art. 67 und 106 EWG) umfasst kurz-, mittel- und langfristige Kreditgeschäfte, Transaktionen von Geld- und Kapitalmarktpapieren sowie des Emissionsgeschäftes und des Wertpapierhandels. Des Weiteren bezieht dieser Bereich den Zahlungsver-

Land	%	Land	%
Portugal	83,1	Frankreich	63,6
Niederlande	79,2	Schweden	58,9
Belgien/Luxemburg	76,2	Italien	58,8
Spanien	72,9	Finnland	58,7
Dänemark	68,1	Vereinigtes Königreich	58,1
Österreich	66,3	Deutschland	58,0
Irland	65,4	Griechenland	52,1

Tabelle 5.1: EU-Binnenhandel: Warenexporte an die übrigen EU-Staaten in Prozent der gesamten Ausfuhren des jeweiligen Landes, 1. Halbjahr 1999

kehr mit ein. Diese Grundfreiheit ist bereits vollständig verwirklicht und steht im engen Zusammenhang zur Währungsunion.

Notwendige Harmonisierungsmaßnahmen

Bereits 1985 wurde von der Europäischen Kommission für den Europäischen Rat ein sogenanntes „Weißbuch" zur Vollendung des Binnenmarktes erstellt, in dem die zur Harmonisierung notwendigen Maßnahmen festgelegt wurden. Diese gliedern sich in drei wesentliche Bereiche:

- Beseitigung der materiellen Schranken (z. B. Abbau der Grenzkontrollen)
- Beseitigung der technischen Schranken (z. B. Vereinheitlichung von technischen Normen, Unfallverhütungsvorschriften, Produkthaftungsrechten)
- Beseitigung der steuerlichen Schranken (z. B. Harmonisierung von Verbrauchsteuern)

EU und Weltmarkt

Ein *Großteil* des Außenhandels der Mitgliedsländer der EU findet *innerhalb der Binnenmarktgrenzen* statt. So gehen mehr als die Hälfte aller Exporte Deutschlands (1999 58%) in Staaten der EU. Ebenso kommen mehr als die Hälfte aller Importe aus Gemeinschaftsstaaten. Der Anteil des Außenhandels mit einzelnen Drittstaaten ist deutlich geringer (z. B. Exporte in die USA 9,4% und Importe aus den USA 8,2% in 1998). Mit diesen Werten hat Deutschland einen verhältnismäßig kleinen EU-Handelsanteil. Der Durchschnitt aller Exporte innerhalb der EU liegt bei über 60% (siehe Tab. 5.1).

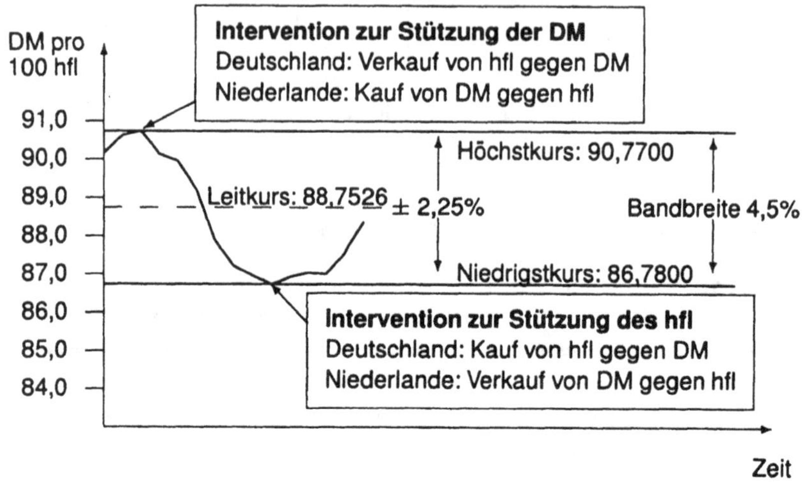

Abbildung 5.4: Devisenmarktinterventionen im Europäischen Währungssystem EWS

5.3 Europäische Währungsunion

Einen weiteren wesentlichen Integrationsbereich stellt die Schaffung einer Währungsunion dar. Führt man sich die theoretischen Integrationsstufen (siehe Abb. 5.3) vor Augen, so beinhaltet diese eine noch stärkere Integrationstiefe als der Binnenmarkt.

Einführung der Europäischen Währungsunion

EWS 1979 trat als Vorstufe zu einer Währungsunion das *Europäische Währungssystem* (EWS) in Kraft. Dies stellte ein System von *quasi-fixen Wechselkursen* dar, in dem die vereinbarten Leitkurse nur innerhalb einer bestimmten *Bandbreite* schwanken durften. Es gab somit jeweils zwei *Interventionspunkte*, an denen die Zentralbanken durch währungspolitische Interventionen zum Eingreifen verpflichtet waren. Innerhalb der Bandbreiten durften die Wechselkurse jedoch frei schwanken (siehe Abb. 5.4).

Stufen zur EWU 1989 wurde ein Beschluss zur Verwirklichung der Währungsunion in drei Stufen gefasst. Die *Maastrichter Verträge* konkretisierten diesen weiter.

Die *erste Phase* beginnend am 01.07.1990 sah *Erleichterungen für den Kapitalverkehr* sowie größere Abstimmungs- und Koordinationsbemühungen der Wirtschaftspolitik und Geldpolitik der Mitgliedsländer vor.

In der *zweiten Phase* ab 1994 wurde das *Europäische Währungsinstitut* als Vorläufer der europäischen Zentralbank eingerichtet. Aufgabe des Europäischen Währungsinstituts war der Aufbau der Europäischen Zentralbank.

Die *dritte Phase* stellte den eigentlichen Beginn der Währungsunion dar. Die Europäische Zentralbank nahm ihre Arbeit auf, die *Wechselkurse* wurden *unwiderruflich fixiert* und eine gemeinsame *Europäische Währung* – der Euro – wurde realisiert. Diese Phase sollte ursprünglich bereits 1997 beginnen. Da die Konvergenzbemühungen jedoch zu diesem Zeitpunkt noch nicht genügend voran geschritten waren, wurde der Beginn der dritten Phase auf 1999 gelegt.

Konvergenzkriterien

Anfang Mai 1998 wurde durch die Staats- und Regierungschefs der Europäischen Union entschieden, welche Staaten zunächst an der EWU teilnehmen. Dies waren Belgien, Deutschland, Finnland, Frankreich, Irland, Italien, Luxemburg, die Niederlande, Österreich, Portugal und Spanien. Von den 15 Ländern der Europäischen Union nahmen also 4 Länder vorerst nicht teil (Dänemark, Griechenland, Großbritannien und Schweden). *Teilnahmevoraussetzung* war die Erfüllung der sogenannten *Konvergenzkriterien.* Da in dem Gebiet der Währungsunion das Instrument der Wechselkursänderung zum Ausgleich unterschiedlicher wirtschaftlicher Entwicklungen nicht zur Verfügung steht, müssen die teilnehmenden Länder bestimmte *Stabilitätsvoraussetzungen* erfüllen. Diese Voraussetzungen wurden durch die Konvergenzkriterien quasi operationalisiert.

Die Konvergenzkriterien im Einzelnen:

1. *Preisstabilitätskriterium:* Die Inflationsrate eines Landes darf nicht mehr als 1,5 Prozentpunkte über der durchschnittlichen Inflationsrate der drei stabilsten (Mitglieds-)Länder liegen.

2. *Zinskriterium:* Der langfristige Zinssatz darf den durchschnittlichen Zinssatz der drei preisstabilsten Länder um maximal 2 Prozentpunkte übersteigen.

3. *Wechselkurskriterium:* Die Währung muss am EWS teilgenommen haben und in den letzten zwei Jahren die normalen Bandbreiten eingehalten haben. Des Weiteren soll sie keine Abwertung erfahren haben.

4. *Defizitkriterium:* Das Verhältnis des Staatsdefizits zum Bruttoinlandsprodukt zu Marktpreisen soll 3% nicht übersteigen. Ausnahmen sind jedoch möglich.

Land	Inflation	Zinsen	Defizit	Schuldenstand
Belgien	1,4%	5,7%	2,1%	122%
Deutschland	1,4%	5,6%	2,7%	61,3%
Finnland	1,3%	5,9%	0,9%	55,8%
Frankreich	1,2%	5,5%	3,0%	58%
Irland	1,2%	6,2%	(+0,9%)	66,3%
Italien	1,8%	6,7%	2,7%	121,6%
Luxemburg	1,4%	5,6%	(+1,7%)	6,7%
Niederlande	1,8%	5,5%	1,4%	72,1%
Österreich	1,1%	5,6%	2,5%	66,1%
Portugal	1,8%	6,2%	2,5%	62,0%
Spanien	1,8%	6,3%	2,6%	68,8%

Tabelle 5.2: Erfüllung der Konvergenzkriterien. Zahlen für 1997
Datenquelle: Europäisches Parlament, http://www.europarl.de.

5. *Schuldenkriterium:* Der Gesamtbestand an Staatsschulden soll maximal 60% des Bruttoinlandsprodukts zu Marktpreisen betragen. Auch hier sind Ausnahmen möglich.

Während die drei ersten Kriterien für die meisten Mitgliedsländer kein besonderes Problem darstellten, zeigt sich, dass das Schuldenkriterium von relativ vielen Ländern verletzt wurde (siehe Tabelle 5.2). Dies sollte jedoch kein Hinderungsgrund für die Teilnahme an der Währungsunion darstellen, wenn deutlich zu erkennen sei, dass die entsprechenden Länder um einen Schuldenabbau bemüht sind.

Einführung des Euro

Zwischen den Teilnehmerländern sind nun seit dem 1.1.1999 die Wechselkurse fixiert, so dass es faktisch bereits seit diesem Termin nur noch eine Währung - den Euro - gibt. Jede Landeswährung steht in einem festen Verhältnis zum Euro. Unternehmen und öffentliche Verwaltungen haben damit begonnen, ihre Buchhaltung auf den Euro umzustellen. Im bargeldlosen Zahlungsverkehr ist die Umstellung bereits erfolgt. Ab Januar 2002 erfolgt die Ausgabe von Euro-Münzen und Banknoten. Zum 1.7.2002 verlieren die alten Währungen ihre Gültigkeit, womit die Umstellung abgeschlossen ist.

Stabilitätspakt

Damit auch nach Beginn der Währungsunion die Konvergenzkriterien eingehalten werden bzw. der *Zwang zur Haushaltsdisziplin* erhalten bleibt, wurde ein sogenannter *Stabilitätspakt* geschlossen, der Strafzahlungen bei Verletzung der Kriterien vorsieht. Befürchtet wurde, dass sich die Länder nach Beginn der Währungsunion wieder stark verschulden würden, vor dem Hintergrund, dass im Falle von Zahlungsunfähigkeit die übrigen Länder zu Unterstützungszahlungen gezwungen seien.

Der Stabilitätspakt sieht folgendes vor:
Bei Verletzung des Defizitkriteriums muss eine zinslose Einlage in Höhe von zunächst 0,2% des Bruttoinlandsproduktes geleistet werden. Für jeden vollen Prozentpunkt, den das Defizit die kritische Marke von 3% überschreitet, erhöht sich die zinslose Einlage um 0,1%. Maximal werden jedoch 0,5% des Bruttoinlandsproduktes gefordert. Der Betrag muss spätestens 10 Monate nach Feststellung der Defizithöhe bei der EU hinterlegt werden. Diese Kaution wird nur zurückgezahlt, wenn das Defizit binnen eines Jahres wieder unter 3% liegt.

Vor- und Nachteile der Währungsunion

Die Einführung einer Währungsunion war durchaus nicht unumstritten. In den meisten Ländern fanden schwierige und langwierige Diskussionen statt.

Befürworter der Währungsunion führten vor allem folgende Argumente an: **Pro EWU**

- Wegfall von Wechselkursrisiken und Erleichterung des innereuropäischen Handels
- Wegfall von Transaktionskosten wie z. B. Umtauschkosten
- Wegfall von Devisenspekulation innerhalb der EWU und damit Vermeidung von Währungsturbulenzen
- Wettbewerbsförderung durch größere Preistransparenz
- Verbesserung der Wettbewerbsposition gegenüber anderen „großen" Märkten wie USA und Asien (Euro als zweite Leitwährung)
- Politisches Argument: Unumkehrbarkeit der Europäischen Integration, Friedenssicherung

Die *Gegner einer Währungsunion* äußerten u. a. folgende Bedenken: **Contra EWU**

- Hohe Umstellungskosten
- Verlust eines Anpassungsinstruments: Unterschiedliche wirtschaftliche Entwicklungen können nicht mehr über den Wechselkurs ausgeglichen werden
- Verlust der geldpolitischen Souveränität: Geldpolitik zur Konjunkturbelebung fällt als nationales Instrument weg
- Sparzwang der öffentlichen Haushalte aufgrund der Konvergenzkriterien und des Stabilitätspaktes führt zu weiterem Ar-

beitsplatzabbau und zu Konjunkturdämpfung

- Stabilität des Euro ist aufgrund der Teilnahme von traditionell weniger stabilitätsorientierten Ländern nicht in dem Maße gewährleistet wie z. B. die der DM
- Arbeitsplatzverluste durch höheren Standortwettbewerb. Verlust von Arbeitsplätzen in Ländern mit höheren Sozialstandards (z. B. Deutschland)

Politische Integration

Abgesehen von der individuellen Bewertung der Chancen und Risiken einer EWU gilt, dass es für den Erfolg der Währungsunion in Zukunft wichtig sein wird, neben der wirtschaftlichen Integration auch die politische Integration voran zu treiben.

Exkurs: Die Theorie optimaler Währungsräume

Optimale Größe und Zusammensetzung von Währungsräumen

Vor dem Hintergrund der Chancen und Risiken einer Währungsunion befasst sich die *Theorie der optimalen Währungsräume* mit der Frage, welche *Kriterien* Länder generell erfüllen sollten, damit die Vorteile einer Währungsunion die Nachteile bzw. Kosten überwiegen. Anders ausgedrückt wird hier versucht, die *optimale Größe und Zusammensetzung von Währungsräumen* zu bestimmen. Optimalität bezieht sich dabei auf bestimmte wirtschaftspolitisch festzulegende Zielsetzungen, wie z. B. Vollbeschäftigung.

Eine Vielzahl von Autoren hat versucht, Kriterien aufzustellen, nach denen diese Entscheidung getroffen werden sollte. Trotz vieler Unterschiede laufen die Kriterien letztlich stets darauf hinaus, inwieweit sich die Teilnehmerregionen ähneln und von symmetrischen ökonomischen Schocks (plötzlichen Änderungen der wirtschaftlichen Bedingungen) betroffen sind, bzw. inwieweit zwischen ihnen auf das Anpassungsinstrument der Wechselkursänderung verzichtet werden kann.

Als sogenannte „*tradionelle Kriterien*“ (Mundell, 1961) zur Abgrenzung eines optimalen Währungsraumes werden in diesem Zusammenhang z. B. die folgenden angeführt:

1. Grad der internationalen Faktormobilität
2. Grad der Offenheit der Volkswirtschaft
3. Grad der Produktdiversifikation
4. Grad der finanziellen Integration
5. Gleichheit der Inflationsraten
6. Grad der politischen Integration

Faktormobilitätsgrad

Ein hoher Grad an (Produktions-) *Faktormobilität* sorgt dafür, dass Ungleichgewichte durch Nachfrageverschiebungen zwischen Regionen schnell durch entsprechende Faktorwanderungen ausgeglichen werden. Ungleichgewichte zwischen Produktionsfaktorangebot und -nachfrage werden somit durch mengenmäßige Anpassungen ausgeglichen und müssen nicht durch Wechselkursanpassungen (was einer Preisveränderung entspricht) behoben werden. Letzteres wäre der Fall, wenn die Produktionsfaktoren nur national mobil sind. Da eine mengenmäßige Anpassung hier nicht erfolgt, muss der Ausgleich zwischen Angebot und Nachfrage durch den Preis erfolgen.

Kapital ist im Allgemeinen recht mobil, so dass Zinsunterschiede z. B. zwischen München und Hamburg oder auch Frankreich und Deutschland kaum Bestand haben. Arbeitskräfte sind i. d. R. weniger mobil.

Beispiel:
Kommt es zu einer Nachfrageverschiebung von Land X zu Land Y, so entsteht in Land X Unterbeschäftigung und in Land Y eine Überschussnachfrage nach Produktionsfaktoren, was meist mit Inflation einher geht. Sind die Arbeitskräfte mobil, so wandern sie nach Land Y und die Ungleichgewichte verschwinden. Sind die Arbeitskräfte jedoch nicht mobil, kann stattdessen durch eine Abwertung der Währung von Land X wieder Gleichgewicht erzeugt werden. Die Produkte von Land X verbilligen sich durch die Abwertung und werden dadurch wieder wettbewerbsfähig.

Offenheitsgrad

Die *Offenheit der Volkswirtschaft* spielt insofern eine Rolle, als dass für Länder mit einem hohen Außenhandelsanteil (d. h. relativ „offene“ Volkswirtschaften) eine Währungsunion mehr Vorteile (z. B. in Form von Transaktionskostenersparnis oder geringerer Unsicherheitskosten) hat als für Länder, die im Extremfall gar keinen Außenhandel betreiben. Des Weiteren wird das Preisniveau eines Landes durch Wechselkurse entsprechend dem Anteil an international handelbaren Gütern beeinflusst.

Wenn ein Land keinen Außenhandel betreibt, gibt es keine Güter, deren Preis durch die Veränderung eines Wechselkurses schwankt. Folglich bleibt auch das gesamte Preisniveau von Wechselkursänderungen unberührt. Werden jedoch Güter importiert, so kann sich deren Preis mit dem Wechselkurs ändern. Je mehr Güter eines Landes davon betroffen sind, umso stärker ist die Auswirkung von Wechselkursänderungen auf das gesamtwirtschaftliche Prteisniveau.

Produktdiversifikationsgrad

Je *vielfältiger die Produktpalette* eines Landes ist, desto weniger führen Nachfrageschocks in bestimmten Teilmärkten zu größeren volkswirtschaftlichen Störungen. Ist eine Region dagegen stark von einem einzigen Produkt bzw. dessen Preisentwicklung abhängig (z. B. Öl), führen Schocks in diesem Bereich zu erheblichen Ungleichgewichten. Existieren unterschiedliche Währungen zu anderen Regionen, kann ein Teil der Ungleichgewichte durch Wechselkursanpassungen ausgeglichen werden. Diese Möglichkeit entfällt bei einer Währungsunion.

Änlichkeit der Volkswirtschaften

Die Kriterien 3 - 6 zielen auf die die Frage der *Ähnlichkeit der Volkswirtschaften* ab. Je koordinierter z. B. politische Entscheidungen ablaufen, um so eher wird man eine relativ gleichlaufende Wirtschaftsentwicklung erwarten können. Dies wird manchmal auch als das *Kriterium des internationalen Konjunkturzusammenhangs* und der *homogenen Präferenzen* hinsichtlich der *wirtschaftspolitischen Zielsetzungen* bezeichnet. Ähnliche Inflationsraten deuten auf eine *ähnliche Wettbewerbsstärke* hin. Die *finanzielle Integration* steht im engen Zusammenhang mit der Frage der Faktormobilität. Sie setzt aber auch *ähnliche institutionelle Finanzsysteme* voraus.

Die Kriterien sind nicht als exakte Checkliste zu verstehen. Sie machen deutlich, dass es wenig sinnvoll ist, die ganze Welt zu einem Währungsraum zusammenzuschließen. Sie zeigen auch, dass es nicht günstig ist, in einer Stadt verschiedene Währungsräume zu installieren. Um allerdings zu entscheiden, ob die EU gerade einen optimalen Währungsraum darstellt, gestaltet es sich schwierig, die Kriterien gegeneinander abzuwägen.

Beispiel:
Wenn man diese Kriterien auf die Entscheidungsfindung bzgl. der Europäischen Währungsunion bezieht, stellt man fest, dass die Konvergenzkriterien nur einen kleinen Bereich abdecken. In diesem Zusammenhang ist jedoch zu berücksichtigen, dass neben der Frage der ökonomischen Optimalität politische Erwägungen eine sehr starke Rolle spielen. So war z. B. die rasche Einführung der DM in den neuen Bundesländern vorwiegend von politischen Motiven geprägt.

5.4 Aufbau und Finanzierung der Europäischen Union

Während der Binnenmarkt und die Währungsunion Elemente des wirtschaftlichen Integrationsprozesses darstellen, ist das „Gebilde der Europäische Union" u. a. auch als Schritt auf dem Weg zur *politischen Integration* zu verstehen. Daher werden im Folgenden zunächst kurz die verschiedenen Organe mit ihren wesentlichen Aufgaben be-

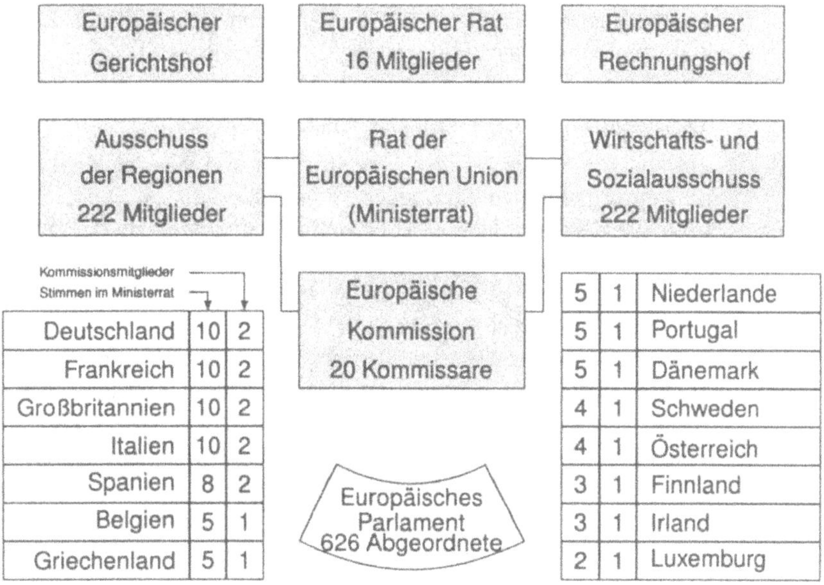

Abbildung 5.5: Organe der Europäischen Union

schrieben. Da Entscheidungskompetenzen eng mit der Verfügungsgewalt über finanzielle Mittel verknüpft sind, wird anschließend auf den Haushalt der EU eingegangen.

5.4.1 Organe der Europäischen Union

Gewaltenteilung

Im Wesentlichen gilt bei der Europäischen Union ähnlich wie in den Einzelstaaten das Prinzip der Gewaltenteilung in Legislative, Exekutive und Judikative . Allerdings erwachsen aus dem supranationalen Status einige Besonderheiten.

Die Entscheidungsinstanzen im Rahmen der drei Gewalten werden im Folgenden kurz beschrieben (siehe auch Abb. 5.5):

Europäischer Rat

Der *Europäische Rat* setzt sich aus den Staats- und Regierungschefs der einzelnen Mitgliedsstaaten zusammen. Des Weiteren ist der Präsident der Europäischen Kommission Ratsmitglied. Der Rat tagt mindestens zweimal im Jahr (sog. EU-Gipfel). Im Europäischen Rat werden die allgemeinen Ziele der EU festgelegt und Grundsatzentscheidungen getroffen.

Vom Europäischen Rat deutlich zu unterscheiden ist der *Europarat*.

Dieser besteht nicht nur aus Vertretern der 15 EU-Mitgliedsstaaten sondern auch aus denen von weiteren 25 europäischen Staaten. Dieser gibt Empfehlungen im Hinblick auf die europäische Einheit.

Rat der EU Nicht zu verwechseln ist der Europäische Rat mit dem *Rat der Europäischen Union*, auch *Ministerrat* genannt. Dies ist das wesentliche Legislativorgan der EU, d. h. es erlässt die ihm von der Kommission vorgelegten Rechtsakte. Jedes Mitgliedsland entsendet einen Vertreter (Regierungsmitglied). Die Stimmenverteilung richtet sich nach der Größe des Landes. So hat z. B. Deutschland 10 Stimmen, während Luxemburg über 2 Stimmen verfügt. Insgesamt gibt es 87 Stimmen. Alle sechs Monate übernimmt ein anderes Land nach einer bestimmten Reihenfolge den Vorsitz. Der Rat erlässt Verordnungen, welche direkte rechtliche Wirkung in den einzelnen Mitgliedsstaaten haben, Richtlinien, die die Mitgliedsländer erst durch eigene nationale Gesetzgebung konkretisieren müssen, und Empfehlungen ohne rechtliche Bindung. Die Entscheidungen werden teilweise mit einfacher, teilweise z. B. bei Fragen der Außen- und Sicherheitspolitik mit qualifizierter Mehrheit gefällt.

Europäische Kommission Die *Europäische Kommission* ist einerseits das (entscheidende) Exekutivorgan der EU. Das heißt, sie sorgt für die Durchführung der vom Rat gefassten Beschlüsse. Andererseits hat sie aber auch durchaus weitreichende Initiativ- und Vorschlagsrechte. Die Kommission besteht zur Zeit aus 20 Mitgliedern. Die Mitglieder werden von den jeweiligen Landesregierungen vorgeschlagen und nach Anhörung und Zustimmung des Europäischen Parlaments „im gegenseitigen Einvernehmen" für fünf Jahre zu Kommissaren ernannt. Die Kommissare sind von Weisungen aus den jeweiligen Ländern unabhängig. Deutschland, Frankreich, Großbritannien, Italien und Spanien verfügen über zwei Kommissionsmitglieder, die anderen Staaten über je eines. Jeder Kommissar hat einen bestimmten Themenbereich zu verwalten. Eine Vielzahl an Mitarbeitern in untergeordneten Dienststellen (Generalsekretariat) unterstützen ihn dabei.

Europäisches Parlament Die 626 Abgeordneten des *Europäischen Parlaments* werden von den Bürgern der Mitgliedstaaten seit 1979 direkt gewählt. Jedes Land hat eine bestimmte Anzahl von Abgeordneten (z. B. Deutschland 99 und Luxemburg 6). Die Amtszeit beträgt genau wie die der Kommissare 5 Jahre. Die politischen Fraktionen im Parlament richten sich nach der Parteizugehörigkeit und nicht nach der Nationalität der Abgeordneten. Das Parlament hat gegenüber der Kommission und dem Rat hauptsächlich Beratungs- und Kontrollrechte. Je nach Politikfeld lassen sich Unterrichtungsrechte, Anhörungsrechte, Mitwirkungsrechte (Möglichkeit zu Änderungsvorschlägen, Verfahren der Zusammenarbeit), Mitentscheidungsrechte und Zustimmungsrechte unterscheiden. So ist das Parlament zwar in die Gesetzgebung in unterschiedlicher Intensität eingebunden, über eigenständige Gesetzgebungsbefugnisse verfügt es nicht. Ein typischer Gesetzgebungsweg sieht folglich so aus, dass die Kommission einen Vorschlag einbringt und dieser vom Rat nach Beteiligung des Parlaments beschlossen wird. Insgesamt wird die Stellung des Parlaments trotz einiger Verbesserungen in den vergangenen Jahren gegenüber dem Rat als zu schwach kritisiert. Dem einzig demokratisch legitimierten Organ fallen danach immer noch viel zu wenig Rechte zu.

Europäischer Gerichtshof

Als judikative Gewalt findet sich auf der europäischen Ebene der *Europäische Gerichtshof* (EuGH) mit Sitz in Luxemburg. Er ist für die Anwendung und Auslegung der Europäischen Verträge zuständig. Dabei muss er oftmals die z. T. lückenhaften Bestimmungen der Verträge durch Richterrecht ergänzen. Seine Entscheidungen sind für die nationalen Gerichte bindend.

Neben diesen zentralen Organen gibt es noch weitere Organe:

- Europäischer Rechnungshof
- Ausschuss der Regionen
- Wirtschafts- und Sozialausschuss
- weitere Ausschüsse und Verbände

5.4.2 EU-Recht

Das EU-Recht hat Vorrang vor dem jeweiligen nationalen Recht. Dieses Prinzip beruht auf Entscheidungen des EuGH und ist mittlerweile allgemein anerkannt.

Man unterscheidet zwei Arten von EU-Recht: Das primäre Gemeinschaftsrecht und das sekundäre Gemeinschaftsrecht.

Primäres Gemeinschaftsrecht

Das *primäre Gemeinschaftsrecht* besteht aus den Verträgen selbst. Diese Verträge wurden von den beteiligten Staaten geschlossen. Sie sind unmittelbar geltendes Recht in den Mitgliedsländern.

Sekundäres Gemeinschaftsrecht

Das *sekundäre Gemeinschaftsrecht* hingegen wird nicht direkt von den Staaten erlassen, sondern von den zuständigen Organen der EU (in erster Linie Ministerrat). Grundlage für den Erlass von Gemeinschaftsrecht muss jedoch immer eine Ermächtigung in einem der Verträge sein.

Rechtsakte

Im Rahmen des EU-Rechtes können vier *Rechtsakte* unterschieden werden, die sich in ihrer Verbindlichkeit und Wirkung unterscheiden.

1. *Verordnungen*: Diese sind in allen Teilen verbindlich und stel-

len unmittelbar geltendes Recht dar.

2. *Richtlinien*: Sie sind nur in der Zielsetzung verbindlich, die genaue Umsetzung wird den Mitgliedsstaaten überlassen.
3. *Entscheidungen*: Sie beziehen sich nur auf Einzelfälle, können sich an Staaten, Personen oder Unternehmen richten und sind unmittelbar geltendes Recht.
4. *Empfehlungen und Stellungnahmen*: Hierbei handelt es sich lediglich um unverbindliche Meinungsäußerungen, die nicht verpflichtend sind.

5.4.3 Haushalt und Finanzausgleich in der EU

Einnahmen

Finanzautonomie Die EU verfügt über (begrenzte) *Finanzautonomie*. Sie hat eigene Einnahmen (Eigenmittel), die ihr direkt wie Steuereinnahmen zufließen, und kann damit ihre Ausgaben relativ autonom festlegen. Der Haushaltsplan der EU ist ein gemeinsamer Plan für alle drei in ihr vereinigten Gemeinschaften.

> Artikel 268
> Alle Einnahmen und Ausgaben der Gemeinschaft einschließlich derjenigen des Europäischen Sozialfonds werden für jedes Haushaltsjahr veranschlagt und in den Haushaltsplan eingesetzt.
> ....
> Der Haushaltsplan ist in Einnahmen und Ausgaben auszugleichen.

> Titel II, Artikel 201, Vertrag über die Europäische Union
> Der Haushalt wird unbeschadet der sonstigen Einnahmen vollständig aus Eigenmitteln finanziert. Die einzelstaatlichen Haushaltsbehörden beschließen darüber nicht mehr alljährlich, die Zuständigkeit für Erhebung und Eintreibung verbleibt jedoch bei den Mitgliedstaaten.

EU-Eigenmittel Die *Eigenmittel der EU* setzen sich folgendermaßen zusammen:

- Zölle
- Agrarabschöpfungen
- Mehrwertsteuer-Eigenmittel
- BSP-Eigenmittel (Umlage auf der Grundlage des Bruttosozialproduktes)

Zölle Bei den *Zöllen* handelt es sich um Einnahmen, die aus dem gemeinsa-

Mitgliedsland	Anteil in %	Mitgliedsland	Anteil in %
Deutschland	28,2	Italien	11,5
Belgien	3,9	Luxemburg	0,2
Dänemark	2,0	Niederlande	6,5
Finnland	1,4	Österreich	2,8
Frankreich	17,5	Portugal	1,4
Griechenland	1,6	Schweden	3,1
Großbritannien	11,9	Spanien	7,1
Irland	0,9		

Tabelle 5.3: Anteile der Mitgliedsländer an der EU-Finanzierung 1997
Quelle: Statistisches Bundesamt, Statistisches Jahrbuch für das Ausland 1999, S. 124.

men Zolltarif für Einfuhren aus Drittländern resultieren. 10 % dieser Einnahmen verbleiben als Erhebungskosten bei den Mitgliedsstaaten. Aufgrund zunehmender Integration und Abbau von Handelsschranken ist der Anteil der Zölle an den Gesamteinnahmen der EU zurückgegangen. 1999 machte er noch ca. 14 % aus.

Agrarabschöpfungen

Die *Agrarabschöpfungen* stellen eine spezielle Form von Zöllen dar. Es handelt sich hierbei um variable Abgaben auf Einfuhren von Agrarerzeugnissen sowie Zucker und Isoglukose aus Drittländern, wenn deren Preise unterhalb der Preise für Agrarerzeugnisse aus der EU liegen. Auch hier werden den Mitgliedsstaaten 10 % als Erhebungskosten zugestanden. Der Anteil dieser Einnahmeart an den Gesamteinnahmen ist über die Jahre hinweg ebenfalls gesunken und machte 1999 nur noch 2 % aus.

Mehrwertsteuer-Eigenmittel

Eine wesentlich bedeutendere Einnahmeart stellt der *Anteil an den Mehrwertsteuereinnahmen der Mitgliedsländer* dar. Diese ist heute nach den BSP-Eigenmitteln die zweitgrößte Finanzierungsquelle der EU. Formal handelt es sich hierbei nicht um echte Eigenmittel, sondern um einen nationalen Beitrag, dessen Höhe am Mehrwertsteueraufkommen als Bemessungsgrundlage orientiert ist. Von dieser Bemessungsgrundlage (maximal 50 % des Bruttosozialproduktes) wird ein einheitlicher Prozentsatz (1995 1,32 %, bis 1999 schrittweise auf 1% gesenkt) erhoben.

BSP-Eigenmittel

Neben diesen Einnahmearten wurde 1988 als vierte ergänzende Einnahmeart eine *Umlage auf Basis des Bruttosozialproduktes* der einzelnen Länder eingeführt. Diese Umlage soll Finanzierungslücken im EU-Haushalt ausgleichen. Um jedoch auch für eine gewisse Ausgabendisziplin zu sorgen, kann maximal ein Beitrag von 1,2 % des Bruttosozialproduktes erhoben werden. Die Orientierung am BSP soll dem Leistungsfähigkeitsgedanken Rechnung tragen. Seit Einführung dieser Einnahmeart ist deren Anteil von weniger als 3 % 1990 auf

Bereich	Anteil an Gesamtausgaben
Verwaltung	5,1 %
EAGFL-Garantie	50,6 %
Strukturmaßnahmen und Fischerei	32,8 %
darunter: Regionalfonds	14,4 %
Forschung und technologische Entwicklung	3,8 %
Außenpolitische Maßnahmen	4,9 %
übrige	2,8 %

Tabelle 5.4: Ausgaben der EU nach Bereichen 1997
Quelle: Statistisches Bundesamt, Statistisches Jahrbuch für das Ausland 1999, S. 120.

knapp 47 % 1998 gestiegen. Auch hier kann eingewandt werden, dass es sich eher um Beitragszahlungen als um echte Eigenmittel der EU handelt.

Aus diesen vier Einnahmequellen nebst weiterer kleinerer Posten wie z. B. Verzugszinsen, Geldbußen oder nicht in Anspruch genommene Einnahmen aus früheren Haushalten setzt sich das gesamte Einnahmevolumen der EU zusammen. 1999 machte dies einen Betrag von 85,6 Mrd. ECU aus. Es hat sich seit 1980 mehr als verfünffacht.

Die Finanzierungsanteile der einzelnen Länder gibt die Tabelle 5.3 wieder.

Ausgaben

Gemeinschaftsaufgaben

Die Ausgaben der EU fallen für die verschiedenen *Gemeinschaftsausgaben* an (siehe Tab. 5.4). Mehr als die Hälfte der Gesamtausgaben werden für die *Landwirtschaft* aufgewandt. Es handelt sich hierbei um Zahlungen im Rahmen des EAGFL-Garantiefonds (Europäischer Ausrichtungs- und Garantiefonds für die Landwirtschaft). Diese Ausgaben dienen der Stützung der wichtigsten Agrarpreise (z. B. Getreide, Zucker, Fleisch, Milch). Ein weiteres Drittel der Gesamtausgaben fällt in den Bereich der *strukturpolitischen Aufgaben*. Durch finanzielle Förderprogramme soll das bestehende Wohlstands- und Leistungsgefälle zwischen den Mitgliedsstaaten abgebaut werden. Ein wesentlicher Einzelposten in diesem Zusammenhang ist z. B. der Regionalfonds (EFRE).

Nettozahler und Nettoempfänger

Geht man von der *Differenz zwischen* den *Zahlungen* an den EU-Haushalt *und* die *Rückflüsse* in das entsprechende Land aus, so kön-

Mitgliedsland	Nettozahlung	Mitgliedsland	Nettozahlung
Deutschland	-11.465	Finnland	+1
Frankreich	-1.757	Dänemark	+94
Niederlande	-1.224	Luxemburg	+715
Schweden	-1.195	Belgien	+1.712
Österreich	-874	Portugal	+2.675
Großbritannien	-659	Irland	+2.801
Italien	-564	Griechenland	+4.315
		Spanien	+5.537

Tabelle 5.5: Nettozahlungen an die EU in Mill. Euro 1997: Nettozahler (-) und Nettoempfänger (+)

nen die Länder in *Nettozahler* und *Nettoempfänger* unterschieden werden (siehe Tab. 5.5).

Differenz Zahlungen und Rückflüsse

Deutschland ist mit Abstand der größte Nettozahler in der EU. Der größte Nettoempfänger ist Spanien.

Umverteilungen

Dadurch wird deutlich, dass im Rahmen der EU nicht zu vernachlässigende *Umverteilungen* zwischen den Ländern erfolgen.

5.5 Übungsfragen zu Kapitel 5

1. Beschreiben Sie die verschiedenen Stufen der Integration von Staaten!
2. Welche vier Grundfreiheiten kennzeichnen den Europäischen Binnenmarkt?
3. Was kennzeichnete das System quasi-fixer Wechselkurse?
4. Welche Konvergenzkriterien wurden als Voraussetzungen zur Teilnahme an der Europäischen Währungsunion aufgestellt und was war der Grund?
5. Nennen Sie jeweils 3 Argumente, die für bzw. gegen die Teilnahme an der EWU vorgebracht werden.
6. Beschreiben Sie die wesentlichen Organe der Europäischen Union sowie deren Aufgaben!
7. Aus welchen Quellen bezieht die Europäische Union ihre Einnahmen?
8. Inwieweit kann man von einem Finanzausgleich zwischen den Mitgliedsländern der Europäischen Union sprechen?

5.6 Literatur

Röttinger, M.; Weyringer, C. (Hrsg.): Handbuch der europäischen Integration, 2. Aufl., Köln 1996.

Weidenfeld, W.; Wessels, W. (Hrsg.): Europa von A-Z: Taschenbuch der europäischen Integration, 6. Aufl., Europa-Union, Bonn 1997.

Die Verträge selbst sind über das Presse- und Informationsamt der Bundesregierung oder über die Internetseiten der Europäischen Union erhältlich.

Kapitel 6

Raumordnung und Raumordnungspolitik

Durch die Raumordnung wird die Entwicklung größerer Bereiche (Bund und Länder) gesteuert. Die Raumordnungspolitik versucht, durch entsprechende Maßnahmen (Programme, Pläne, Fördermittel) die Ziele der Raumordnung umzusetzen.

6.1 Dimensionen der Raumgliederung

Mehrere, voneinander unabhängige Ebenen

Die räumliche Planung wird in Bund, Ländern und Gemeinden in *mehreren, voneinander unabhängigen* Ebenen erstellt und vollzogen (Abb. 6.1). Dies entspricht dem föderalen Aufbau der Bundesrepublik Deutschland.

Die konkreten, relativ kleinräumigen städtebaulichen und kommunalen Planungen sind in ein System von übergeordneten Planungen der Länder und des Bundes unter Einschluss der europäischen Planungen eingebunden. Die räumliche Planung gliedert sich grob in die überörtliche und in die örtliche Raumplanung. Von zunehmender Bedeutung ist zudem die europäische Ebene. Die örtliche Raumplanung gibt die Vorgaben für die einzelnen Bauvorhaben.

1. Europäische Raumplanung	**freiwillige Ebene nicht bindende Orientierungsrahmen**
Mitgliedstaaten des Europarates Europäische Raumordnungsministerkonferenz CEMAT/EMKRO	empfehlend
Europäische Teilräume/Europäische Union Europäisches Raumentwicklungskonzept (EUREK): grenzüberschreitende Zusammenarbeit transnationale Zusammenarbeit (INTERREG)	empfehlend
2. Staatliche und Regionale Raumplanung	**behörden-verbindlich oder empfehlend**
Bund Raumordnungsgesetz Raumordnungspolitischer Orientierungs- und Handlungsrahmen Aktionsprogramm „Modellvorhaben der Raumordnung“	 behördenverbindlich empfehlend
Land Landesraumordnungsgesetz Landesraumordnungsprogramme (z. B. von Niedersachsen)	 behördenverbindlich
Region Regionale Raumordnungsprogramme (z. B. des Landkreises)	 behördenverbindlich
3. Kommunale Raumplanung	**behörden- oder allgemeinverbindlich**
Stadt/Gemeinde Flächennutzungsplan	 behördenverbindlich
Stadt/Gemeinde oder Teilbereiche davon evtl. Entwicklungs- oder Rahmenplan	 im Allgemeinen behördenverbindlich
Teilbereiche der Stadt/Gemeinde Bebauungsplan	 allgemeinverbindlich
Umsetzung der räumlichen Planung: einzelne Bau- und Nutzungsvorhaben Entwurf, evtl. Bauantrag	**projektbezogene Entscheidung des Investors**

Abbildung 6.1: Ebenen räumlicher Planung

Beispiel:
Ein Investor möchte am Rande einer Kleinstadt eine Wohnsiedlung errichten. Für die Fläche gibt es einen Bebauungsplan mit der Festsetzung „Allgemeines Wohngebiet". Dem Vorhaben steht grundsätzlich nichts im Wege. Der Bebauungsplan wurde auf Grundlage der Darstellungen im Flächennutzungsplan erstellt, dieser wiederum entspricht den Aussagen des Regionalen Raumordnungsprogrammes des Kreises und des Landes.

6.1.1 Europäische Raumplanung

Auf *globaler Ebene* gibt es zwar Ziel- und Leitvorstellungen, es handelt sich hierbei jedoch um Fachplanungen ohne räumlichen Bezug (z. B. Agenda 21, Kap. 6.2.2). Die „höchste" Ebene der räumlichen Planung stellt die *europäische Ebene* dar.

Europäische Ebene

Die übergeordneten Planungen des europäischen Raumes sind *von zunehmender Bedeutung*. Die europäische Ebene der Raumplanung gliedert sich in die Ebene

- der Mitgliedstaaten des *Europarates* und
- der *Europäischen Teilräume* (z. B. Europäische Union).

Auf der europäischen Ebene gibt es keine explizite Raumordnungs-Kompetenz. Das heißt, es handelt sich bei den raumordnerischen Planungen um rechtlich *nicht bindende* Empfehlungen in Form von Leitlinien, die einen Orientierungsrahmen für die weiteren Planungsebenen darstellen. Es wird nicht in die jeweiligen Kompetenzen eingegriffen (Subsidiaritätsprinzip).

Nicht bindende Leitlinien

Die Leitlinien des Europarates werden dabei im Rahmen der CEMAT / EMKRO entwickelt. Für die Zielvorstellungen der Europäischen Teilräume ist wesentliches Konzept das Europäische Raumentwicklungskonzept (EUREK, für das Gebiet der Europäischen Union).

Raumplanung der Mitgliedstaaten des Europarates

Europäische Raumordnungsministerkonferenz CEMAT oder EMKRO

Dem Europarat gehören inzwischen *fast alle europäischen Staaten* an. Um die Zielsetzungen der einzelnen europäischen Teilräume abzugleichen und übergeordnete Zielsetzungen für den ganzen Kontinent festzuhalten, tagt die Europäische Raumordnungsministerkonferenz (EMKRO) schon seit 1970 in regelmäßigen Abständen. Sie wird meist mit ihrer französischen Abkürzung CEMAT (Conférence Euroéenne des Ministres responsables pour l'Aménagement du Territoire) bezeichnet.

Übergeordnete Leitlinien für die Mitgliedstaaten des Europarates

Im Jahr 2000 sind Leitlinien für den Bereich der Mitgliedstaaten definiert worden. Durch die Vielzahl der beteiligten Staaten, die hiermit einen Konsens gefunden haben, gehen die Leitlinien weniger in die Tiefe als in den nachfolgenden Ebenen.

Raumplanung in den Europäischen Teilräumen / der Europäischen Union

Teilräume innerhalb Europas

Innerhalb Europas gibt es *verschiedene Teilräume*, die grenzübergreifende Planungen hervorbringen. Übergeordneter Teilraum für unseren Bereich ist die *Europäische Union*, die verschiedene kleinere Teilräume wie den Nordsee- und den Donauraum beinhaltet.

Nach dem Treffen der Minister für Raumordnung und Regionalpolitik 1989 sind die Aktivitäten zu Aspekten der Raumordnung mit einer kontinuierlichen Zusammenarbeit der Mitgliedstaaten der Europäischen Union und der Europäischen Kommission gestiegen. Die Europäische Kommission hat seither verschiedene Initiativen eingeleitet. Nach mehrjähriger Zusammenarbeit wurde 1999 das Europäische Raumentwicklungskonzept (EUREK) verabschiedet.

Europäisches Raumentwicklungskonzept (EUREK, 1999)

Ziel- u. Leitvorstellungen für das Territorium der EU

Mit dem EUREK verständigen sich die Mitgliedstaaten und die Europäische Kommission auf *gemeinsame räumliche Ziele bzw. Leitbilder* für die zukünftige Entwicklung des *Territoriums der Europäischen Union* (Abb. 6.2) . Dies wird vom Europäischen Parlament, dem Ausschuss der Regionen sowie dem Wirtschafts- und Sozialausschuss unterstützt.

Das EUREK ist *kein rechtlich bindendes Dokument*, sondern ein politischer Rahmen für eine bessere Zusammenarbeit. Mit seinen Ziel- und Leitvorstellungen stellt das EUREK einen allgemeinen Bezugsrahmen für raumbedeutsame Maßnahmen öffentlicher und privater Entscheidungsträger dar. Darüber hinaus soll es ein positives Signal für eine breite öffentliche Beteiligung an der politischen Debatte über die Entscheidungsfindungen auf europäischer Ebene und deren Auswirkungen auf Städte und Regionen in der EU aussenden.

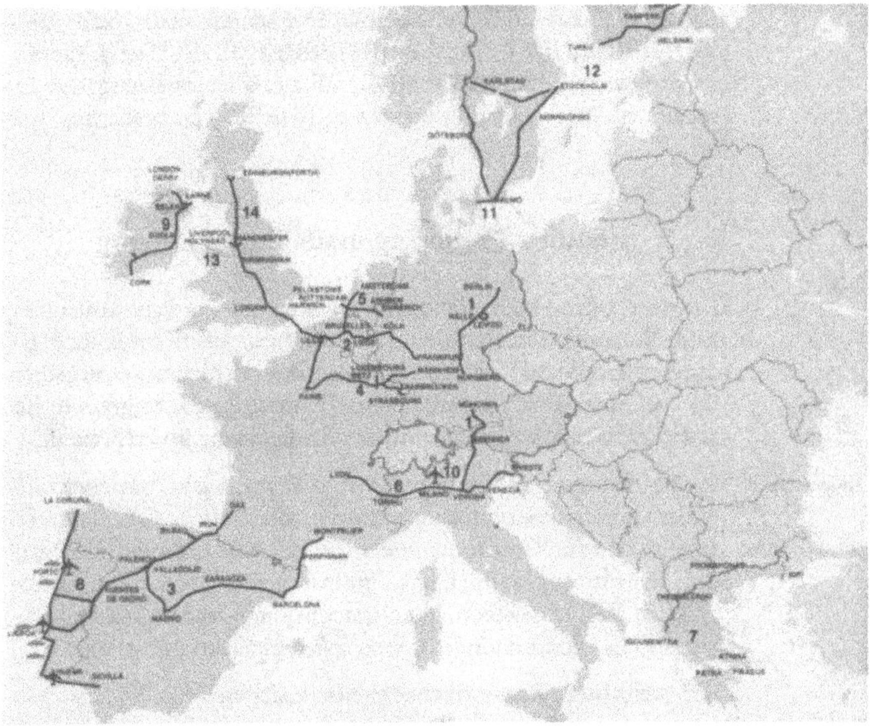

Abbildung 6.2: Karte aus dem Europäischen Raumentwicklungskonzept (EUREK 1999). Die 14 vorrangigen Projekte der transeuropäischen Verkehrsnetze.

Bei der Umsetzung des EUREK kommt vor allem

- der *grenzüberschreitenden Zusammenarbeit* und
- der *transnationalen Zusammenarbeit*

eine besondere Bedeutung zu.

Grenzüberschreitende Zusammenarbeit

Grenzüberschreitende Zusammenarbeit: Eine Reihe von Grenzregionen vollziehen die Zusammenarbeit im Rahmen von sog. *Euregios* oder *Euroregionen.* Die Euroregionen spielen eine wichtige Rolle im Programm- und Projektmanagement der Gemeinschaftsinitiative INTERREG.

Transnationale Zusammenarbeit

Transnationale Zusammenarbeit (Gemeinschaftsinitiative INTERREG): Mit der *Gemeinschaftsinitiative INTERREG* hat die Europäische Kommission 1996 ein Förderprogramm aufgelegt, durch welches die raumordnerische Zusammenarbeit der Mitgliedstaaten und -regionen der Europäischen Union in größeren Kooperationsräumen initiiert und unterstützt wird. Es gibt hierbei inhaltlich und zeitlich aufeinander aufbauende Programmperioden (z. B. 1997-99 INTERREG II C, 2000-06 INTERREG III B). Durch die Gemeinschaftsinitiative INTERREG soll die Zielumsetzung des Europäischen Raumordnungskonzeptes EUREK vorangetrieben werden.

6.1.2 Staatliche und Regionale Raumplanung

Die überörtliche Raumplanung beschäftigt sich in enger Anlehnung an die Volkswirtschaftslehre mit *Planungsaufgaben*, die in ihrer Bedeutung, Größe und Eigenart einerseits das internationale Aufgabenfeld auf einen Raum innerhalb des Bundesgebietes eingrenzen und andererseits das Aufgabengebiet der Stadtplanung überschreiten.

Gesamtstaatliche und regionale Strukturpolitik

Im Rahmen einer *gesamtstaatlichen und regionalen Strukturpolitik* werden durch die Raumplanung sowohl *überörtliche Fachplanungen* als auch *überfachliche Raumplanungen* mit- und untereinander (nach dem Gegenstromprinzip, d.h. Koordination in beide Richtungen) koordiniert. Mit der überörtlichen Raumplanung werden sektorale, regionale oder konjunkturelle Investitionen gesteuert und gelenkt.

Die überörtliche Raumordnung unterteilt sich in

- die Raumordnung des Bundes,
- die Raumordnung des Landes (Landesplanung) und
- die Raumordnung der Region (Regionalplanung).

Raumordnung des Bundes

Grundsätze für den Gesamtraum der Bundesrepublik

Mit der Raumordnung des Bundes werden die *Grundsätze*, nach denen der *Gesamtraum der Bundesrepublik zu entwickeln* ist, festgelegt.

Diese Grundsätze sind festgehalten im

- Raumordnungsgesetz,
- Raumordnerischen Orientierungs- und Handlungsrahmen und im
- Aktionsprogramm Modellvorhaben der Raumordnung.

Föderalistisches Prinzip

In Deutschland wird die *föderalistische und fachliche Zusammenarbeit* verfolgt. Statt einer hierarchisch–zentralistischen Entscheidungskompetenz sind daher bestimmte Koordinationsprozesse zwischen allen räumlich Planenden und Handelnden gesetzlich vorgeschrieben. Eine große Bedeutung spielt dabei die frühzeitige Zusammenarbeit des Bundes mit den Ländern und mit den raumwirksamen Fachpolitiken.

Informelle Leitbilder

Auf Bundesebene wird darum auf einen verbindlichen Raumordnungsplan für das Bundesgebiet verzichtet. Stattdessen werden informelle Leitbilder gegeben, die bereits in Zusammenarbeit mit den Ländern erstellt werden (z. B. der Raumordnungspolitische Orientierungsrahmen).

Raumordnungsgesetz (ROG)

Rahmenrechtliche Vorgaben

Das Raumordnungsgesetz enthält nur *rahmenrechtliche Vorgaben*, die z. B. die Leitvorstellung der nachhaltigen Raumordnung und Grundsätze der Raumordnung betreffen.

Informationssysteme

Informationssysteme

Zur räumlichen Entwicklung im Bundesgebiet werden Informationssysteme geführt und in regelmäßigen Abständen Berichte erstattet.

Die *Raumordnungsberichte* umfassen Aussagen über die bei der räumlichen Entwicklung des Bundesgebietes zugrunde zu legenden Tatsachen, die im Rahmen der angestrebten räumlichen Entwicklung durchgeführten und beabsichtigten raumbedeutsamen Planungen und Maßnahmen und deren räumliche Verteilung sowie die Auswirkungen der Politik der Europäischen Union auf die räumliche Entwicklung des Bundesgebietes (Abb. 6.3).

Raumordnungspolitischer Orientierungsrahmen

Orientierungsrahmen zur Zielumsetzung

Der Raumordnungspolitische Orientierungsrahmen (ROPOR/ORA 1992) ist die *1. Stufe zur Umsetzung* der im Raumordnungsgesetz (ROG) genannten Zielsetzungen. Er ist vom Bundesministerium für Raumordnung, Bauwesen und Städtebau unter Mitwirkung der Länder erarbeitet worden und stellt Perspektiven, Leitbilder und Strategien für die räumliche Entwicklung des Bundesgebietes unter Einschluss der europäischen Bezüge dar.

Neben den *textlichen Aussagen* gibt es *thematische Karten*, die relativ abstrakt und großmaßstäblich gehalten sind. Im Textteil sind Aussagen zu den 5 Leitbildern Siedlungsstruktur, Umwelt- und Raumnutzung, Verkehr und Europa sowie Ordnung und Entwicklung gemacht.

Die Leitbilder stellen Grundmuster und Prinzipien für eine angestreb-

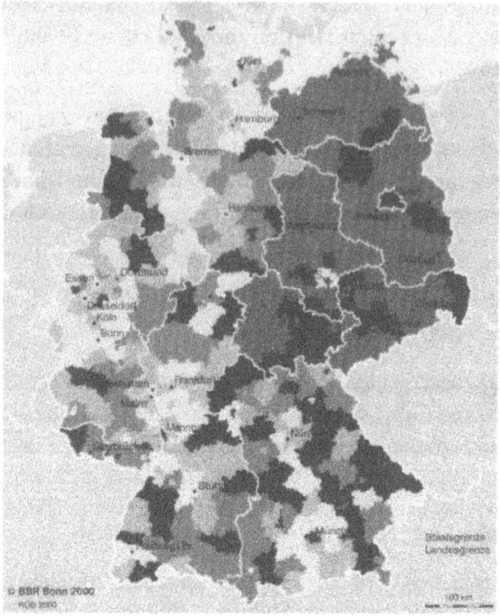

Abbildung 6.3: Karte aus dem Raumordnungsbericht 2000. Entwicklung der Wohnfläche je Einwohner 1994–98 in % (dunkel: höhere Wohnflächenentwicklung)

te Raumstruktur dar. Die konkretere räumliche Umsetzung wird in den folgenden Planungsebenen konzeptioniert. Der ROPOR ist als *Programm der politischen Zielsetzung* zu verstehen, das den Konsens aller Beteiligten widerspiegelt. Er *ist nicht bindend*, sondern dient als Orientierungsgrundlage für die räumlichen Planungen in Bund und Ländern. Der Kartenteil dient der bildhaften Veranschaulichung.

Raumordnungspolitischer Handlungsrahmen

Auf der Grundlage des Raumordnungspolitischen Orientierungsrahmens wurde 1995 mit dem Raumordnungspolitischen Handlungsrahmen eine Konkretisierung von handlungsorientierten Maßnahmen erarbeitet. Dieser ist von der Ministerkonferenz für Raumordnung (MKRO) als *mittelfristiges Arbeits- und Aktionsprogramm der Raumordnung von Bund und Ländern* beschlossen. Betont wird vor allem das Ziel prozess- und handlungsorientierter Planungen.

Arbeits- und Aktionsprogramm

Inhaltlich werden 10 Schwerpunkte in 4 Themenbereichen behandelt, die im Mittelpunkt der Raumordnung stehen sollen. Die wichtigsten neuen Instrumente und Handlungsansätze betreffen dabei

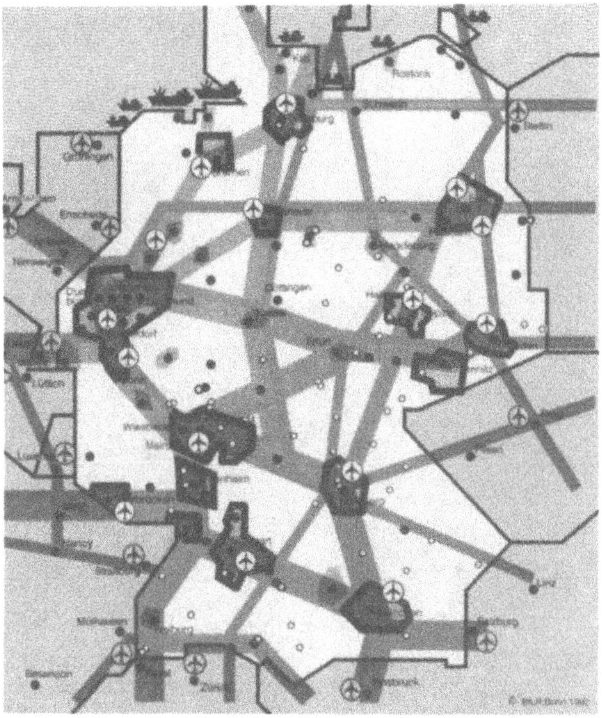

Abbildung 6.4: Karte aus dem Raumordnungspolitischen Orientierungsrahmen (ROPOR 1992). Leitbild Verkehr.

- regionale Entwicklungskonzepte / Raumordnungskonferenzen,
- strukturschwache ländliche Räume,
- Städtenetze,
- Siedlungserweiterung und Ressourcenschutz in den großen Verdichtungsräumen und ihrem Umland,
- nachhaltige Sicherung und Entwicklung der natürlichen Lebensgrundlagen sowie
- Entlastung verkehrlich hochbelasteter Räume vom Kraftfahrzeugverkehr.

Der Raumordnungspolitische Handlungsrahmen ist überwiegend *in Textform* dargestellt. Einige wenige Karten dienen der Veranschaulichung (Abb. 6.4).

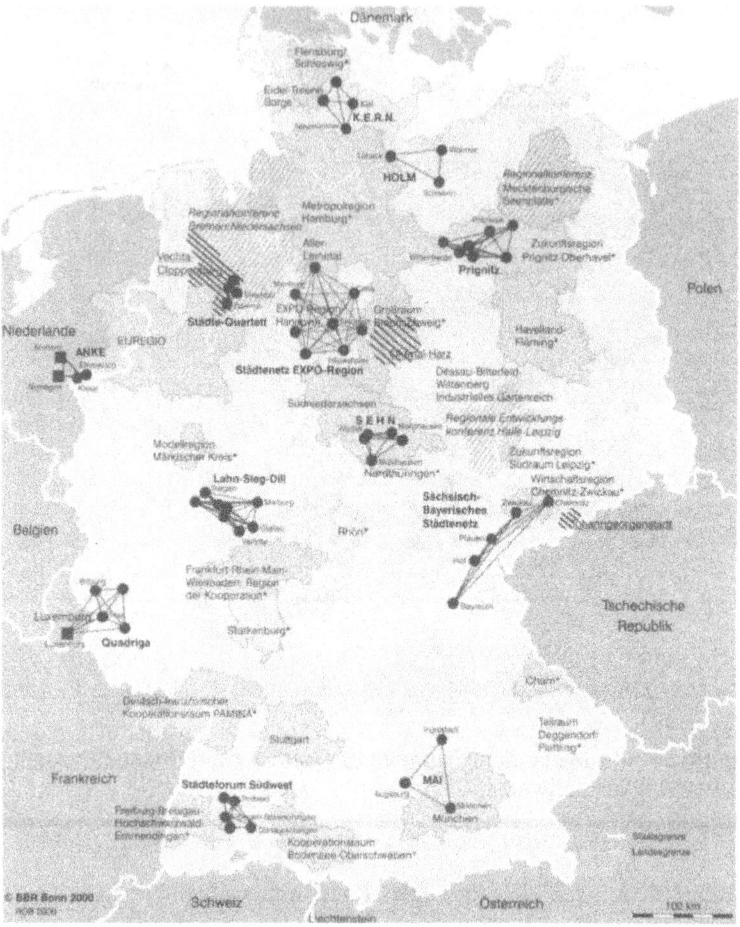

Abbildung 6.5: Karte aus dem Bundesprogramm „Modellvorhaben der Raumordnung".

Quelle: Raumordnungsbericht 2000

Aktionsprogramm „Modellvorhaben der Raumordnung" (MORO)

Aktionsprogramme für Teilräume des Bundesgebietes

Mit Modellvorhaben der Raumordnung werden zurzeit neue raumordnungspolitische Handlungsansätze in Teilräumen des Bundesgebietes erprobt (Abb. 6.5). Handlungsansätze sind z. B. Regionalkonferenzen, Regionale Sanierungs- und Entwicklungsgebiete, Städtenetze und der Wettbewerb „Regionen der Zukunft".

Durch eine aktions- und projektorientierte Raumordnungspolitik soll eine zukunftsfähige Entwicklung aller Teilräume gefördert werden. Die Bundesraumordnung nimmt hierbei eine aktive, gestaltende, moderierende Rolle ein.

Raumordnung in den (Bundes-)Ländern

Die Raumordnung in den Bundesländern ist 2-stufig.

Landes- und Regionalplanung

- Landesplanung: räumliche Entwicklung eines ganzen Bundeslandes
- Regionalplanung: Entwicklung von Teilräumen eines Bundeslandes

Landesraumordnungsgesetz

Die Länder erstellen auf der Grundlage ihrer jeweiligen *Landesraumordnungsgesetze (LROG)* die Landesraumordnungspläne. Die Landkreise erstellen regionale Raumordnungspläne.

Raumordnungsverfahren

Daneben ist das *Raumordnungsverfahren* als zusätzliche und von den beiden Stufen unabhängige Ebene zu nennen (§ 15 ROG). Es handelt sich hierbei um ein besonderes Verfahren zur Abstimmung raumbedeutsamer Planungen und Maßnahmen untereinander. In diesem Verfahren werden die raumbedeutsamen Auswirkungen von Standort- und Trassenalternativen geprüft.

Beispiel:
Ein Investor möchte auf einer Fläche am Rande einer Gemeinde ein Großeinkaufszentrum mit 5.000 m^2 Verkaufsfläche eröffnen. Die Gemeinde hat 8.000 Einwohner und die Funktion eines Grundzentrums. Die Versorgung mit Gütern des täglichen Bedarfs wird durch einige kleine Lebensmittelgeschäfte bereits gedeckt. In den angrenzenden Gemeinden gibt es ebenfalls verschiedene Einzelhandelsgeschäfte. Es wird nun geprüft, welche Auswirkungen ein solches Einkaufszentrum für die Region hätte und ob dies mit den Zielen der Raumordnung vereinbar ist.

Landesplanung: Landesraumordnungsprogramm

Landesraumordnungsplan

Die Länder konkretisieren auf den Grundlagen der Raumordnung des Bundes die Ziele und Leitvorstellungen in Form von Raumordnungsplänen für ihr Gebiet. Die *Landesraumordnungspläne* (LROP) werden für einen mittelfristigen Zeitraum von etwa 10 Jahren erstellt. Für die Länder besteht die *Pflicht zur Aufstellung* eines solchen zusammenfassenden und übergeordneten Planes für das gesamte Landesgebiet. Die Raumordnungspläne benachbarter Länder müssen miteinander abgestimmt werden.

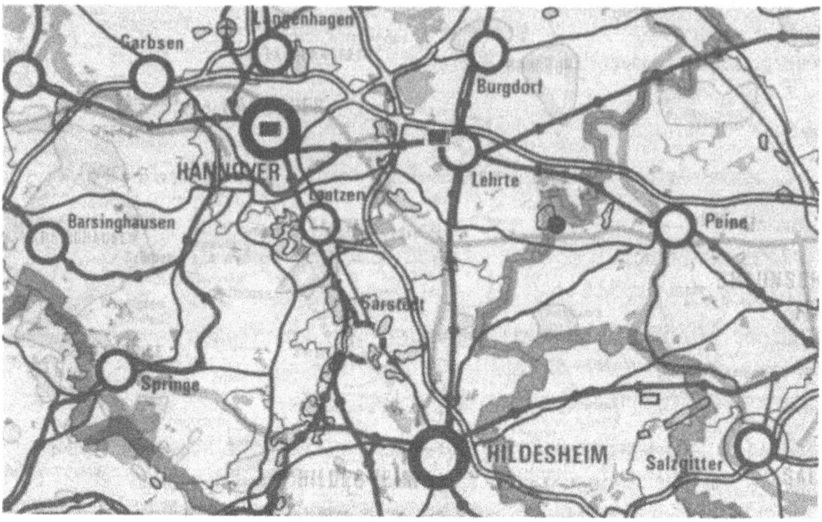

Abbildung 6.6: Ausschnitt aus dem Niedersächsischen Raumordnungsprogramm (LROP Niedersachsen 1994). Dargestellt sind hier z. B. Oberzentren (Hannover und Hildesheim) und Mittelzentren sowie Vorranggebiete für die Trinkwassergewinnung und für die Natur und Landschaft. Außerdem sind die Hauptverkehrsstraßen dargestellt.

Raumstrukturelle Aspekte In den LROP werden folgende raumstrukturelle Aspekte festgelegt (Abb. 6.6):

- Die anzustrebende Siedlungsstruktur in Form von Raumkategorien (z. B. Ordnungsraum und ländlicher Raum), Zentralen Orten (Ober-, Mittel- und Grundzentren) und besonderen Gemeindefunktionen wie Entwicklungsschwerpunkte (z. B. Industrie), Entlastungsorte, Siedlungsentwicklungen und Achsen.
- Die anzustrebende Freiraumstruktur (großräumig übergreifender Freiraumschutz wie z. B. Nationalparks, spezielle Nutzungen im Freiraum wie Bodenabbaustandorte, Sanierung und Entwicklung von Raumfunktionen).
- Zu sichernde Standorte und Trassen für Infrastrukturen (z. B. Flughäfen).

Raumansprüche Es werden die *Raumansprüche* aus raumbedeutsamen Planungen und Maßnahmen koordiniert und gesichert. Dies betrifft u. a. Raumansprüche

- des Verkehrsrechts, des Wasser- und Immissionsschutzrechts,

- des Naturschutzrechts (Landschaftsprogramme, Landschaftsrahmenpläne),
- des Waldrechts (forstwirtschaftliche Rahmenpläne) und
- des Abfallrechts (Abfallwirtschaftspläne).

Im Landesraumordnungsplan besteht die Möglichkeit der Unterteilung von Gebieten.

- *Vorranggebiete*: Gebiete, die für eine bestimmte Funktion oder Nutzung vorgesehen werden und andere Nutzungen ausschließen, wenn sie nicht damit vereinbar sind. Voranggebiete können z. B. Nationalparks oder Trinkwassergewinnungsgebiete sein.
- *Vorbehaltsgebiete*: Gebiete, in denen bestimmte Funktionen oder Nutzungen besonderes Gewicht bei der Abwägung beigemessen werden soll.
- *Eignungsgebiete*: Gebiete für Maßnahmen im Außenbereich (Bereich außerhalb der geschlossenen Ortschaft), die sich nur an dieser Stelle eignen und an anderer Stelle ausgeschlossen sind (z. B. Gebiete für Windkraftanlagen wegen bestimmter Abstandsregelungen)

Die Landesraumordnungspläne (bzw. -programme) sind in Form von *Karten und Texten* dargestellt.

Regionalplanung: Regionales Raumordnungsprogramm

Die regionalen Planungen und Planungsinstrumente sind in ihrer Bezeichnung in den einzelnen Bundesländern unterschiedlich. Meist sind die Regionen durch politisch-administrative Grenzen (Regierungsbezirke, Landesgrenzen, Bundesgrenzen) bestimmt, jedoch nicht zwingend. Seit 1982 verwendet die Bundesraumordnung sog. *Raumordnungsregionen*, die als Beobachtungsräume *aus Kreisen zusammengesetzt* sind und meist leistungsfähige Oberzentren als Arbeitsmarkt- und Versorgungszentren aufweisen. Es gibt aber auch Regionen, die politische Grenzen überschreiten.

Regionaler Raumordnungsplan

Die Planung wird in einem *Regionalplan mit Karten und Texten* dargestellt (Abb. 6.7). Der Regionalplan entwickelt aus den Zielsetzungen der Landesplanung die konkreten *Vorgaben für die kommunale Planung*. Seit 1998 kann von den Ländern für verdichtete oder verflechtete Räume auch ein *Regionaler Flächennutzungsplan* aufgestellt werden, der gleichzeitig Regional- und Flächennutzungsplan ist.

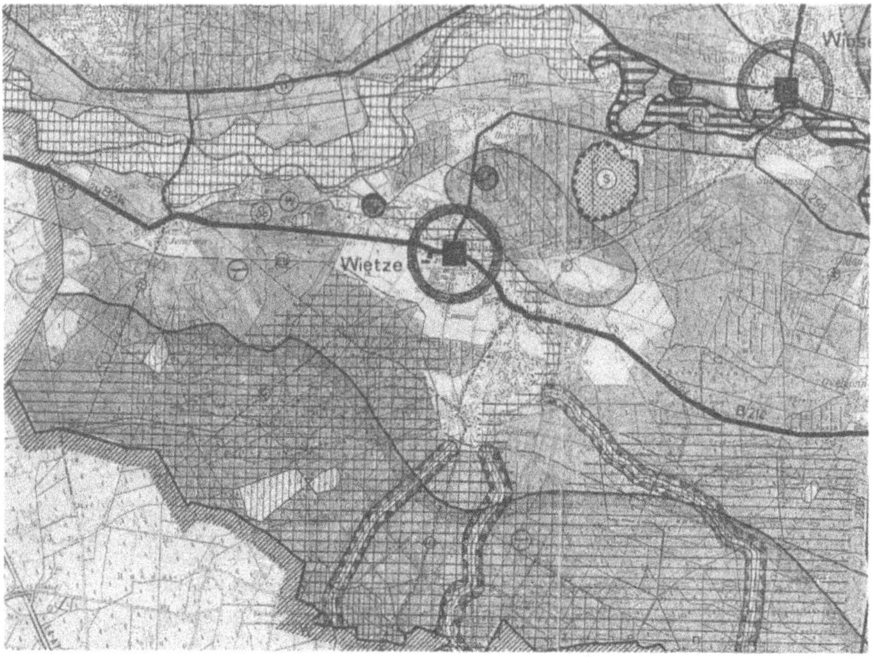

Abbildung 6.7: Ausschnitt aus dem Regionalen Raumordnungsprogramm des Landkreises Celle (RROP Celle 1993). Dargestellt sind z. B. Wietze und Winsen als Grundzentren, Gebiete mit besonderer Bedeutung für Natur und Landschaft, für die Land- und Forstwirtschaft, Vorranggebiete für die Wassergewinnung usw.

Die Regionalplanung definiert in Abstimmung mit den Städten und Gemeinden das System der Zentralen Orte und deren Einzugsbereiche und trifft Vorsorge für die Verkehrsstruktur, die Freiräume, die Ver- und Entsorgung, die Land- und Forstwirtschaft sowie die Arbeitsplätze.

6.1.3 Kommunale Raumplanung

Bauleitpläne für Städte und Gemeinden

Die Städte und Gemeinden sind verpflichtet, *Bauleitpläne* aufzustellen, um ihr Gebiet städtebaulich zu entwickeln und zu ordnen. Für die Aufstellung von Bauleitplänen gibt es gesetzlich vorgegebene Verfahrensabläufe, bei denen die Bürger und die Träger öffentlicher Belange (Verwaltungen und Verbände, deren Interessen berührt werden könnten) beteiligt werden. Bauleitpläne sind

- der Flächennutzungsplan und

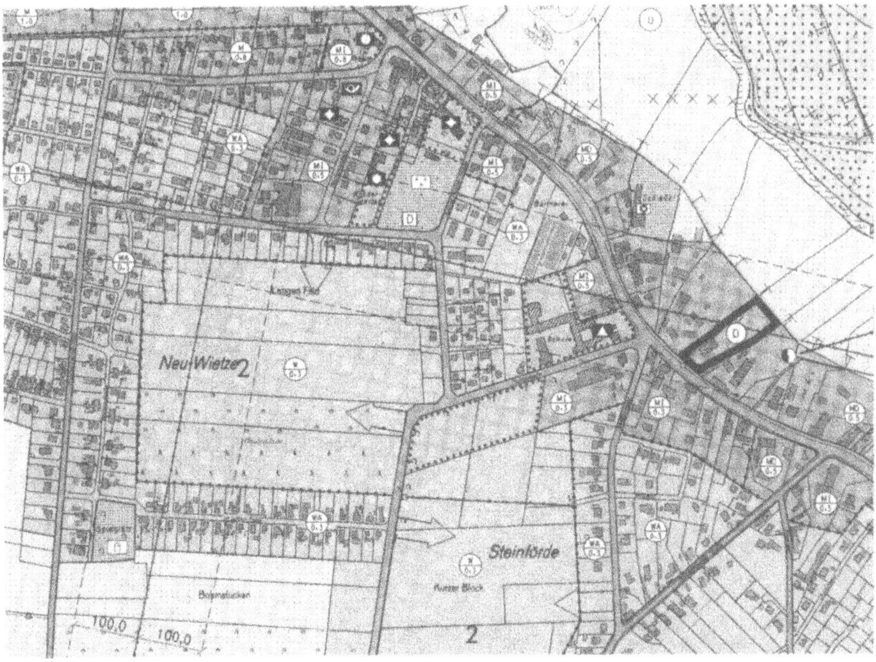

Abbildung 6.8: Ausschnitt aus dem Flächennutzungsplan der Gemeinde Wietze. Im Plan sind z. B. Art und Maß der zukünftigen baulichen Nutzung dargestellt.

- der Bebauungsplan.

Entwicklungspläne

Viele Städte und Gemeinden stellen zusätzlich Entwicklungspläne für ihr Gesamtgebiet oder für Teil- und Themenbereiche auf. Inhalt, Darstellung und Verfahren von Entwicklungsplänen sind flexibel handhabbar.

Stadt- oder Gemeindegebiet: Der Flächennutzungsplan

Bodennutzung des gesamten Gemeindegebietes

Im Flächennutzungsplan (F-Plan, Abb. 6.8) ist *für das ganze Gemeindegebiet* die sich aus der beabsichtigten städtebaulichen Entwicklung ergebende Art der *Bodennutzung* nach den voraussehbaren Bedürfnissen der Gemeinde in den Grundzügen darzustellen. Der Plan ist nicht parzellenscharf. Dem *Plan* ist ein schriftlicher *Erläuterungsbericht* beizufügen. Die Darstellungen des Flächennutzungsplanes sind *behördenverbindlich.* Hieraus werden z. B. die Bebauungspläne entwickelt.

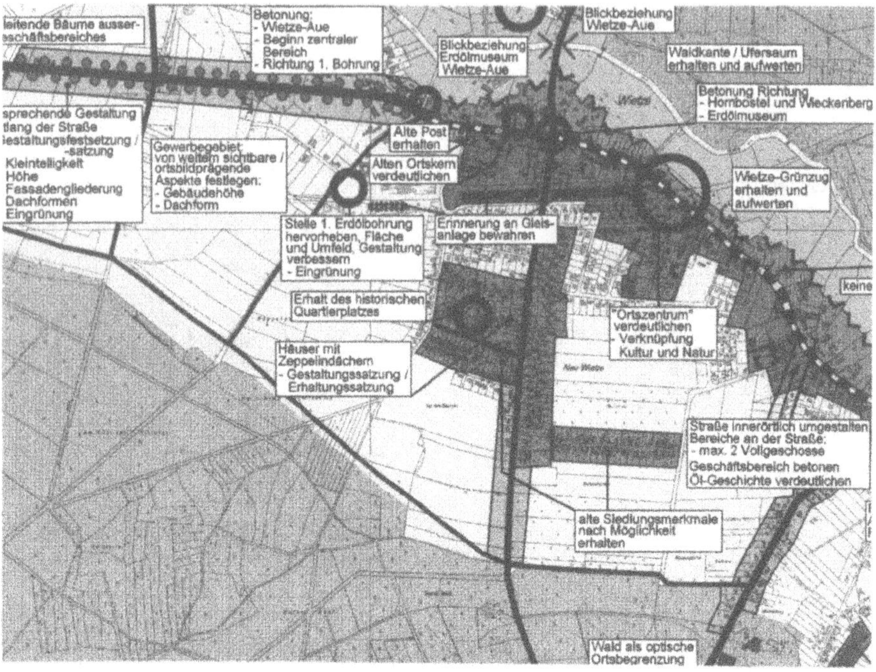

Abbildung 6.9: Ausschnitt aus dem Gemeindeentwicklungsplan Wietze, Thema Gestaltstruktur

Gesellschaft für Infrastrukturplanung mbH, InfraPlan Celle

Stadt/Gemeinde oder deren Teilbereiche: Der Entwicklungs- oder Rahmenplan

Flexible Planungsebene

Da der Flächennutzungsplan recht allgemein gehalten ist und nur die Bodenordnung regelt, der Bebauungsplan aber sehr kleinteilig ist und sich auf Einzelgebiete beschränkt, bietet sich neben diesen beiden Planungsebenen eine mittlere und *flexiblere Planungsebene* an.

Entwicklungsplan

Themenschwerpunkte

Im Entwicklungs-, Struktur- oder Rahmenplan (Abb. 6.9) werden analytische Aussagen durch Zielsetzungen, Konzepte und Maßnahmen für räumlich zusammenhängende Bereiche übersetzt, die die *zukünftige Entwicklungsmöglichkeit der Gemeinde* aufzeigen, ggf. auch in Alternativen und Stufenplänen. Es werden hierzu alle wesentlichen Aspekte der Gemeindeentwicklung (z.B. die Sozial-, Nutzungs-, Verkehrs-, Grün- und Freiraum- sowie Gestaltstruktur) in *Themenschwerpunkten* analysiert und daraus Zielsetzungen abgeleitet.

Thematische Aussagen lassen sich umfassend veranschaulichen.

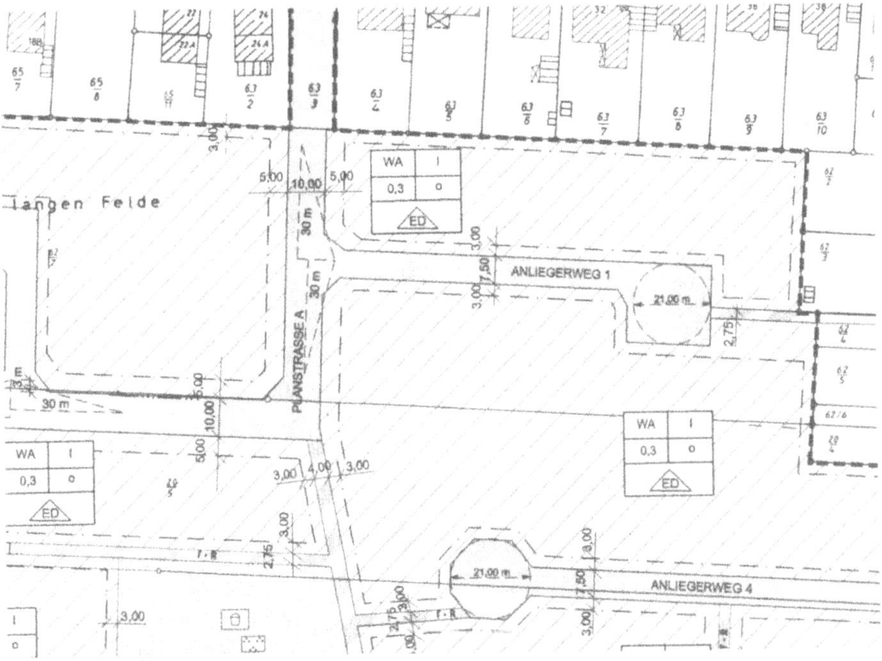

Abbildung 6.10: Bebauungsplanausschnitt für ein geplantes Wohngebiet in der Gemeinde Wietze. Festgesetzt sind z. B. die Verkehrsfläche, Art und Maß der baulichen Nutzung sowie die überbaubaren Flächen

Gesellschaft für Infrastrukturplanung mbH, InfraPlan Celle

Form und Inhalt sind *frei gestaltbar*, und eine bewusst fehlende rechtliche Bindung erlaubt eine verfahrensunabhängige Anpassung an sich verändernde Gegebenheiten und Ziele.

Im Allgemeinen wird der Entwicklungs- oder Rahmenplan von der Gemeinde als *selbstbindend* beschlossen und bildet damit die Grundlage für alle weiteren Planungen.

Teilbereiche der Stadt/Gemeinde: Der Bebauungsplan

Der Bebauungsplan (B-Plan, Abb. 6.10) enthält die rechtsverbindlichen Festsetzungen für die städtebauliche Ordnung. Er bildet die Grundlage für weitere, zum Vollzug des Baugesetzbuches erforderliche Maßnahmen.

Der Bebauungsplan wird aus den großflächigen Darstellungen des Flächennutzungsplanes für Teilgebiete entwickelt und enthält detail-

Rechtsverbindliche Festsetzungen für Teilgebiete der Gemeinde

lierte Festsetzungen (*zeichnerische und textliche Festsetzungen*). Im Gegensatz zum Flächennutzungsplan sind die Festsetzungen parzellenscharf. Zum Bebauungsplan gibt es eine schriftliche *Begründung*. Der Bebauungsplan wird von der Gemeinde *als Satzung beschlossen*. Die Festsetzungen des Bebauungsplanes sind *allgemeingültig*, sie gelten für jede Person.

6.1.4 Umsetzung räumlicher Planung

Einzelne Bauvorhaben

Die Planung *einzelner Bauvorhaben* hängt von den Investitionsplänen der Bauherren ab. Bauherren können Behörden, Investoren oder Privatpersonen sein. Sie alle haben sich an die Vorgaben des Bebauungsplanes und der Landesbauordnung zu halten.

6.2 Rechtfertigung staatlicher Eingriffe in die Raumgliederung

Steuerung räumlicher Entwicklung

Die Steuerung der räumlichen Entwicklung ist für einen funktionierenden Staat unerlässlich. Nur mit übergeordneten Planungen und Eingriffen können weitestgehend *optimale gesellschaftliche, wirtschaftliche und ökologische Verhältnisse oder Entwicklungsmöglichkeiten* gesichert werden. Durch die freie Marktwirtschaft allein ist eine übergeordnete Umsetzung, die verschiedene Interessenbereiche auch für einen mittel- bis langfristigen Zeitraum berücksichtigt, nicht gewährleistet.

Beispiel:
Der Bau einer Autobahn könnte über weite Strecken nicht optimal verwirklicht werden, auch wenn er zur Mobilität und zum Gütertransport für eine funktionierende Marktwirtschaft erforderlich wäre. Einzelne Grundstückseigentümer würden ihre Flächen nicht zur Verfügung stellen. Bei einem Autobahnbau hingegen würden ohne staatliche Vorgaben naturräumliche Belange vernachlässigt werden.

Da es bei großräumigen Planungen stets verschiedene (öffentliche und private) Interessen gibt, sind diese von einer „objektiven" Stelle untereinander abzuwägen. Grundlage hierfür sind komplexe, übergeordnete Analysen und Zielsetzungen.

Um eine weitreichend gute Gesamtentwicklung des Bundes und der Regionen zu erzielen, werden durch Raumordnung und Raumordnungspolitik

- die Interessengegensätze für einen räumlichen Bereich abgewogen und nach dem besten *Kompromiss* gesucht,
- räumliche Gesamtplanungen mit *Querschnittsbezügen* erstellt und
- die Verhältnisse von großräumigen und kleinräumigen Planungsebenen durch das *Gegenstromprinzip* geregelt. Die Entwicklung, Ordnung und Sicherung der Teilräume soll sich dabei in die Gegebenheiten und Erfordernisse des Gesamtraumes *einfügen*. Umgekehrt soll die Entwicklung, Ordnung und Sicherung des Gesamtraumes die Gegebenheiten und Erfordernisse seiner Teilräume *berücksichtigen*.

6.2.1 Rechtliche Grundlagen

Grundsätzlich kann jeder einzelne Eigentümer sein Grundstück bebauen und nutzen, wie er will, es sei denn, es stehen Gesetze oder Rechte Dritter entgegen (Art. 14 GG, § 903 BGB).

Dieses Recht auf *Baufreiheit* wird durch *Sozialbindungen* eingeschränkt. Hierzu gehört zum einen **Baufreiheit und Sozialbindungen**

- das Allgemeininteresse an einer geordneten *städtebaulichen Entwicklung* (Bauplanungsrecht) und
- die *gefahrlose Bauausführung* (Bauordnungsrecht).

Zum anderen wird die Baufreiheit eingeschränkt durch

- andere *Einzelinteressen benachbarter Grundstückseigentümer*.

Neben den räumlichen Ebenen (Kapitel 6.1) gibt es daher inhaltlichrechtliche Ebenen, die sich entsprechend der räumlichen Ebenen vom Übergeordneten bis ins Detail gehend konkretisieren: **Rechtliche Ebenen**

- Raumordnungsrecht
- Städtebaurecht
- Bauordnungsrecht

Raumordnungsrecht

Die Raumordnungskompetenz des Staates ergibt sich in Deutschland aus dem Grundgesetz. Durch Art. 75 hat der Bund das Recht, die Raumordnung zu regeln.

Sonderrecht zur überörtlichen Ordnung

Bei dem Raumordnungsrecht handelt es sich um ein *Sonderrecht zur überörtlichen* strukturellen *Ordnung in Bund, Land und Region* (Landkreis). Die Gesetzgebung liegt hierbei in der Bundeskompetenz für Rahmenvorschriften (Bundesraumordnungsgesetz ROG) und in der Vollkompetenz bei den Ländern im Rahmen der Bundesvorgaben (Raumordnungsgesetze der Länder). Für öffentliche Stellen hat die Raumordnung unmittelbare Geltung (Selbstbindung): Die Landesraumordnungspläne werden als Gesetz, die Regionalen Raumordnungspläne als Satzung beschlossen. Für einzelne Personen haben sie keine Rechtswirkung.

Städtebaurecht

Bodenrecht zur Ordnung der Gemeinde

Bei dem Städtebaurecht handelt es sich um ein *Bodenrecht* zur Ordnung und Nutzung des Bodens für *Gemeinden* oder deren Teilgebiete. Die Gesetzgebung unterliegt der konkurrierenden Vollkompetenz des Bundes (Baugesetzbuch BauGB). Flächennutzungs- und Bebauungspläne sind nach den Vorgaben des Städtebaurechtes von den Gemeinden aufzustellen.

Beispiel:
Ein neues Wohngebiet soll ausgewiesen werden. Hierzu muss von der Gemeinde ein Bebauungsplan aufgestellt werden. Das Verfahren der Aufstellung ist nach BauGB vorgeschrieben. Ebenso ist im BauGB festgelegt, was im Bebauungsplan festgesetzt werden kann (z.B. Art und Maß der Nutzung, überbaubare Grundstücksflächen und Verkehrsflächen).

Bauordnungsrecht

Ordnungsrecht zur Umsetzung baulicher Anlagen

Bei dem Bauordnungsrecht handelt es sich um ein *Ordnungsrecht* zur Gefahrenabwehr, Sicherheit, Ordnung und Gestaltung *für bauliche Anlagen*. Die Gesetzgebung unterliegt der Vollkompetenz der Länder (Bauordnungen der Länder, LBauO, z. B. „Niedersächsische Bauordnung“, NBauO). Dieses Recht gilt für jede Person. Das Bauordnungsrecht regelt die *Umsetzung* baulicher Anlagen.

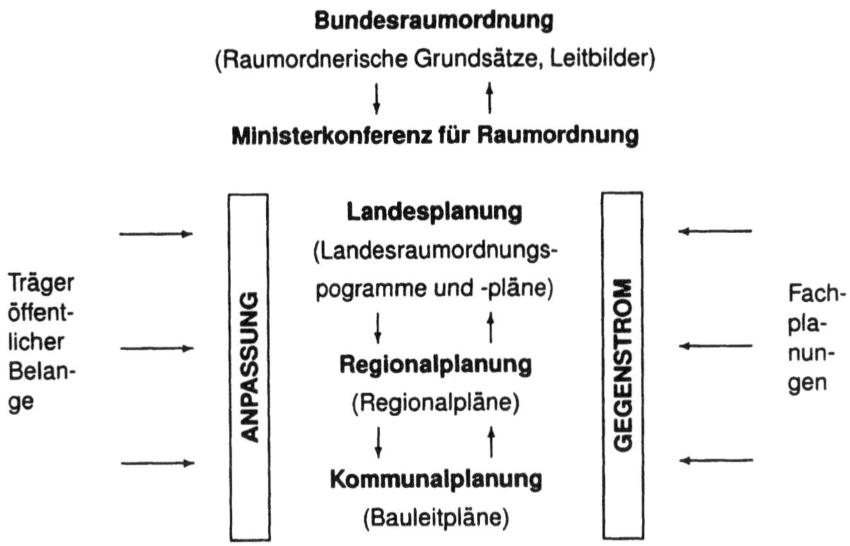

Abbildung 6.11: Räumliches Planungssystem

Beispiel:
Eine Familie möchte in dem neu ausgewiesenen Wohngebiet ein Haus bauen. Es sind hierbei neben den Vorgaben des Bebauungsplanes und eventuell anderen Satzungen der Gemeinde die Vorgaben der Landesbauordnung einzuhalten. So müssen z. B. bestimmte Abstände zwischen einzelnen Gebäuden und zur Grundstücksgrenze als Sicherung von gesunden Wohnverhältnissen sowie feuerpolizeilicher Anforderungen eingehalten werden.

6.2.2 Aufgaben und Leitvorstellungen der Raumordnung

Koordination

Die Aufgabe der Raumordnung ist durch vielfältige *Koordinationsprozesse* zwischen den unterschiedlichen räumlichen Planungsebenen von Bund, Ländern und Gemeinden (vertikale Koordination) und den verschiedenen raumwirksamen Fachplanungen (horizontale Koordination) geprägt (Abb. 6.11).

Räumliche und fachliche Ebenen

Die räumlichen Ebenen der Raumgliederung wurden in Kapitel 6.1 beschrieben. Zu den raumwirksamen Fachplanungen zählen insbesondere die Planungen der Finanzausgleichspolitik, der großräumigen Verkehrspolitik und der regionalen Wirtschaftspolitik, da sie einen unmittelbaren Einfluss auf die Entwicklung in den Teilräumen Deutschlands haben.

Aber auch andere Fachpolitiken wie die Arbeitsmarktpolitik, die Forschungs- und Entwicklungspolitik, die Stadtentwicklungspolitik, die Wohnungspolitik, die Agrarpolitik und die Umweltpolitik haben raumwirksamen Charakter.

Bündelung der Investitionen

Ziel der Raumordnung ist es, die verschiedenen *Interessengegensätze* und konkurrierenden Ziele durch entsprechende Koordinationen *auszugleichen* und gemeinsame übergeordnete *Ziele* zu *formulieren* und *durchzusetzen*. Im Hinblick auf eine regionale und gesamtstaatliche Strukturpolitik wird durch die Raumplanung für eine *Bündelung der Fachplanungen und der öffentlichen Investitionen* gesorgt.

Die Ziele werden mit Rücksicht auf die Bedürfnisse und Interessen der Bevölkerung, der Ressourcen und deren Verfügbarkeit und unter Beachtung des Grundgesetzes aufgestellt.

Zielsetzungen Globaler Planung

Agenda 21

Als weltweites Aktionsprogramm ist die *Agenda 21* zu nennen. Sie wurde 1992 auf dem Umweltgipfel in Rio von mehr als 170 Staaten verabschiedet (darunter auch Deutschland). Ziel ist, durch eine Vereinigung von Umwelt- und Entwicklungsinteressen und ihrer stärkeren Beachtung eine Deckung der Grundbedürfnisse, die Verbesserung des Lebensstandards aller Menschen, einen größeren Schutz und eine bessere Bewirtschaftung der Ökosysteme und eine gesicherte, gedeihlichere Zukunft zu gewährleisten. Gemeinsam sollen in einer globalen Partnerschaft, die auf eine nachhaltige Entwicklung ausgerichtet ist, diese Ziele verfolgt werden. Die Ziele der Agenda 21 sind zunächst nicht räumlich gefasst, sie bilden jedoch unter anderem die *Grundlage für verschiedene Zielsetzungen* der räumlichen europäischen, Bundes-, Landes-, Regional- und sogar Kommunalebene.

Beispiel:
Der Rat der Europäischen Gemeinschaft hat 1992 die Flora-Fauna-Habitat-(FFH-)Richtlinie und damit die Umsetzung des ökologisch vernetzten Schutzgebietes Natura 2000 der Europäischen Union beschlossen. In Deutschland haben die Länder nach langer Diskussion mit den Kreisen und Gemeinden geeignete Gebiete ausgewählt und der Bundesregierung für eine Meldung an die Europäische Kommission in Brüssel vorgelegt. Die Gebiete sind nach bestimmten Vorgaben zu schützen und zu entwickeln und werden in die verschiedenen Planungsebenen aufgenommen. Dies entspricht den Zielsetzungen der Agenda 21.

Zielsetzungen Europäischer Planung

Ziel ist eine räumlich ausgewogene und nachhaltige Entwicklung des gesamten europäischen Raumes. Hierzu werden Leitvorstellungen dargestellt, die eine solche Entwicklung ermöglichen und fördern.

Raumordnung der Mitgliedstaaten des Europarates

Zukunftsfähige Raumentwicklung

Um die Planungen der Europäischen Teilräume zu koordinieren sowie ein schnelleres Zusammenwachsen und eine Stabilisierung der regionalen und lokalen Demokratien und eine nachhaltige Raumentwicklung für den gesamten Kontinent zu gewährleisten, halten die Mitgliedstaaten des Europarates gemeinsame Zielvorstellungen fest, die eine zukunftsfähige Raumentwicklung betreffen. Diese Zielvorstellungen stellen einen gemeinsamen Konsens dar und sind, bedingt durch die verschiedenen Interessen der Mitgliedstaaten und deren großer Anzahl relativ grob gehalten.

Grundsätzlich sollen eine ausgewogene sozioökonomische Entwicklung, die Verbesserung der Wettbewerbsfähigkeit der Regionen und der Schutz der natürlichen Lebensgrundlagen gefördert werden. Besonders betont wird die Bedeutung der regionalen Identität und Diversität sowie die Zusammenarbeit von Raumentwicklungspolitiken und raumrelevanten Fachpolitiken.

Zwei Aspekte spielen bei den Leitvorstellungen eine besondere Rolle:

- Die Globalisierung der Wirtschaft, der Umbruch in Mittel- und Osteuropa und die Nutzbarmachung privater Investitionen sowie
- die Integration innerhalb europäischer Großräume wie den Ostseeraum und die Europäische Union.

Beispiel:
Aufgrund der Knappheit der öffentlichen Finanzen sollen öffentlich-private Partnerschaften zunehmend unterstützt werden. Dies betrifft vor allem Bereiche, die in der Vergangenheit auf öffentliche Aktivitäten beschränkt waren. Hierzu zählen besonders Infrastruktur- und Dienstleistungsbereiche. Auch dem Wohnungsbau kommt wegen seiner gesellschaftlichen Funktionen und Multiplikatoreffekte auf die Wirtschaft eine besondere Stellung zu.

Raumordnung der Europäischen Union

Ausgewogene und nachhaltige Entwicklung Das Anliegen der Raumordnung der Europäischen Union ist es, auf eine *ausgewogene* und *nachhaltige Entwicklung* des Territoriums der Union hinzuwirken.

Eine nachhaltige Entwicklung wird dabei nicht nur als umweltschonende Wirtschaftsentwicklung gesehen, die die heutigen Ressourcen für kommende Generationen bewahrt, sondern auch als eine ausgewogene Raumentwicklung.

3 Ziele Hierzu sollen drei grundlegende Ziele europäischer Politik umgesetzt werden:

- wirtschaftlicher und sozialer Zusammenhalt,
- Erhaltung und Management der natürlichen Lebensgrundlagen und des kulturellen Erbes und
- ausgeglichenere Wettbewerbsfähigkeit des europäischen Raumes.

Die sozialen und wirtschaftlichen Ansprüche an den Raum sollen mit seinen ökologischen und kulturellen Funktionen in Einklang gebracht werden und somit zu einer dauerhaften, großräumig ausgewogenen Raumentwicklung beitragen. Im Zuge der europäischen Integration soll die kulturelle Vielfalt erhalten und eine regional ausgewogenere und nachhaltige Entwicklung in der EU erreicht werden.

3 Leitbilder Zur Umsetzung dieser Ziele sollen die folgenden raumentwicklungspolitischen Leitbilder für die räumliche und siedlungsstrukturelle Entwicklung der EU verfolgt werden:

- Die Entwicklung eines ausgewogenen und polyzentrischen Städtesystems und Stärkung der Partnerschaft zwischen Stadt und Land,
- die Förderung integrierter Verkehrs- und Kommunikationskonzepte und
- die Entwicklung und Pflege der Natur und des Kulturerbes durch ein intelligentes Management.

Beispiel:
Städte, über die der Austausch von Personen, Gütern und Informationen mit anderen Kontinenten abgewickelt wird, wie Hafenstädte oder internationale Finanzzentren (sog. „Gateway-Städte"), sollen in ihrer strategischen Rolle ausgebaut werden.

Die Ziele sollen gemeinsam von den europäischen Institutionen sowie den nationalen, regionalen und lokalen Regierungs- und Verwaltungsebenen angestrebt werden. Sie sollen in allen Regionen der EU gleichzeitig verfolgt und ihre *Wechselwirkungen* berücksichtigt werden.

Durch das Europäische Raumentwicklungskonzept (EUREK) soll die Möglichkeit geboten werden, den Blick über die rein fachpolitischen Maßnahmen hinaus auf die Gesamtsituation des europäischen Territoriums zu richten und dabei die Entwicklungschancen, die sich für die einzelnen Regionen ergeben, zu berücksichtigen. Neue Formen der vorgeschlagenen Zusammenarbeit sollen dazu beitragen, dass bislang unabhängig voneinander agierende Fachpolitiken in Zukunft zusammenarbeiten, wenn sie dasselbe Territorium betreffen.

Zielsetzungen der Raumordnung des Bundes

Entwicklung, Ordnung und Sicherung des Bundesraumes

Der Gesamtraum der Bundesrepublik Deutschland und seine Teilräume sollen durch die Raumordnung entwickelt, geordnet und gesichert werden.

Nachhaltige Raumentwicklung

Nachdem das frühere Raumordnungsgesetz mehrere gleichberechtigte Leitvorstellungen enthielt, stellt die Neuregelung von 1998 das Leitbild der *nachhaltigen Raumentwicklung*, die die sozialen und wirtschaftlichen Ansprüche an den Raum mit seinen ökologischen Funktionen in Einklang bringt und zu einer dauerhaften, großräumig ausgewogenen Ordnung führt, in den Mittelpunkt.

Gleichwertige Lebensbedingungen

Ziel der Raumordnung ist es, durch die Steuerung der räumlichen Struktur in allen Teilräumen des Bundesgebietes *gleichwertige Lebensbedingungen* zu schaffen. Diese zentrale Forderung ist vor allem vor dem Hintergrund der Integration der neuen Bundesländer von großer Bedeutung (Abb. 6.12).

Beispiel:
Um die „armen" Länder nicht einfach sich selbst zu überlassen, hat das Grundgesetz die staatlichen Institutionen zu einem Länderfinanzausgleich verpflichtet. Damit soll die Finanzkraft der Länder ausgeglichen (Art. 107) und die Einheitlichkeit der Lebensverhältnisse in der Bundesrepublik Deutschland gewahrt werden (Art. 106).

Gegenstromprinzip

Die Entwicklung, Ordnung und Sicherung der Teilräume soll sich in die Gegebenheiten und Erfordernisse des Gesamtraumes einfügen. Umgekehrt soll die Entwicklung, Ordnung und Sicherung des Gesamtraumes die Gegebenheiten und Erfordernisse seiner Teilräume berücksichtigen (*Gegenstromprinzip*).

Dies ist nur mit entsprechenden über- und untergeordneten Planun-

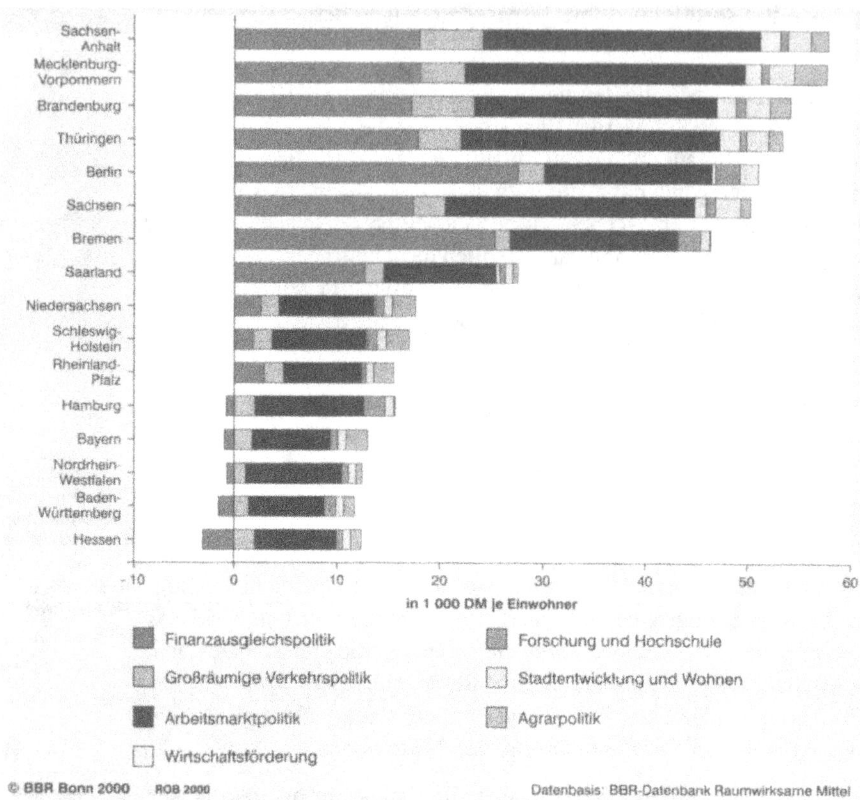

Abbildung 6.12: Raumwirksame Fördermittel 1991 bis 1998 in DM je Einwohner.
Quelle: Raumordnungsbericht 2000

gen, die aufeinander aufbauen und aufeinander abgestimmt sind, möglich.

Die Bundesraumordnung verbindet durch ihren Zielkatalog die Interessen der Länder mit denen der europäischen Ebene. Die Bundesebene verfügt im Bereich der Raumordnung über eine Rahmenkompetenz. Sie gibt durch das Raumordnungsgesetz (ROG) den gesetzlichen und inhaltlichen Rahmen vor, den die Länder auszufüllen haben. In § 2 ROG sind 7 räumliche und 8 fachliche Grundsätze im Sinne der nachhaltigen Raumentwicklung definiert.

Zielsetzungen der Raumordnung des Landes

Die Länder sind nach dem Raumordnungsgesetz verpflichtet, einen zusammenfassenden und übergeordneten Plan für das jeweilige Landesgebiet aufzustellen, der die Ziele, Grundsätze und sonstigen Erfordernisse der Raumordnung und Landesplanung für das jeweilige Land festsetzt. In Ländern, deren Gebiet die Verflechtungsbereiche mehrerer Zentraler Orte oberster Stufe umfasst, sind Regionalpläne aufzustellen. In anderen Regionen können sie ebenfalls aufgestellt werden.

Raumbedeutsame Planungen und Maßnahmen

Durch die *Raumordnungspläne* (Landesraumordnungsplan und Regionaler Raumordnungsplan) sollen *raumbedeutsame Planungen und Maßnahmen* koordiniert und gesichert werden.

Strukturpolitik der Länder

Mit der *Strukturpolitik der Länder* sollen die räumlichen Entwicklungen der Bundesrepublik und die infrastrukturellen Maßnahmen unterstützt und gefördert werden. Aufgrund landesrechtlicher Regelungen haben die Länder in den Bereichen Planung und Entwicklung im Rahmen der übergeordneten Bundeskompetenz hoheitliche Aufgaben.

Gegenstromprinzip

Die Landesplanungsbehörden haben darauf zu achten, dass die Ziele der Raumordnung und Landesplanung in der kommunalen Planung umgesetzt werden. Sie nehmen Anregungen aus Städten und Gemeinden auf und sind gehalten, die gemeindlichen Entwicklungsziele mit den Landes- und Bundeszielen abzustimmen (*Gegenstromprinzip*).

Konflikte

Durch das Gegenstromprinzip sollen Entwicklungsabsichten der Landesplanung durch Festsetzungen in der städtebaulichen Planung unterstützt und Fehlinvestitionen vermieden werden. Die Durchsetzung der Raumordnung ist im Realen begrenzt, da häufig die raumordnerischen Interessen in *Konflikt* mit der Schaffung von Arbeitsplätzen und Investitionen stehen. Oft werden die Wirtschaftsinteressen der Investoren, Gemeinden und Städte über die übergeordneten Interessen der Bundes- und Landesebene gestellt.

Zielsetzungen der Bauleitplanung (Planungen der Städte und Gemeinden)

Flächennutzung

Aufgabe der Bauleitplanung ist es, die *bauliche und sonstige Nutzung* der Grundstücke in der Gemeinde nach Maßgabe des Baugesetzbuches vorzubereiten und zu leiten.

Städtebauliche Entwicklung und Ordnung

Durch sie soll eine positive *städtebauliche Entwicklung und Ordnung* der Gemeinden erreicht werden. Die Bauleitpläne (Flächennutzungs- und Bebauungspläne) sind den Zielen der Raumordnung anzupassen.

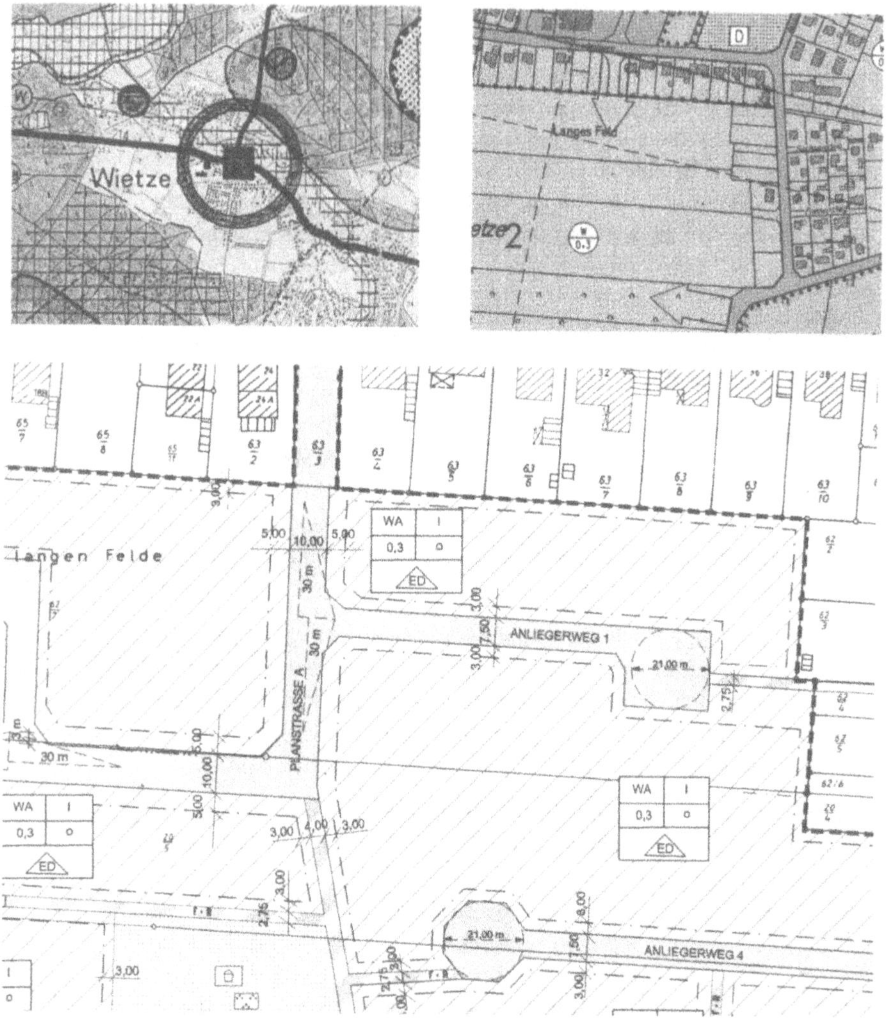

Abbildung 6.13: Kartenausschnitt Regionalplan, Flächennutzungsplan und Bebauungsplan. Die Aussagen der unteren entsprechen der jeweils nächsthöheren Planebene.

Die Darstellungen des *Flächennutzungsplanes* sind aus den Vorgaben der Regional- und Landesplanung, die Festsetzungen des *Bebauungsplanes* aus den Darstellungen des Flächennutzungsplanes zu entwickeln (Abb. 6.13).

Nachhaltigkeit und Allgemeinwohl

Die Bauleitpläne sollen eine *nachhaltige städtebauliche Entwicklung* und eine dem *Wohl der Allgemeinheit* entsprechende sozialgerechte Bodennutzung gewährleisten und dazu beitragen, eine menschenwürdige Umwelt zu sichern und die natürlichen Lebensgrundlagen zu schützen und zu entwickeln.

Landwirtschaftlich, als Wald oder für Wohnzwecke genutzte Flächen sollen nur im notwendigen Umfang für andere Nutzungsarten vorgesehen und in Anspruch genommen werden.

Öffentliche und private Belange

Bei der Aufstellung der Bauleitpläne sind die *öffentlichen und privaten Belange* gegeneinander und untereinander gerecht, d.h. richterlich nachprüfbar, abzuwägen.

6.3 Leitbilder für Landesentwicklung und Regionalplanung

6.3.1 Das Leitbild der „Dezentralen Konzentration"

Das Leitbild der Dezentralen Konzentration stellt die Grundlage für die weiteren Leitbilder (Verkehr, Umwelt und Raumnutzung) dar. In Deutschland ist die Siedlungsstruktur historisch dezentral gewachsen und hat im internationalen Vergleich zu den guten bis sehr guten Standortvoraussetzungen in Deutschland beigetragen. Die dezentrale Struktur wird einerseits gestärkt, andererseits werden Fördermittel auf bestehende Zentren konzentriert. Damit sollen die *regionalen Eigenkräfte* gestärkt werden und eine Verteilung der Aufgaben auf *bestehende Zentren* auch in weniger verdichteten Regionen stattfinden.

Beispiel:
Nach dem Finanzausgleichsgesetz (FAG) steigen bei wachsender Einwohnerzahl die Zuweisungen des Landes an die Stadt. Daher bemühen sich Städte und Gemeinden um Einwohner. Lüneburg zahlt Studierenden, die ihren Erstwohnsitz in der Stadt anmelden, 100 DM. Dafür fließen ca. 500 DM als Zuweisung in die Stadtkasse. Bei 3.000 bis 4.000 Studierenden sind das mehr als eine Million Mark.

6.3.2 Das System der „Zentralen Orte"

Bedeutungsüberschuss

Die Theorie der Zentralen Orte wurde 1933 von Walter Christaller entwickelt. Er definiert die Zentralität eines Ortes als die relative Bedeutung, die dieser auf seine Umgebung ausübt, also auf den Grad, in dem der Ort zentrale Funktionen ausübt. Es wird davon ausgegangen, dass der zentrale Ort mit dem umliegenden Gebiet eine Einheit

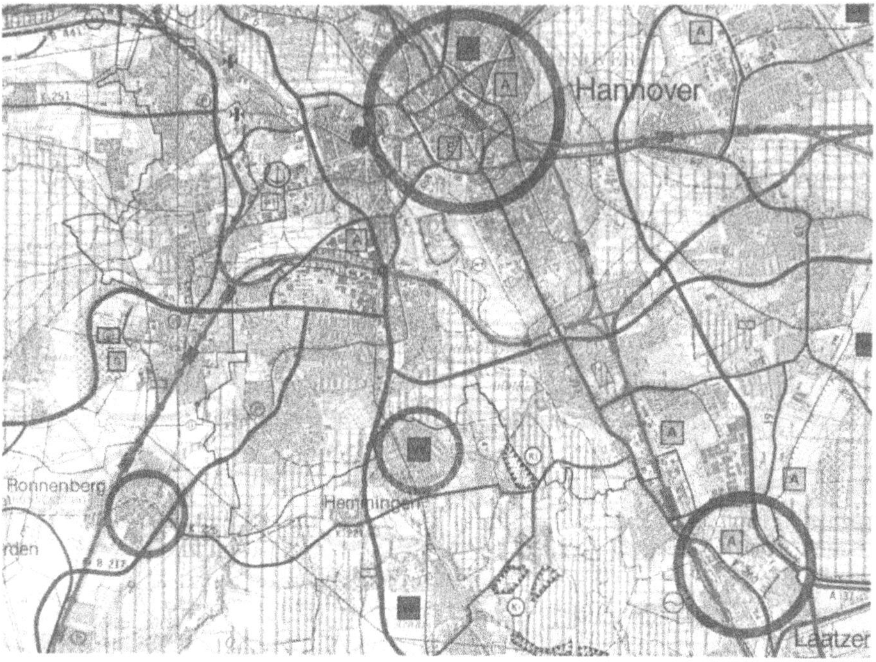

Abbildung 6.14: : Hannover als Oberzentrum, Laatzen als Mittelzentrum, Hemmingen und Ronnenberg als Grundzentren

Quelle: Regionales Raumordnungsprogramm 1996, Hannover Region, Kommunalverband Großraum Hannover

bildet. In dem umliegenden, sog. Ergänzungsgebiet, liegt ein Bedeutungsdefizit vor, das durch den Bedeutungsüberschuss des Zentralen Ortes ausgeglichen wird.

Zentrale Orte Raumordnung und Landesplanung haben die Zentrale-Orte-Theorie übernommen und als Element zur Steuerung der Raum- und Siedlungsstruktur praktisch angewandt. Ein *Zentraler Ort* wird als optimaler Standort für zentrale Einrichtungen angesehen. Zentrale Einrichtungen sind zur Deckung des allgemeinen Bedarfs aus sozialen, kulturellen und wirtschaftlichen Überlegungen heraus erforderlich, können aber aus ökonomischen und technischen Gründen nicht überall in einem Gebiet vorhanden sein (z. B. Krankenhäuser, Theater, ...). Diese werden in bestimmten Orten konzentriert, so dass sie von den umliegenden Orten aus mit zumutbarem Zeit- und Kostenaufwand erreichbar sind (Abb. 6.14).

Ober-, Mittel- und Grundzentren Die meisten Bundesländer haben entsprechend der Ministerkonferenz für Raumordnung über „Zentrale Orte und ihre Verflechtungsbereiche" eine Gliederung vorgenommen in

- Oberzentren,
- Mittelzentren und
- Unter- bzw. Grundzentren.

Zum Teil werden auch andere Bezeichnungen verwandt oder zusätzliche Gliederungen eingeführt (z. B. „Kleinzentren" als zusätzliche, kleinste Einheit).

Die Zentralen Orte unterschiedlicher Ebene werden nach Art und Reichweite ihrer überörtlichen Einrichtungen so aufeinander abgestimmt, dass höherrangige Orte nicht nur den eigenen Bedarf an Leistungen decken, sondern auch den der näheren Umgebung und den der nachgeordneten Zentralen Orte, sofern diese den entsprechenden Leistungsbedarf selbst nicht decken können.

Oberzentren

Einrichtungen des spezialisierten höheren Bedarfs

sind die Großstädte, in denen Einrichtungen des *spezialisierten höheren Bedarfs* vorhanden sein sollen. Der Einzugsbereich eines Oberzentrums liegt bei über 100.000 Einwohnern. Das Oberzentrum stellt die Einkaufshauptstadt für den Versorgungsbereich dar. Es wirkt zentrierend für die ganze Region und setzt wirtschaftliche und kulturelle Maßstäbe. Das Oberzentrum hat in allen Bereichen einen Bedeutungsüberschuss, der die umgebenden Bereiche großräumig mitversorgt. Das Oberzentrum deckt einen Bedarf, der selten oder nur von wenigen Bürgern aus besonderen Anlässen verlangt wird. Hierzu gehören z. B. Kaufhäuser, Spezialgeschäfte, Theater, Museen, Universität, Spezialkliniken, größere Behörden und ein breitgefächertes Freizeitangebot.

Mittelzentren

Einrichtungen des gehobenen Bedarfs

sind überwiegend Kleinstädte, die die gehobenen Ansprüche des Bürgers zufriedenstellen. Der Einzugsbereich eines Mittelzentrums umfasst in der Regel zwischen 20.000 und 50.000 Einwohnern. Das Mittelzentrum versorgt die auf sich orientierten Unterzentren mit Einrichtungen des *gehobenen Bedarfs*. Das Mittelzentrum deckt einen Bedarf, der nicht ständig oder von grundsätzlich jedem Bürger verlangt wird, aber doch relativ kontinuierlich (z. B. wöchentlich) von der allgemeinen Bevölkerung in Anspruch genommen wird. Hierzu gehören z. B. Fachgeschäfte, Fachärzte, Krankenhaus, Mehrzwecksaal, Berufsschulen und Behörden.

Unter- bzw. Grundzentren

Einrichtungen des täglichen Bedarfs

sind die Mehrzahl der kleineren Städte und Gemeinden, die für die Versorgung der Bürger mit Dingen des *täglichen Bedarfs* verantwortlich sind. Der Einzugsbereich eines Unter- bzw. Grundzentrums liegt bei ca. 5.000 Einwohnern. Es soll eine angemessene *Grundversorgung* im ländlichen Raum bieten. Das Unter- bzw. Grundzentrum deckt die allgemeinen, ständigen Bedürfnisse der Bürger. Hierzu gehört z. B. ein Bäcker, ein kleines Lebensmittelgeschäft, ein Arzt, eine Apotheke, Handwerks- und Dienstleistungsbetriebe, Gemeindeverwaltung und Grundschule. Unter- oder Grundzentren sind die kleinsten sich selbst und ihre Umgebung versorgenden Einheiten.

6.3.3 Verflechtungsbereiche und -bezüge

Ober-, Mittel- und Nahbereiche

Die Bereiche, in denen Gemeinden unterschiedlicher Größe und Bedeutung in wechselseitiger Abhängigkeit stehen, sind entsprechend dem System der Zentralen Orte in verschiedene Verflechtungsbereiche unterteilt:

- Oberbereiche: Verflechtungsbereiche von Oberzentren zur Befriedigung des spezialisierten höheren Bedarfs,
- Mittelbereiche: Verflechtungsbereiche von Mittel- und Oberzentren zur Deckung des gehobenen Bedarfs und
- Nahbereiche: Verflechtungsbereiche aller zentralen Orte zur Sicherung der Grundversorgung.

Auch hier soll ein System zwischen den Bereichen existieren, welches eine gute Erreichbarkeit der jeweils nächsten Stufe gewährleistet.

Beispiel:
Die Verbindung zwischen Oberzentren erfolgt über Autobahnen (Kfz), Zugverkehr und evtl. Flugverkehr. Die Verbindung zwischen Mittelzentren und zu Oberzentren erfolgt über gut ausgebaute Bundesstraßen (Kfz und Bus) und häufigeren Zugverkehr. Die Verbindung zwischen Grundzentren und zu Mittel- und Oberzentren erfolgt über Landesstraßen (Kfz und Bus) und Zugverkehr. Die Verbindung zwischen Dörfern und zu Grundzentren erfolgt durch Gemeindestraßen (Kfz- und geringer Busverkehr).

6.4 Übungsfragen zu Kapitel 6

1. Welche Ebenen der räumlichen Planung gibt es?
2. Durch welche Gesetze, Konzepte, Programme oder Pläne werden die Ziele der jeweiligen räumlichen Ebene dargestellt?
3. In welcher Form sind diese dargestellt?
4. Für wen sind die jeweiligen Planungen verbindlich?
5. Warum wird überhaupt räumlich geregelt? Nennen Sie die wesentlichen Ziele, Aufgaben und Leitvorstellungen der Raumordnung!
6. Beschreiben sie das Gegenstromprinzip im Prozess in der Raumordnung!
7. Welche Ebenen rechtlicher Grundlagen gibt es für die Raumordnung und welche Funktion haben sie?
8. Welches (Grund-) Recht wird hierdurch eingeschränkt und warum?
9. Erläutern Sie das Leitbild der „Dezentralen Konzentration“!
10. Erläutern Sie die „Zentrale-Orte-Theorie“!
11. Erläutern Sie in diesem Zusammenhang auch den Begriff der Verflechtungsbereiche!

6.5 Literatur

Neben den im Text genannten Gesetzen, Programmen und Konzepten:

Braam, W.: Stadtplanung: Aufgabenbereiche, Planungsmethodik, Rechtsgrundlagen, 3. Aufl., Werner, Düsseldorf 1999.

Bundesamt für Bauwesen und Raumordnung: Raumordnungsbericht 2000, Bundesamt für Bauwesen und Raumordnung, Bonn 2000.

Korda, M. (Hrsg.): Städtebau, 4. Aufl., B. G. Teubner, Stuttgart, Leipzig 1999.

Schayk, E. v.: Städtebaupraxis: Verfahren, Elemente, Begriffsbestimmungen, Werner, Düsseldorf 1998.

Kapitel 7

Wohnungspolitik

Unter Wohnungspolitik ist die Gesamtheit aller staatlichen Maßnahmen zu verstehen, die auf quantitativ und qualitativ angemessene Versorgung der Bevölkerung mit Wohnraum gerichtet ist.

7.1 Entwicklung der Wohnungspolitik in Deutschland

Die Tabelle Nr. 7.1 gibt einen Überblick über die jeweiligen Phasen der Wohnungspolitik seit 1945, deren Zielsetzungen und der jeweiligen Regierung. **Phasen der Wohnungspolitik**

7.1.1 Phase 1: Nachkriegszeit, Mindestversorgung an Wohnungen (1945–1956)

Rationierung vorhandenen Wohnraumes durch Wohnungsbestandspolitik (direkte Nachkriegsjahre 1945–49)

Durch den Krieg war ein *extremer Wohnungsengpass* durch Wohnraumzerstörung, Flüchtlingszuströme und Besatzungstruppen entstanden. Der Wohnraummangel führte zu einer übermäßig starken Wohnungsnachfrage. Allein durch Marktkräfte war die Wohnraumversorgung der Bevölkerung zu diesem Zeitpunkt nicht möglich. **Wohnungsnot**

Die Nachfrage war Ende der 40-er Jahre mehr als doppelt so groß wie das Angebot. Über 40% der Wohnungen in Deutschland waren zerstört. Hinzu kam ein Zustrom von über 10 Mio. Flüchtlingen.

	Zeit	Kriterium	Regierung
1.	**1945–1956**	**Nachkriegszeit, Mindestversorgung an Wohnungen**	
	1945–1949	Direkte Nachkriegsjahre, Rationierung vorhandenen Wohnraums durch Wohnungsbestandspolitik ▶ Wohnungszwangswirtschaft	
	1950–1956	Weitere Nachkriegsjahre, Erhöhung des Wohnungsangebotes durch Neubauten mit Wohnungsbauförderung ▶ direkte und steuerliche Förderung des sozialen Wohnungsbaus ▶ Lockerung des Mieterschutzes und Mietbeihilfen ▶ steuerliche Förderung des selbstgenutzten Wohneigentum	CDU/CSU-FDP-DP (1949–57) + GB/BHE (1953–56)
2.	**1956–1962**	**Bewältigung der starken Wohnungsnachfrage, Verbesserung der Wohnungsqualität**	
	1956 - 1962	Aufstockung der Fördermittel ▶ Förderung der Wohneigentumsbildung ▶ Verbesserung der Wohnqualität im sozialen Wohnungsbau durch Vorgaben und Förderung	CDU/CSU (1957–61) + DP (1957–60) CDU/CSU - FDP (1961–62)
3.	**1963–1989**	**Ausbau der Marktwirtschaft, Abnahme der Förderungen**	
	1963–1969	Ausbau der Marktwirtschaft ▶ Marktwirtschaft für Altbauten	CDU/CSU-FDP (1963–66) CDU/CSU-SPD (1966–69)

Tabelle 7.1: Übersicht wesentlicher wohnungspolitischer Phasen, deren Hintergründe und Zielsetzungen seit 1945

		▶ Versorgung einkommensschwacher Haushalte durch Subjektförderung	
	1969–1982	Erneute Reglementierung des Wohnungsmarktes und Sicherung angemessenen und familiengerechten Wohnens ▶ Mieterschutz ▶ Eigentumsbildung für einkommensschwache Haushalte	SPD-FDP (1969–82)
	1982–1989	Stärkere Marktwirtschaft ▶ Marktwirtschaftliche Richtung im Mietrecht ▶ Förderung von Wohnungs- und Hausbesitz ▶ Rückzug des Bundes aus der Förderung von Sozialwohnungen	CDU/CSU-FDP (1982–1998)
4.	**seit 1990**	**Wiedervereinigung, Wohnungspolitik in Ostdeutschland**	
	1990–1996	Erhöhung der Wohnungsqualitäten und Miethöhen an westdeutsches Niveau, Erhalt des Wohnungsbestandes ▶ Förderung von Investitionssteigerungen in den neuen Bundesländern durch direkte und indirekte Maßnahmen	
	seit 1996	Förderung des günstigen Wohneigentums, stärkere Subjektförderung im sozialen Wohnungsbau	SPD-Grüne (seit 1998)

Wohnungszwangswirtschaft

Um den noch vorhandenen *Wohnraum* so zu *verteilen*, dass die gesamte Bevölkerung wenigstens ein „Dach über dem Kopf" hatte, wurde der Wohnungsmarkt durch den Alliierten Kontrollrat 1946 mit ersten Notstandsmaßnahmen in einer sog. *Wohnungszwangswirtschaft* geregelt.

Der Wohnraum wurde von Behörden zugeteilt und Mieter durch das Mieterschutzgesetz weitestgehend vor Kündigungen geschützt. Zudem durften die Mieten das Vorkriegsniveau nicht übersteigen.

Wohnungsbestand

Die Wohnungspolitik befasste sich in der direkten Nachkriegszeit fast ausschließlich mit dem *Wohnungsbestand*. Förderungen des Neubaus waren durch Inflation, Mangel an Baustoffen und die unsicheren wirtschaftlichen und politischen Verhältnisse zunächst kaum möglich.

Erhöhung des Wohnungsangebotes durch Neubauten (weitere Nachkriegsjahre, 1950–56)

Die Bereitschaft, in den Wohnungsbau zu investieren, war äußerst gering. Zum einen fehlte das Kapital, zum anderen die Mietzahlungsfähigkeit. Um das vorhandene Wohnungsdefizit zu vermindern, wurde der Wohnungsneubau staatlich finanziert und gefördert.

Sozialer Wohnungsbau

1. Wohnungsbaugesetz, Förderung sozialer Wohnungsbau

Durch das 1. Wohnungsbaugesetz von 1950 sollte ein *Anreiz* zum Wohnungsbau geschaffen werden. Unter anderem wurde der *soziale Wohnungsbau* öffentlich *gefördert* (Abb. 7.1).

Der soziale Wohnungsbau wurde indirekt durch steuerliche Vergünstigungen und direkt durch Finanzhilfen gefördert. Die Mietpreise wurden dabei gebunden.

Mit dem 1. Wohnungsbaugesetz wurde eine *Zentralisierung* der Wohnungspolitik erreicht und das 1. Wohnungsbauministerium auf der Ebene des Zentralstaates eingerichtet.

Die Zuständigkeiten wurden gebündelt und die Lasten des Wiederaufbaus gleichmäßig zwischen den Gebietskörperschaften verteilt. Der Bund förderte den Wohnungsbau nun mit eigenen Mitteln, die er den Ländern zur Verfügung stellte.

Durch *steuerliche Hilfen* wurden die Mittel privater Anleger aktiviert. Dies geschah entweder direkt durch Vergünstigungen für Bauherren oder Darlehensgeber oder indirekt durch Verbesserung der Refinanzierung. Die Mieten wurden an Mietrichtsätze gebunden, damit die Subventionen auch den Wohnungsnutzern zugute kamen. Die

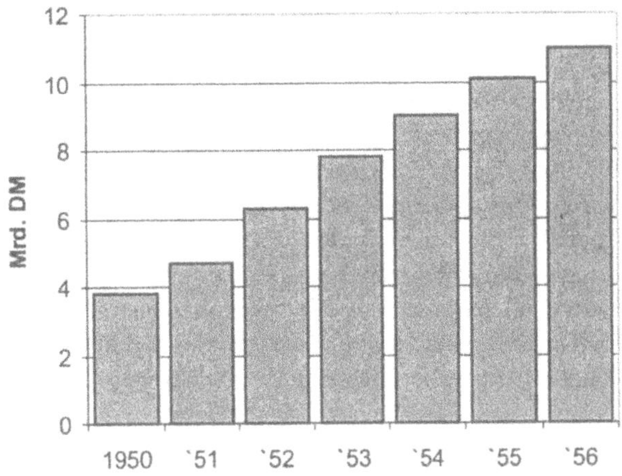

Abbildung 7.1: Finanzierung des Wohnungsbaus 1950–1956 durch Kapitalsammelstellen, öffentliche Mittel, sowie Eigenkapital und sonstige Mittel

Datenquelle: GEWOS

Wohnberechtigung für Sozialwohnungen wurde auf Haushalte mit bestimmten Einkommensgrenzen eingeschränkt.

Mietwohnungen

Subjektbezogene Förderung

Um den *Mietwohnungsbau* zu fördern, wurden Neubauwohnungen von den Bestimmungen des Mieterschutzes und der Mietpreisbindung befreit. Für Altbauwohnungen wurden zudem ab 1952 wieder Mieterhöhungen zugelassen. Im Gegenzug regelte das 1. Bundesmietengesetz die *subjekt-(personen-) bezogene Förderung.*

In diesem Zuge wurden für die Dauer von 3 Jahren Mietbeihilfen für einkommensschwache Haushalte vorgesehen.

Selbstgenutztes Wohneigentum

Eigenheimförderung

Zielsetzung der CDU/CSU Koalition war es, das Wohnungsangebot durch die Förderung von *Eigenheimen* zu vergrößern.

Gefördert wurde dabei durch Bausparbegünstigungen, erhöhte Abschreibungsmöglichkeiten (§ 7b Einkommensteuergesetz) und die Absetzbarkeit unverzinslicher Darlehen (§ 7c Einkommensteuergesetz).

Linderung der Wohnungsnot

Durch die wohnungspolitischen Maßnahmen und die insgesamt positive wirtschaftliche Entwicklung beschleunigte sich der Wohnungsbau und die *Wohnungsnot* wurde *gelindert*. Da aber die Nachfrage das Angebot immer noch überstieg, sollte die Wohnversorgung zunächst nicht dem freien Markt überlassen werden. Das Wohnungswesen blieb daher aus der sich sonst entwickelnden Marktwirtschaft zunächst ausgeklammert. Ziel war jedoch, die Wohnungsbauförderung nur solange wie notwendig bestehen zu lassen und baldmöglichst ebenfalls dem freien Markt zu überlassen.

7.1.2 Phase 2: Bewältigung der starken Wohnungsnachfrage, Verbesserung der Wohnungsqualitäten (1957–62)

2. Wohnungsbaugesetz

Verringerung des Wohnungsdefizits

Das 1. Wohnungsbaugesetz wurde 1956 durch das 2. Wohnungsbaugesetz abgelöst, welches in seinen Grundzügen noch heute Bestand hat. Mit dem Gesetz wurden die Fördermittel aufgestockt und hierdurch das Wohnungsdefizit weiter verringert. Durch die Wohnungspolitik wurde die starke Wohnungsnachfrage relativ gut bewältigt. Vollständig konnte das *Wohnungsdefizit* jedoch nicht beseitigt werden.

Grund hierfür war die Wohnraumnachfrage, welche sich u. a. aus dem Zustrom von Flüchtlingen aus der Sowjetischen Besatzungszone bis 1961 und dem allgemein steigenden Einkommen verbunden mit einem höheren Wohnflächenanspruch je Person ergab (Abb. 7.2).

Selbstgenutztes Wohneigentum

Breite Wohneigentumsstreuung

Ziel war einerseits weiterhin die quantitative Versorgung mit Wohnraum, andererseits aber auch die *breite Wohneigentumsstreuung*. Das heißt, die Wohnungsnot sollte beseitigt und Einzeleigentum gebildet werden. Familienheime sollten mit „Grund und Boden" verbunden werden. Auch im sozialen Wohnungsbau sollte der *Neubau von Einfamilienhäusern* vorrangig vor dem Mehrfamilienhausbau gefördert werden. Die Anhebung der im internationalen Vergleich noch geringen Eigentumsquote sollte der *Systemstabilisierung* dienen.

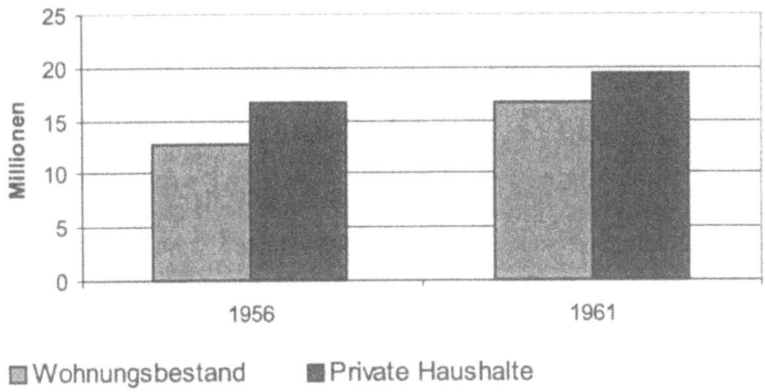

Abbildung 7.2: Wohnungsangebot und Wohnungsnachfrage 1956 und 1961
Datenquelle: Statistisches Bundesamt

Sozialer Wohnungsbau

Verbesserung der Wohnqualität

Zur *Verbesserung der Wohnqualität* wurden im sozialen Wohnungsbau eine Mindestausstattung vorgeschrieben und die Vorgaben für Wohnungsgrößen erhöht. Zur Verbesserung der Wohnqualität von Altbauwohnungen wurden 1959 Abschreibungserleichterungen für Instandsetzungs- und Modernisierungskosten eingeführt. Durch das 2. Wohnungsbaugesetz wurde festgelegt, dass öffentliche Mittel für den sozialen Wohnungsbau neben der Form als Kapitalsubventionen auch als Aufwandssubventionen gewährt werden. In der weiteren Entwicklung hat die Aufwandssubventionierung die bis dahin vorherrschende Kapitalsubvention ersetzt.

Kapital- und Aufwandssubventionen

Kapitalsubventionen werden schon zur Finanzierung von Bauvorhaben gewährt, Aufwandssubventionen setzen bei laufenden Aufwendungen der Eigentümer an und verringern diese durch jährliche staatliche Zuschüsse oder Darlehen.

Die Aufwandssubventionierung sollte zunächst die finanzielle Belastung der öffentlichen Haushalte verringern. Hierdurch wurden die Belastungen auf einen längeren Zeitraum verteilt. Problematisch ist jedoch, dass die jährliche Belastung des Staatshaushaltes bei der Aufwandssubvention mit den Jahren ansteigt. Durch das 2. Wohnungsbaugesetz änderte sich für den sozialen Mietwohnungsbau die staatlich festgelegte „Richtsatzmiete" zur „*Kostenmiete*" (Miete, die sich aus den Kosten des Bauobjektes errechnet).

Kostenmiete

7.1.3 Phase 3: Ausbau der Marktwirtschaft, Abnahme der Förderungen (1963–1989)

Ausbau der Marktwirtschaft durch die Regierung Erhard (CDU/CSU-FDP, 1963–66) und die Jahre der großen Koalition (CDU/CSU-SPD, 1966–69)

Da das *Wohnungsangebot* inzwischen weitestgehend der Anzahl der Haushalte entsprach, glaubte sich der Staat nach und nach aus der Wohnungsbauförderung zurückziehen zu können.

Für *sozial schwache Haushalte* bestand jedoch noch immer ein *Versorgungsdefizit*. Um dieses zu beseitigen, sollte der soziale Wohnungsbau daher auch weiterhin gefördert werden. Zur Finanzierung von Sozialwohnungen wurde der Einsatz von Kapitalmitteln durch die Vergabe von Aufwendungshilfen erhöht.

Strukturprobleme der öffentlichen Förderung

Allerdings kamen zunehmende Diskussionen über Strukturprobleme der öffentlichen Förderung auf. Vor allem ging es hierbei um Fehlbelegungen und Mietenverzerrung zwischen wohnwertgleichen Wohnungen unterschiedlicher Förderjahrgänge. Die Mietenverzerrung wurde durch nachträgliche Verzinsung öffentlicher Baudarlehen verringert, aber nicht aufgehoben.

Wohnungen, die in Jahren mit starker Förderung gebaut wurden, konnten günstiger vermietet werden als Wohnungen, die in Jahren mit geringer Förderung entstanden.

Einleitung zur Marktwirtschaft: Marktwirtschaft für Altbauten

Ausstieg aus der staatlichen Bewirtschaftung für Altbauten

Da die Wohnungsversorgung weitestgehend gedeckt war, hielt die Bundesregierung einerseits den *Ausstieg* aus der staatlichen Bewirtschaftung für Altbauten für möglich. Mit dem „Gesetz über den Abbau der Wohnungszwangswirtschaft und über ein soziales Miet- und Wohnrecht" (sog. „*Abbaugesetz*" oder „*Lücke-Plan*" nach Bauminister Lücke) von 1960 wurde die Entwicklung der *Wohnungszwangswirtschaft zur Marktwirtschaft* eingeleitet. Die Wohnraumbewirtschaftung und die Mietpreisbindung sollten dabei ab 1963 abgebaut werden (Abb. 7.3).

Abbaugesetz/-Lücke-Plan

Andererseits war Voraussetzung für den Einstieg in die „soziale Wohnungsmarktwirtschaft", dass kein Mieter unverschuldet in (Wohnungs-)Not geriet. Aus diesem Grunde wurde ein *soziales Miet- und Wohnrecht* und eine *subjektbezogene Wohnbeihilfe* („Gesetz über die Gewährung von Miet- und Lastenbeihilfen") eingeführt. Das Mieterschutzgesetz wurde durch ein „soziales Mietrecht" im Bürgerlichen

Soziales Mietrecht und subjektbezogene Wohnbeihilfe

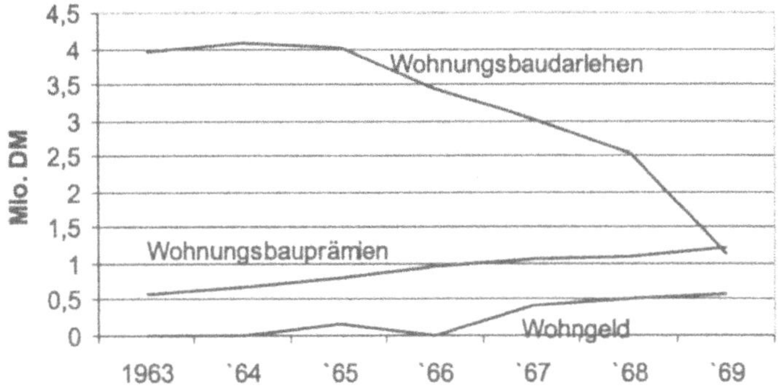

Abbildung 7.3: Förderung durch Finanzhilfen 1963–1969
Datenquelle: GEWOS

Gesetzbuch (BGB) ersetzt und damit das Mietrecht verbessert.

Durch das Mietrecht wurden Mieter vor unangemessenen Mieterhöhungen und willkürlichen Kündigungen geschützt (z. B. durch Verlängerung der Kündigungsfristen).

Die Regelungen hatten allerdings nur kurzfristigen Bestand. Obwohl die Wohnraumbewirtschaftung und die Mietpreisbindung nach und nach entfielen, wurde der Kündigungsschutz bald wieder eingeschränkt.

Nur für den sozialen Wohnungsbau galten weiterhin Miet- und Belegungsbindungen.

Versorgung einkommensschwacher Haushalte durch Subjektförderung

1. Wohngeldgesetz, 2. Förderweg

Durch das „1. Wohngeldgesetz" 1965 gewann die *Subjektförderung* an Bedeutung (sog. 2. Förderweg: personenbezogene Förderung). Hierbei gab es einheitliche Bestimmungen für das Bundesgebiet. Zur Vermeidung sozialer Härten sollte ein Mindestmaß an Wohnraum gesichert werden. Hierzu wurde *Wohngeld* direkt an wirtschaftlich schwache Haushalte gezahlt.

Die Verringerung der Mietbelastung stellt damit eine Ergänzung zum sozialen Wohnungsbau dar. Der Vorteil gegenüber der Objektförderung liegt darin, dass nach individuellen Verhältnissen gefördert wird. Nachteil ist jedoch, dass die Zuwendungen nicht unmittelbar zur Wohnraumverbesserung eingesetzt werden.

Mit Einführung des 2. Förderweges wurden je Wohnung weniger Fördermittel als im traditionellen Sozialwohnungsbau (1. Förderweg: objektbezogene Förderung) aufgewandt. Dafür waren die Einkommensgrenzen für Wohnberechtigte höher, so dass mehr Personen als Wohnberechtigte in Frage kamen. Außerdem wurde eine Aufwandssubvention eingeführt. An Stelle von zinslosen öffentlichen Baudarlehen traten Mittel des Kapitalmarktes, deren Zins- und Tilgungslasten durch öffentliche Darlehen und Zuschüsse gemindert wurden. Die Fördermittel wurden hierbei meist schrittweise abgebaut.

Reglementierung des Wohnungsmarktes und Sicherung angemessenen und familiengerechten Wohnens durch die sozial-liberale Koalition (1969–82)

Die sozial-liberale Regierungskoalition reglementierte den Wohnungsmarkt wieder stärker.

Ende der 60-er Jahre wurde der Wohnungsbau wieder der konjunkturpolitischen Globalsteuerung unterstellt.

2. Wohngeldgesetz

An die Stelle des 1. Wohngeldgesetzes trat 1970 das 2. Wohngeldgesetz. Hauptziel war die wirtschaftliche Sicherung *angemessenen* und *familiengerechten* Wohnens (qualitative Zielsetzung neben der quantitativen des ausreichenden Wohnraumes).

Die Höhe des Wohngeldes richtete sich nach der Höhe des Familieneinkommens und der Größe der Familie. Problematisch war jedoch, dass die maximale Wohngeldhöhe relativ gering war.

Rückgang des Wohnungsbaus

Die Grundstücks- und Baupreise sowie die Kapitalmarktzinsen stiegen im Folgenden an. Außerdem ging der *Wohnungsneubau* und hierbei vor allem der soziale Wohnungsbau *zurück*. Dies alles führte dazu, dass es wieder eine erhöhte Wohnungsnachfrage gab. Der „Lücke-Plan" hatte zu starken *Mietpreissteigerungen* geführt.

Die Altbaumieten waren in den 60-er Jahren um fast 7% pro Jahr gestiegen. Die Kündigungsschutzregelungen wurden als unzureichend empfunden.

Neubauförderung

Infolge dieser Zustände wurde das *Mietrecht verändert* und die *Neubauförderung verstärkt* (Abb. 7.4).

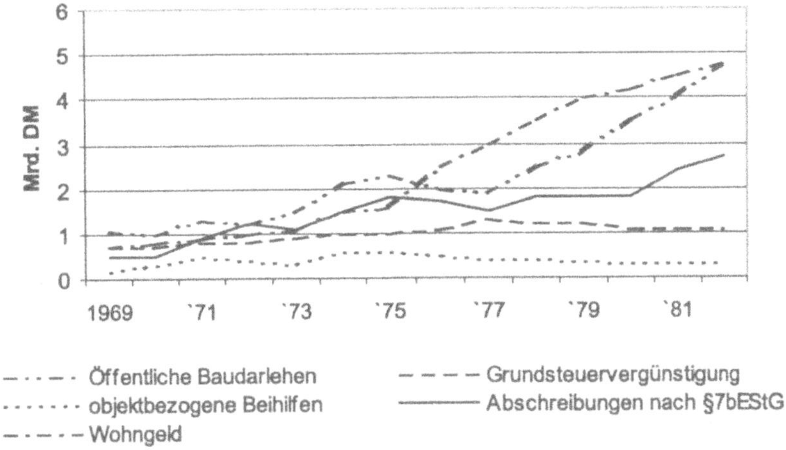

Abbildung 7.4: Wohnungsbauförderung insgesamt ohne Vermögensbildung 1969–1982

Datenquelle: GEWOS

Mieterschutz

Durch das „Mietrechtsverbesserungsgesetz" 1971 wurde die *Mietpreisbindung* wieder eingeführt und Mieter durch eine Sozialklausel, welche das *Kündigungsrecht* des Vermieters *einschränkt*, stärker vor Kündigungen geschützt. **Kündigungsschutz und Mietpreisbindung**

Mieterhöhungen durften bei bestehenden Mietverhältnissen nur einmal im Jahr und nur bis zur Höhe der ortsüblichen Vergleichsmiete vorgenommen werden.

Die Kündigung vom Vermieter war seit dem „1. Wohnraumkündigungsgesetz" 1971 (für 3 Jahre befristet) nur in bestimmten Fällen möglich. **1. Wohnraumkündigungsgesetz**

Hierzu gehörten wesentliche Vertragsverstöße, Eigenbedarf oder Gründe einer wirtschaftlichen Verwertung des Grundstückes.

Obwohl 1970–73 eine rege Bautätigkeit stattfand, die eine Verbesserung der Wohnraumversorgung zur Folge hatte, wurde 1974 ein „2. Wohnraumkündigungsgesetz" erlassen. Die Vorschriften des 1. Gesetzes wurden dabei langfristig festgeschrieben, indem die Kündigungsschutzregeln in das Bürgerliche Gesetzbuch übernommen wurden und die Bestimmungen zur Mietpreisbegrenzung in das „Gesetz zur Regelung der Miethöhe". Als Grund hierfür wurde die besonde- **2. Wohnraumkündigungsgesetz** re Schutzbedürftigkeit der Mieter angeführt. Das Gut Wohnen wurde zum Sozialgut. Die schlechte Position der Vermieter hatte zur Folge, dass seit 1974 ein starker *Rückgang des frei finanzierten Wohnungsbaus* zu verzeichnen war.

Wohneigentumsbildung für einkommensschwächere Haushalte

Einkommensschwächere Haushalte sollten bei der Wohneigentumsbildung stärker gefördert werden. Ziel war hierbei, für weite Kreise der Bevölkerung breitgestreutes Eigentum zu schaffen.

Umwandlung von Altbauwohnungen in Eigentum

- Altbauwohnungen: Die *Umwandlung* älterer Mietwohnungen in Eigentumswohnungen nahm zu, da diese günstiger zu erwerben waren als Neubauwohnungen.

Wohnungsmodernisierungsgesetz

Im Rahmen des Wohnungsmodernisierungsgesetzes 1976 sollte die *Wohnungsqualität* von Altbauten durch staatliche Zuschüsse und zinsgünstige Darlehen verbessert werden. Dies geschah z. B. durch Aufwendungszuschüsse und -darlehen sowie staatliche Bürgschaften. Verbessert werden sollten vor allem schlecht ausgestattete Wohnungen, die von einkommensschwachen Haushalten bewohnt wurden.

Es sollte zwar eine Modernisierung stattfinden, diese aber nicht zu kostenaufwendig sein. Subventionen waren bei modernisierungsbedingten Mieterhöhungen zu berücksichtigen.

Die Mittel wurden gezielt in bestimmten Gebieten eingesetzt, damit ganze Wohnviertel verbessert werden konnten, in denen es viele verbesserungswürdige Wohnungen und einkommensschwache Bewohner gab.

Förderung energiesparender Investitionen

Wegen der durch die zwei Ölkrisen 1973 und 1978 steigenden Energiekosten wurde 1978 das Wohnungsmodernisierungsgesetz neu gefasst, um zusätzlich *energiesparende Investitionen* zu fördern. Hierdurch stellte sich bei Modernisierungen eine ökologische Zielrichtung zur Einsparung von Heizenergie ein.

Wohnungsmodernisierungen

Die *Wohnungsmodernisierung* gewann zunehmend an Bedeutung. Dies hatte den Grund, dass der Qualitätsanspruch der Bewohner gestiegen war und die Modernisierungsförderung für den Staat kostengünstiger war als die Neubauförderung. Außerdem sprachen städtebauliche Gründe für den Erhalt von Altbauten.

Es wurde Wert darauf gelegt, Altbauwohnungen und damit alte Innenstädte zu erhalten und eine Umwidmung von Wohnflächen in Ortszentren zu verhindern.

Steuerliche Vergünstigungen, eine Veränderung der möglichen Mieterhöhungen und diesbezüglichen Modernisierungsregelungen führten dazu, dass Mitte der 70-er Jahre vermehrt in den Wohnungsbestand investiert wurde.

Die Kosten von Modernisierungen konnten bis zu 14% auf die jährliche Miete umgelegt oder die Mieten auf das für den modernisierten Standard entsprechend übliche Niveau angehoben werden.

Dies hatte zur Folge, dass die Mieten für viele Bewohner nicht mehr tragbar waren. Aus diesem Grunde wurde gesetzlich verankert, dass Mieter Modernisierungen ablehnen können, wenn sie über das übliche Maß hinausgehen und wesentliche Mieterhöhungen zur Folge haben.

- Sozialwohnungen: Durch das „Gesetz über steuerliche Vergünstigungen bei der Herstellung oder Anschaffung bestimmter Wohngebäude" wurde 1977 die Möglichkeit eröffnet, *Sozialwohnungen in Eigentumswohnungen* umzuwandeln. Hierzu wurden Sonderabschreibungen nach § 7b Einkommensteuergesetz und Vergünstigungen bei der Grunderwerbsteuer auch für den Erwerb von Altbauwohnungen ermöglicht, die vorher nur für Neubauwohnungen galten (Abb. 7.5).

Umwandlung von Sozialwohnungen in Eigentum

Die daraus resultierende, gestiegene Wohnungskaufnachfrage führte zu höheren Erlösen und dies wiederum zu einer höheren Verkaufsbereitschaft.

Im Sozialwohnungsbestand sollten durch das „Wohnungsbauänderungsgesetz" 1980 *marktwirtschaftliche* Verhältnisse eingeführt und damit auf *Fehlbelegungen* reagiert werden.

Wohnungsbauänderungsgesetz

Häufig verblieben Familien, deren Einkommen die Wohnberechtigungsgrenzen mit der Zeit überschritten hatten, in Sozialwohnungen.

Mit dem Wohnungsbauänderungsgesetz wurden Anreize zur Umwandlung des Sozialwohnungsbestandes in Eigentum geschaffen.

Mietpreis- und Belegungsbindungen wurden für Sozialwohnungen gelockert. Die Bindungszeiten für Vorgaben bei Sozialwohnungen (wie die maximale Miethöhe) wurden bei freiwilliger vorzeitiger Rückzahlung der öffentlichen Darlehen verkürzt oder z.T. sogar beseitigt. Im Gegenzug wurde der allgemeine Mieterschutz bei der Umwandlung in Eigentumswohnungen verschärft.

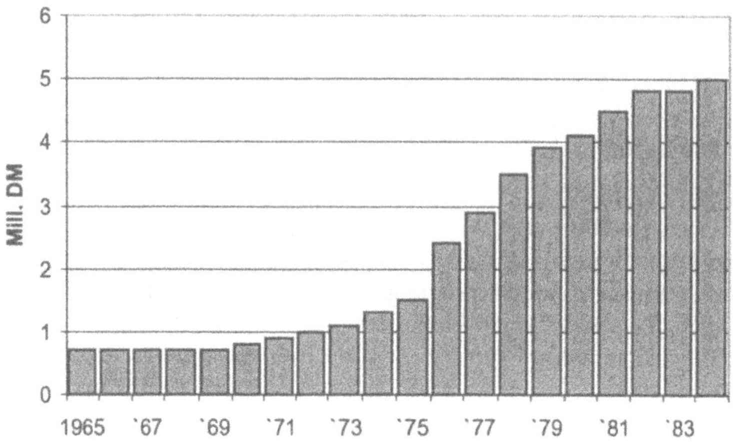

Abbildung 7.5: Steuermindereinnahmen durch erhöhte Absetzungen für Wohngebäude (§§ 7b und 54 EStG) im Jahr der haushaltsmäßigen Auswirkung

Datenquelle: BMBau

Die Maßnahmen wurden kritisiert, da Fehlsubventionierung zugunsten von Vermietern und Mieterhöhungen für ältere Sozialwohnungen verbunden mit einer Verschlechterung der Wohnungsversorgung befürchtet wurden.

Abbau von Fehlsubventionen und Mietverzerrungen

Es wurde daher 1981 das „Gesetz zum Abbau der Fehlsubventionierung und der Mietverzerrung im Wohnungswesen" erlassen.

Die Miete orientierte sich bis dahin nicht an der Qualität der Wohnung, sondern an der Höhe der Förderung, die je nach Entstehungszeit der Wohnung unterschiedlich war.

Durch das Gesetz wurde unter anderem eine Fehlbelegungsabgabe für Mieter eingeführt, deren Einkommen mehr als 20% der Wohnberechtigungsgrenzen überschritt. Hierdurch fand ein Ausgleich von Subventionsvorteilen statt. Außerdem lieferten die Abgaben zusätzliche Finanzierungsmittel für neue Sozialwohnungen.

- Mietkauf und Wohnbesitzwohnungen: Auch mit dem sogenannten *Mietkauf* (Förderung durch Möglichkeit des „Nachsparens") und der *Wohnbesitzwohnungen* (Dauerwohnrecht in einer Sozialwohnung bei Beteiligung an einem bestimmten Immobilienfonds) wurden neue Vermögensforemen eingeführt, die einkommensschwachen Haushalten den Immobilienkauf erleichtern sollten. Wegen komplizierter Verfahren relativ geringer Verfügungsbefugnisse erlangte die Wohnbesitzwohnung jedoch kaum Bedeutung.

Stärkere Marktwirtschaft durch die christlich-liberale Koalition (1982-1989)

Wohnungsmarktsättigung

Inzwischen waren zahlenmäßig genügend Wohnungen bei gleichbleibender Bevölkerung vorhanden. Es trat eine *Wohnungsmarktsättigung* ein, die sinkende Verkaufspreise nach sich zog.

Marktwirtschaftliche Richtung im Mietrecht

Lockerung des Mietrechtes

Der starke Kündigungsschutz hatte zur Folge, dass ein Teil der Wohnungen dem Markt nicht zur Verfügung gestellt wurden. Dies führte zu neuen Engpässen in der Wohnungsversorgung in Großstädten. Durch das „Gesetz zur Erhöhung des Angebotes an Mietwohnungen" wurde darum 1982 das *Mietrecht* in *marktwirtschaftlicher* Richtung geändert.

Vermietern wurde wieder mehr Spielraum bezüglich Kündigungen, Mieterhöhungen und Vertragsfreiheit eingeräumt. Das Gesetz machte eine Staffelmiete für Neu- und Altbauwohnungen möglich, Zeitmietverträge wurden zugelassen und das Vergleichsmietenverfahren wurde vereinfacht. Mieterhöhungen waren dadurch leichter möglich. Höhere Ertragserwartungen und die Möglichkeit zu zeitlich begrenzten Mietverträgen führten dazu, dass dem Mietmarkt mehr Wohnungen zur Verfügung gestellt wurden.

Förderung von Wohnungs- und Hausbesitz

Selbstgenutztes Wohneigentum

Zusätzlich wurde der *Erwerb* von *selbstgenutzten* Wohnungen durch direkte Hilfen und steuerliche Erleichterungen gefördert. Dies geschah aus sozialen und gesellschaftlichen Gründen, aber auch, um die finanzielle Situation des öffentlichen Haushaltes zu verbessern.

1982 wurde die Abzugsfähigkeit der Schuldzinsen vom steuerpflichtigen Einkommen erweitert und damit der Anreiz zum Eigenheimbau verstärkt.

Steuerliche Änderungen führten ab 1986 dazu, dass selbstgenutztes Wohneigentum nicht mehr als Investitionsgut, sondern als Konsumgut behandelt wurde. Die Eigentumsförderung wurde familiengerech-

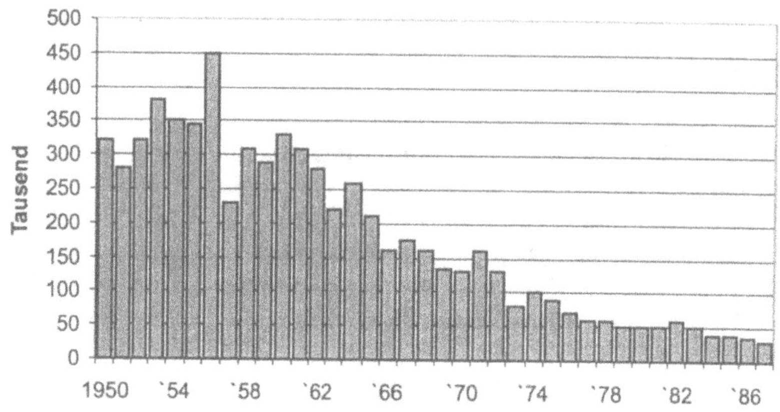

Abbildung 7.6: Bewilligte Sozialwohnungen nach dem 1. Förderweg 1950–1987
Datenquelle: GEWOS

ter, da eine Ausdehnung des Baukindergeldes auf das erste Kind und eine Anhebung des jährlichen Abzugsbetrages stattgefunden hatte.

Zur *Belebung des sozialen Wohnungsbaus* und der *Baunachfrage* wurde 1983 durch die Bundesregierung ein einmaliges Sonderprogramm in Form zusätzlicher Fördermittel aufgelegt. Hauptsächlich wurden hierbei *Eigentümerwohnungen* und der zweite Förderungsweg unterstützt, aber auch konventionelle Sozialmietwohnungen. Ziel war primär die Unterstützung der Bauwirtschaft und die Schaffung von Wohnraum vor allem in Großstädten.

Nachdem 1983 mehr als 100.000 Sozialwohnungen gefördert wurden, sanken die Bewilligungszahlen danach wieder wesentlich ab.

Rückzug des Bundes aus der Förderung von Sozialwohnungen

Rückzug des Bundes aus dem sozialen Mietwohnungsbau

Seit 1986 wurden *Bundesmittel* im Rahmen des sozialen Wohnungsbaus nur noch *für Eigentümerwohnungen* zur Verfügung gestellt. Wenn Mietwohnungen gefördert werden sollten, mussten Länder und Gemeinden die Mittel ausschließlich selbst aufbringen (Abb. 7.6 und 7.7). Die realen Wohnungsbauinvestitionen gingen daraufhin zurück.

Die Zahl der fertiggestellten Wohnungen sank mit ca. 210.000 Neubauwohnungen 1988 auf den Tiefpunkt.

Da seit der stark gekürzten Förderung von Sozialwohnungen zum

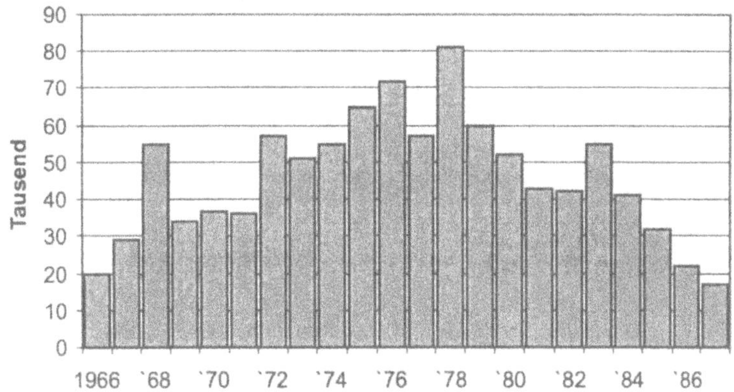

Abbildung 7.7: Bewilligte Sozialwohnungen nach dem 2. Förderweg 1966–1987
Datenquelle: GEWOS

einen wesentlich weniger Neubauten erstellt wurden (Rückgang von ca. 75% in 4 Jahren), zum anderen die alten Bestände gleichzeitig abnahmen bzw. modernisierungsbedürftig wurden, verschlechterte sich das Angebot von Sozialwohnungen zunehmend.

Seit Mitte der 80-er Jahre nahm die Zahl der Haushalte und demzufolge die Wohnungsnachfrage zu.

Zunahme der Haushalte

Aussiedler aus Osteuropa und Asylbewerber wanderten ein und es gab einen anhaltenden Trend zu kleinen (1- und 2- Personen-) Haushalten.

7.1.4 Phase 4: Wiedervereinigung, Wohnungspolitik in Ostdeutschland (seit 1990)

Die Situation auf dem Wohnungsmarkt veränderte sich gravierend durch die *Wiedervereinigung Deutschlands* 1990. In den neuen Bundesländern war der *Wohnungsbestand* qualitativ und quantitativ *unzureichend.* Dies führte mit der einsetzenden Wanderbewegung von Übersiedlern zu einer *verstärkten Wohnraumnachfrage* in ganz Deutschland. Zudem stiegen die Herstellungskosten für Gebäude (durch höhere Lohn-, Material- und Grundstückskosten). Beides hatte Mietsteigerungen zur Folge. Deshalb nahm der *Bund* die *Förderung des Mietwohnungsneubaus* wieder auf.

Unzureichender Wohnungsbestand

Wohnraumnachfrage

	Nicht modernisierte Altbauwohnung Unterstandard	Modernisierte Altbauwohnung	Modernisiertes Einfamilienhaus
Alte DDR- Miete	1,-	1,-	1,-
1994	2,50 - 4,00	5,60 - 6,20	5,60 - 6,20
1997	2,50 - 4,60	6,49 - 7,09	6,71 - 7,31

Tabelle 7.2: Durchschnittliche Mieten in den neuen Bundesländern ohne Nebenkosten pro m²

Datenquelle: Jenkis (zitiert in: Mayer)

Investitionssteigerungen in den neuen Bundesländern

Bei den ostdeutschen Bürgern wirkten sich fehlende Einkommenssicherheit und drohende Arbeitslosigkeit auf die finanzielle Situation aus. Dies wiederum beeinflusste die zu erwartende Rentabilität und hemmte die Privatisierungsvorgänge. Die Verbesserung der Wohnsituation war daher anfangs auf die *Bestandserhaltung und -verbesserung* begrenzt.

Bestandserhaltung und -verbesserung

Ungeklärte Eigentumsverhältnisse, eine unsichere Gesamtentwicklung, fehlendes Kapital und unverhältnismäßig geringe Mieten hatten zur Folge, dass nur sehr zögerlich investiert wurde.

Mietenreform Ost

Der *Investitionsanreiz* wurde 1991 mit der „Mietenreform Ost" durch vereinfachte Mietfeststellungen und Umlagen, ein einfacheres Wohngeldverfahren und die Anhebung der Grundmieten erhöht (Tabelle 7.2).

Die 1. und 2. „Grundmietenverordnung" (Gmv) 1991 und 1993 stellte die Grundlage für eine solide Bewirtschaftung der Wohnungsbestände dar und mobilisierte privates Kapital für Wohnungsbauinvestitionen.

Durch die Mietanhebungen hat sich die Ertragslage verbessert. Die Mieten sind im Vergleich zu den alten Bundesländern jedoch immer noch sehr gering.

Volkseigene Wohnungen

Mit dem Einigungsvertrag waren die *volkseigenen Wohnungen* in das Eigentum der Kommunen übergegangen. Um dringende *Bestandsinvestitionen* zu ermöglichen, wurde wegen der Altschulden mit kreditgebenden Banken für kommunale und genossenschaftliche Wohnungsunternehmen ein Zins- und Tilgungsaufschub bis Ende 1993 vereinbart.

Wohnungsbau

Durch steuerliche Anreize sollten die *Wohnungsbauinvestitionen* in Ostdeutschland gefördert werden (Föderales Konsolidierungsprogramm bis Ende 1996).

Dabei war in den ersten 5 Jahren eine 5%-ige Sonderabschreibung für Investitionen in das Privatvermögen und Steuervorteile für selbstnutzende Eigentümer für Instandsetzungs- und Modernisierungsmaßnahmen möglich.

In den neuen Ländern hat es seit der Wiedervereinigung eine starke Bautätigkeit gegeben. Bei mehr als der Hälfte des Wohnungsbestandes wurden Modernisierungs- und Instandsetzungsmaßnahmen durchgeführt. Trotzdem hat die ostdeutsche Wohnungswirtschaft mit steigenden Leerständen zu kämpfen, die zu wirtschaftlichen Problemen der Eigentümer und zu städtebaulichen Problemen führen.

Leerstände

Deshalb wird versucht, mit einem Anschlussprogramm an das *KfW-Modernisierungsprogramm* (Kreditanstalt für Wiederaufbau) mit zinsgünstigen Krediten, Investitionszulagen und steuerlichen Sonderregelungen für Sanierungsgebiete entgegenzuwirken.

Entwicklungen in Gesamtdeutschland

Die Wohnungsmarktsituation in den neuen Ländern lenkte von einem *unzureichendem Wohnungsangebot* vor allem in Ballungsräumen, sozialen Ungerechtigkeiten bei der Vermögens- und Subventionsverteilung und zunehmenden Finanzierungsschwierigkeiten bei der Eigentumsbildung in den alten Ländern ab.

Unzureichendes Wohnungsangebot

Die Umsetzung der *Wohnungsmarktwirtschaft* war beeinträchtigt durch die Wiederaufnahme des sozialen Wohnungsbaus und die wieder *stärkeren Regulierungen.*

Sozialer Wohnungsbau

Der *soziale Wohnungsbau* wurde auf hohem Niveau gefördert. Bevorzugt verfolgt wurde dabei der *3. Förderweg* mit größerer Vertragsfreiheit zwischen Bauherren und Kommunen.

3. Förderweg

Die Förderung des sozialen Wohnungsbaus wurde flexibel und frei vereinbar gestaltet. Wohnungsunternehmen wurde die Möglichkeit zur individuellen und direkten Aushandlung der Förderungsbedingungen gegeben.

Andererseits wurde das *Mietrecht* verschärft und das Mieterhöhungsrecht im sozialen Wohnungsbau stärker begrenzt.

Verschärftes Mietrecht

1992 wurde der mögliche Mietanstieg von 30 auf 20% innerhalb von 3 Jahren begrenzt (Gesetz zur Begrenzung des Mietanstiegs 1992 und Miethöhegesetz).

Damit wurde die Rentabilität wieder beschränkt, was sich auf die Investitionen im Mietwohnungsbau negativ auswirkte.

Förderung des selbstgenutzten Wohneigentums Wohnungspolitisches Ziel der CDU/CSU- und FDP-Regierung war die Vermehrung des *selbstgenutzten Wohneigentums.*

1991 wurde das Baukindergeld erhöht. Mit dem Steueränderungsgesetz wurde das selbstgenutzte Wohneigentum 1992 stärker begünstigt (§ 10e EStG). Zudem wurden die Fördersätze angehoben.

Investitionserleichterungs- und Wohnbaulandgesetz Um die *Neubautätigkeit* anzuregen, wurde 1993 das „Investitionserleichterungs- und Wohnbaulandgesetz" erlassen. Die Preisentwicklung für Bauland sollte damit gesenkt und die Baulandausweisung vereinfacht werden.

So wurden z. B. die Fristen für Verfahrensschritte zur Aufstellung von Bebauungsplänen verkürzt.

Wohnungsbauförderungsgesetz, einkommensorientierte Förderung 1994 wurde das „Wohnungsbauförderungsgesetz" erlassen, welches für den sozialen Wohnungsbau eine *einkommensorientierte Förderung* in Form einer Kombination aus Objekt- und Subjektförderung ermöglicht.

Durch eine Grundförderung werden marktorientierte, aber vergleichsweise geringe Mieten sichergestellt (der Investor verpflichtet sich, bei Förderung keinen höheren als den vereinbarten Mietzins zu verlangen). Den Mietern, die für diese Miete nicht aufkommen können, wird eine Zusatzförderung gewährt.

Bundesmittel, die nicht nach § 88e WoBauFördG eingesetzt wurden, konnten durch die Länder für andere Maßnahmen des sozialen Wohnungsbaus verwandt werden.

Auf diese Weise bestand für die Länder weiterhin die Möglichkeit, den 1. und 2. Förderweg zu wählen (Objekt- und Subjektförderung, vor allem durch SPD-regierte Länder).

Zudem beteiligt sich der Bund weiterhin am 1. Förderweg. Der Bund stellt den Ländern für den sozialen Wohnungsbau finanzielle Mittel zur Verfügung. Die Einkommensgrenzen im sozialen Wohnungsbau sind gestiegen, wodurch sich die Zahl der Sozialwohnungsberechtigten erhöht hat.

Bei den bestehenden Einkommensgrenzen sind ca. 40% der Haushalte für Sozialwohnungen wohnberechtigt, wobei nur ca. die Hälfte dieser Haushalte ihren Anspruch geltend macht.

Wohngeld Da nicht für alle Wohnberechtigten eine Sozialwohnung zur Verfügung gestellt werden kann, ist auch weiterhin das *Wohngeld* erforderlich, damit sozial schwache Haushalte ihre Wohnung halten können.

1996 wurde die einkommensabhängige steuerliche Förderung bei

Eigenheimen durch die *Eigenheimzulage* ersetzt. Für einkommensschwächere Haushalte hat dies Vorteile, für einkommensstärkere Nachteile.

Eigenheimzulage

Da sich die Förderung prozentual nach den Anschaffungskosten richtet, maximal aber nur 100.000 DM der Anschaffungskosten berücksichtigt werden, werden günstigere Immobilien im Vergleich zu teureren stärker gefördert.

Die schlechte Lage des *Bundeshaushaltes* bedingt *Sparmaßnahmen* in verschiedenen Bereichen bei gleichzeitiger Gewährleistung der Versorgungssituation. Die SPD-Grüne-Regierung setzt daher verschiedene Reformen um (Steuerreform, Rentenreform, Reform des sozialen Wohnungsbaus).

Sparmaßnahmen

Beispiel:
Das Wohngeld wurde erhöht, mit der Reform des sozialen Wohnungsbaus soll u. a. der Erwerb von Wohneigentum aus dem Bestand erleichtert werden, selbstgenutztes, günstiges Wohneigentum und der Bau von Mehrfamilienhäusern sollen gefördert werden. Mit dem Mietrechtsreformgesetz wird 2001 der Mieterschutz noch erhöht. Die Möglichkeit von Zeitmietverträgen entfällt.

Es wird davon ausgegangen, dass im Bereich des selbstgenutzten Wohneigentums erhebliche Wachstumspotenziale liegen, wenn die Bau- und Bodenkosten sinken. Unter anderem sollen diese Potenziale aktiviert werden.

Ausblick

Bei einer Preissenkung auf 250.000 DM pro Immobilie könnten sich danach jährlich 170.000 Mieter ein Eigenheim leisten.

Quelle: Bundesministeriums für Verkehr, Bau- und Wohnungswesen 01/2000

Einer Senkung der Bau- und Bodenkosten stehen jedoch höhere Ansprüche an die Wohn- und Umfeldqualität sowie zunehmende Anforderungen an die planerischen, bautechnischen und ökologischen Belange entgegen.

7.2 Motive und Zielsetzung der staatlichen Wohnungspolitik

Die staatliche Wohnungspolitik unterliegt dem Prinzip der *sozialen Marktwirtschaft*. Der Wohnungsmarkt soll – soweit möglich – der freien Marktwirtschaft überlassen werden. Andererseits soll der Staat lenkend eingreifen, wenn eine Grundversorgung an Wohnraum nicht gesichert ist.

Soziale Marktwirtschaft

7.2.1 Direkte wohnungspolitische Ziele

Sicherung der Wohnraumversorgung

Das Gut „Wohnen"

Das *Gut „Wohnen"* zählt zu einem der *Grundbedürfnisse* des Menschen. Ziel der staatlichen Wohnungspolitik ist es, das Grundbedürfnis nach *Wohnraum unabhängig von der Marktlage* auch für einkommensschwache Haushalte zu befriedigen.

Es wird davon ausgegangen, dass durch die Marktwirtschaft allein keine *Versorgungssicherheit* von Wohnraum gewährleistet werden kann. Das Gut „Wohnen" soll daher günstiger angeboten werden, als es der Markt ohne staatliche Einflussnahme tun würde.

Übergeordnete Ziele

Die Wohnungspolitik soll

- eine ausreichende quantitative Wohnungsversorgung und
- ein Mindestmaß an Wohnraumqualität sichern,
- Wohneigentum für weite Kreise der Bevölkerung schaffen und
- angemessenen Wohnraum für alle Bevölkerungsschichten sichern, insbesondere für einkommensschwache und kinderreiche Haushalte.

Aufgaben des Staates

Die *Aufgabe des Staates* besteht darin, die *freie Wirtschaft* mit wirtschafts- und sozialpolitischer Einflussnahme so zu *korrigieren*, dass auch finanziell schwache Bevölkerungsgruppen mit Wohnraum versorgt werden. Durch staatliche Einflussnahme sollen die Rahmenbedingungen für genügend und bezahlbares Wohnungsangebot geschaffen werden. Außerdem hat der Staat für *soziale Gerechtigkeit* bei der Wohnraumverteilung zu sorgen.

Herrscht durch Unterversorgung ein Nachfragedruck, ist Ziel der Wohnungspolitik eine *quantitative Bauleistung*. Bei zunehmender Marktsättigung spielt die Verbesserung der *Wohnqualitäten* eine zunehmende Rolle.

Beispiel:
Um genügend Wohnraum zu gewährleisten, werden Anreize zum Wohnungsbau z. B. durch Bereitstellung geeigneten Baulandes, kurze Abschreibungsfristen, Wohnumfeldverbesserungen und effiziente Genehmigungsverfahren geschaffen. Außerdem werden finanziell schwache Haushalte z. B. durch direkte Förderung über das Wohngeld unterstützt.

7.2.2 Weitere wohnungspolitische Ziele

Ziele in Bezug auf angelagerte Bereiche

Der Wohnungsmarkt steht in starker *Wechselbeziehung* zu angelagerten anderen Bereichen. Hieraus ergeben sich neben dem sozialen Hauptziel der Schaffung und Gewährleistung eines quantitativ und qualitativ ausreichenden Bestandes an Wohnungen auch angelagerte Zielsetzungen der Wohnungspolitik, die wiederum auf das soziale Ziel zurückwirken:

Wechselbeziehungen

Ziele angelagerter Bereiche

- *Konjunkturelle Ziele*: Beeinflussung der Konjunktur durch den Wohnungsbau als Zweig mit hoher Multiplikatorwirkung auf direkt oder indirekt verbundene Wirtschaftszweige.
- *Vermögenspolitische Ziele*: Vermögensbildung und -sicherung breiter Bevölkerungsschichten, direkte Beziehung der Bevölkerung durch die Beteiligung am volkswirtschaftlichen Vermögen durch Eigenheime.
- *Ziele der regionalen Strukturpolitik* (Städtebau- und Raumordnungspolitik): Standortgebundenheit durch räumlich gezielten Mitteleinsatz, hierdurch z. B. städtebauliche Einflussnahme (z. B. Förderung von Modernisierungen in bestimmten Gebieten).
- *Ziele der Sachgebietspolitik*: Einflussnahme auf die Mietpreisbildung durch verschiedene wohnungspolitische Eingriffe (z. B. Förderung der Selbstversorgung der Bevölkerung durch Wohneigentum und Beeinflussung der Miethöhe).

7.2.3 Gründe für die staatliche Wohnungspolitik

Probleme des Wohnungsmarktes

Der Wohnungsmarkt beinhaltet *spezifische Probleme*, durch die staatliche Eingriffe gerechtfertigt werden:

Rechtfertigungen staatlicher Einflussnahme

- Abnehmende Investitionsbereitschaft im sozialen Wohnungsbau,
- fehlende Versorgung von Problemgruppen mit Wohnraum und
- steigende Baukosten und Baulandpreise, die zu hohen Mieten führen.

Die *Nachfrage nach bestimmten Wohnungen* ist noch immer größer als das Angebot. Dies hätte in der Marktwirtschaft Mietpreissteigerungen zur Folge, die nicht von allen Bevölkerungsgruppen tragbar wären. Gerade günstige Wohnungen für einkommensschwache Haushalte rentieren sich für Investoren ohne Förderung nicht. Der Wohnraumbedarf für diese *Bevölkerungsgruppe* würde nicht gedeckt werden.

Beispiel:
Ein Investor möchte ein Mietshaus erstellen. Eine Wohnung mit gehobenem Standard ist ca. 20% teurer als eine mit geringem Standard. Er nimmt dafür aber 50% mehr Miete ein und kann mit zahlungsfähigen Mietern rechnen. Die 7-köpfige Familie mit unsicherem Einkommen und geringerer Einkommenselastizität bedeutet für ihn ein höheres Renditerisiko. Darum baut er nicht für diese Personengruppe. Da auch andere Investoren so handeln, nimmt der Wohnraum für die einkommensschwachen Bevölkerungsgruppen ab, was zusätzliche Mietsteigerungen zur Folge hat.

Ausgabefähiges Einkommen

Zudem geben private Haushalte schon jetzt durchschnittlich ca. 25% ihres *ausgabefähigen Einkommens* für das Wohnen aus. Sie wären nicht bereit oder in der Lage, plötzlich wesentlich mehr zu zahlen. Unmut in weiten Teilen der Bevölkerung, der in einem solch existenziellen Bereich revolutionäre Ausmaße annehmen könnte, wäre die Folge (hiermit verbunden ist auch der Aspekt der Sicherung von Wählerstimmen). Auch würde bei starken Mietsteigerungen ein nicht absehbarer Wohnungswechsel einsetzen, der immense Folgen für den gesamten Siedlungsraum hätte.

Besonderheiten des Wohnungsmarktes

Der Wohnungsmarkt nimmt im Vergleich zu anderen Gütermärkten eine *besondere Stellung* ein. Auch hiermit wird die staatliche Steuerung gerechtfertigt.

Bestandsmarkt

Der Wohnungsmarkt ist ein *Bestandsmarkt.* Sich verändernde Anforderungen an Wohnungen können immer nur mit Zeitverzögerungen (durch Neu- und Umbau) gedeckt werden. Umgekehrt gibt es ein Bestandsangebot an Wohnungen, welches der sich ändernden Nachfrage nicht nachkommt. Besondere Risiken liegen für den Anbieter in der langen Amortisationsdauer einer Wohnung. Es ist nicht vorhersehbar, wie sich die langfristige Nachfrage, das Angebot und die Preise entwickeln. Die Kontinuität der zu erwartenden Erträge ist damit unsicher.

Die Entwicklung der Nachfrage am Wohnungsmarkt ist abhängig von der Zahl der Haushalte und der Art der Haushalte (z. B. Personenanzahl, Altersstruktur und finanzielle Möglichkeiten). Durch die demographische Entwicklung (Überalterung), den Wertewandel (zunehmend Single-Haushalte), Wanderungsbewegungen und die Einkommensentwicklung ergeben sich mit der Zeit immer wieder andere Nachfragegruppen mit anderen Bedürfnissen.

Beispiel:
Ein Investor ließ vor 20 Jahren ein Mietwohnungshaus errichten. Die Wohnungen sind mit relativ kleinen Räumen für Familien mit 2 Kindern vorgesehen. Inzwischen werden zunehmend kleinere Appartementwohnungen für Singles gesucht. Auch die eingebauten Nachtspeicheröfen entsprechen nicht der heutigen Nachfrage. 30% der Wohnungen stehen leer. Die Wohnungen können nur mit sehr großem Aufwand umgebaut werden.

- Der Wohnungsmarkt ist *heterogen*. Wohnungen unterscheiden sich z. B. in ihrer Lage, Ausstattung oder Größe. Eine Wohnung kann daher nicht einfach gegen eine andere ausgetauscht werden. **Heterogener Markt**

  Beispiel:
  Ein „Doppelverdiener-Paar" ohne Kinder bewohnt ein exklusives, großräumiges 2-Zimmer-Penthouse in zentraler Innenstadtlage. Aus beruflichen Gründen muss das Paar in eine andere Stadt umziehen. Das Wohnungsangebot dort ist groß, entspricht jedoch nicht ihren Ansprüchen. Umgekehrt enstspricht das dann freiwerdende Penthouse nicht den Bedürfnissen einer Familie mit 5 Kindern.

- Es bestehen *vor- und nachgelagerte Märkte*, wie z. B. der Bodenmarkt, der Kapitalmarkt usw., die auf den Wohnungsmarkt wirken. Für die Anbieterseite bestehen z. B. zur Erstellung eines Gebäudes die Leistungen vorgelagerter Märkte: Bodenmarkt (Grundstückskosten), Baumarkt (Bauwerkskosten mit Planungs-, Neben- und Herstellungskosten) und Kapitalmarkt (Kreditzinshöhe). Diese Märkte haben Einfluss auf den Wohnungsmarkt (Eigentumsbildung und Mietpreis). **Vor- und nachgelagerte Märkte**

  Beispiel:
  Im Innenstadtgebiet von München stehen keine freien Baugrundstücke mehr zur Verfügung. Bei einer Neubebauung (z. B. durch Abriss des Bestandes) werden z. B. Einzelhandelsnutzungen bevorzugt, da hierdurch höhere Mieten erzielt werden können, die den hohen Grundstückspreis decken. Neue Wohnungen entstehen nicht, alte nehmen ab. Die verbleibenden Wohnungen sind sehr gefragt und entsprechend teuer.

- Die verschiedenen *Teilmärkte* wirken aufeinander. Eine starke

Nachfrage in einem Teilmarkt erhöht meist auch die Nachfrage und das Angebot in dem anderen Teilmarkt.

Beispiel:
In einer kleinen Gemeinde nahe einer Großstadt werden große Baulandflächen ausgewiesen. Die Nachfrage ist groß. Es werden viele Einfamilienhäuser gebaut. Der ortsansässige Bauträger ist voll ausgelastet. Ein zweiter Bauträger siedelt sich an.

Alternative Anlagemöglichkeiten (z. B. Aktien) führen zu Investitionsverlagerungen.

7.3 Wohnungspolitische Instrumente und ihre Funktion

Wohnungspolitik Die *Wohnungspolitik* versteht sich nicht nur als Politik, die den Wohnungsmarkt direkt beeinflusst. Es kann sich auch um indirekt auf die Wohnversorgung gerichtete Eingriffe handeln.

Wohnungspolitik bezieht sich dabei auf die *Bodenpolitik* und auf die *Wohnungspolitik* im engeren und weiteren Sinne. Bodenpolitik und Wohnungspolitik ergänzen sich gegenseitig. Die Wohnungspolitik im *engeren* Sinne beinhaltet die *Wohnungsbaupolitik* und die *Wohnungsbestandspolitik*. Die Wohnungsbaupolitik ist ausgerichtet auf die Schaffung neuer Wohnungen, die Wohnungsbestandspolitk ist ausgerichtet auf den vorhandenen Wohngungsbestand. Die Wohnungspolitik im *weiteren* Sinne betrifft Teilgebiete der *Konjunktur-, Sozial-, Vermögens- und Strukturpolitik*.

Durch die Komplexität der einflussnehmenden Faktoren auf den Wohnungsmarkt ergeben sich diverse Instrumentarien, die zur Erreichung wohnungspolitischer Ziele (Wohnraumversorgung) eingesetzt werden (Abb. 7.8). Sie lassen sich grob unterteilen in

- *leistungspolitische Instrumentarien* (finanzpolitische Maßnahmen) und
- *ordnungspolitische Instrumentarien* (rechtliche Maßnahmen).

Die nachfolgenden Ausführungen dienen dem Überblick und erheben keinen Anspruch auf Vollständigkeit.

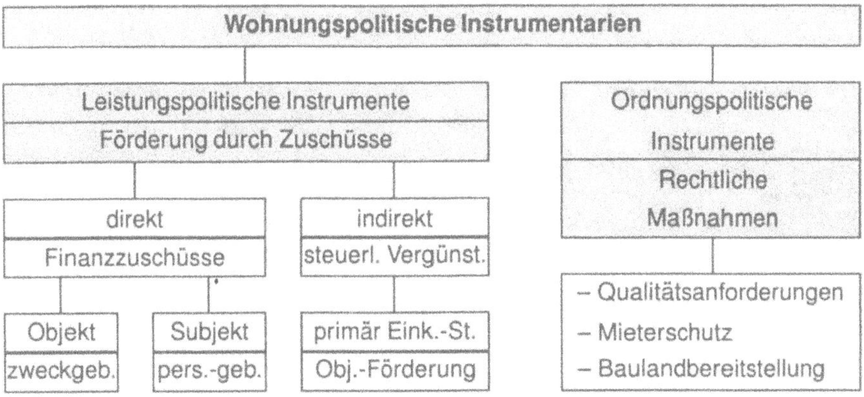

Abbildung 7.8: Überblick über wohnungspolitische Instrumente

7.3.1 Leistungspolitische Instrumentarien

Förderung durch finanzielle Leistungen

Mit leistungspolitischen Instrumentarien greifen Bund, Länder oder Gemeinden durch *finanzielle Leistungen* (Förderungen) in den Wohnungsmarkt ein und schaffen hiermit Anreize zur Investition. Es wird unterschieden in die *direkte Förderung* durch Förderung mit Finanz- oder Haushaltsmittel und die *indirekte Förderung* durch Steuervergünstigungen. Direkte und indirekte Förderungen können sowohl Neubau- als auch Modernisierungsmaßnahmen betreffen und diese wiederum den Sozial- und Mietwohnungsbau oder Eigenheimbau.

Direkte Förderung

Direkte Förderung durch finanzielle Zuschüsse

Die direkte Förderung durch finanzielle Zuschüsse unterteilt sich in die *Objektförderung* und die *Subjektförderung*.

Objektförderung

Zweckbindung bei der Objektförderung

Bei der Objektförderung werden die Baumaßnahmen direkt gefördert und dadurch das Angebot an Wohnraum erhöht. Die objektbezogenen finanziellen Anreize sind an ein Kauf- oder Mietobjekt gebunden und werden unabhängig von der finanziellen Situation des Interessenten gewährt. Sie sind *zweckgebunden*.

Beispiel:
Um die Modernisierung von alten Wohngebäuden im neuen Bundesgebiet zu fördern, können über die Kreditanstalt für Wiederaufbau (KfW) zinsvergünstigte Darlehen für Modernisierungsmaßnahmen in Anspruch genommen werden.

Mögliche Fördermaßnahmen

Hierbei sind Förderungen möglich über

- *Zinsverbilligte öffentliche Darlehen*: Die öffentliche Hand stellt dem Bauherrn zinsvergünstigt Kapital bereit. Der Darlehensbetrag wird vollständig zurückgezahlt. Die Förderung beschränkt sich auf die Zinsermäßigung (gegenüber Bankkrediten geringere Zinsen, andere Kreditvergabevoraussetzungen, lange Laufzeiten, geringe Kreditnebenkosten).
- *Zinszuschüsse*: Zinszuschüsse der öffentlichen Hand müssen nicht zurückgezahlt werden. Sie werden entweder als fester Prozentsatz von den Zinsaufwendungen gewährt oder als Differenz zwischen Marktzins und tragbarem Zins. Bei der zweiten Variante kann die Finanzierung des Wohnungsbaus durch Anpassung des tragbaren Zinses unabhängig vom Marktzins gestaltet werden.
- *Annuitätendarlehen*: Die Förderung bezieht sich zum einen auf den Zins und zum anderen auf die Tilgungsrate eines Darlehens. Die Tilgungsleistung eines aufgenommenen Darlehens wird dabei durch eine Förderung der öffentlichen Hand gezahlt, welches über die Jahre immer bei Fälligkeit an den Darlehensgeber gezahlt wird.
- *Darlehen und Zuschüsse zur Deckung der Bewirtschaftungskosten*: Die laufenden Aufwendungen und Bewirtschaftungskosten (Abschreibungen, Verwaltungs-, Betriebs- und Instandhaltungskosten) für eine Wohnung werden durch Darlehen und Zuschüsse gemindert. Dies kann durch einmalige Zahlungen zur Bauerstellung oder durch laufende Zuschüsse über einen längeren Zeitraum geschehen. Die Darlehen oder Zuschüsse beziehen sich nicht auf bestimmte Kosten des Wohnungsbaus.
- *Übernahme von Bürgschaften durch den Staat*: Mit der öffentlichen Bürgschaft übernimmt die öffentliche Hand die Zusage, die Schuld zu übernehmen, wenn der Darlehensnehmer seinen Verpflichtungen nicht mehr nachkommen kann. Im Bürgschaftsfall wird sie zum Gläubiger des Bauherrn. Wenn den privaten Darlehensgebern das Risiko der Kapitalvergabe ohne Bürgschaft zu hoch ist, kann es damit trotzdem zur Investition (z. B. Wohnungsbau) kommen.

Subjektförderung

Bei der Subjektförderung werden Personen finanziell im Rahmen ihrer Wohnungsausgaben unterstützt. Die Subjektförderung ist von der Situation der jeweiligen Personen abhängig, die diese in Anspruch nimmt. Die Förderung ist *personengebunden*.

Personenbindung bei der Subjektförderung

Beispiel:
Förderberechtigt sind nur Haushalte bis zu einem bestimmten Einkommen, mit einem bestimmten Wohnsitz oder einer bestimmten Anzahl von Kindern.

Die Subjektförderung kann erfolgen durch

Mögliche Fördermaßnahmen

- die Förderung der *Eigentumsbildung* (s. Folgendes) und
- die *Wohnungsbeihilfe* (Wohngeld, Lastenzuschuss): Wohnungsbeihilfe können sowohl Mieter als auch Besitzer von Eigentumswohnungen beziehen. Mieter bekommen hierbei einen Zuschuss zu den Mietaufwendungen, Eigentümer bekommen Lastenzuschüsse für Aufwendungen wie Kreditzahlungen und Bewirtschaftungskosten. In beiden Fällen gibt der Staat einen finanziellen Zuschuss zu den privaten Aufwendungen für den Wohnraum. Die Höhe des Zuschusses richtet sich nach einkommenbezogenen Kriterien wie Haushaltsgröße und Einkommen selbst, aber auch nach wohnkostenbezogenen Kriterien wie Miethöhe und Qualität der Wohnung. Auf die Gewährung von Wohngeld besteht ein Rechtsanspruch für einkommensschwache Haushalte, damit diese die Aufwendungen für einen angemessenen Wohnraum tragen können (Wohngeldgesetz).

Objekt- und Subjektförderung

Zum Teil enthalten Förderungen Maßgaben, die sowohl die Objekt- als auch die Subjektförderung betreffen.

Bei der Bausparförderung wird das Ansparen, Investieren und schnellere Tilgen z. B. durch einkommensabhängige Förderungen wie vermögenswirksame Leistungen und Wohnungsbauprämien (Subjektförderung) sowie durch geringe Darlehenszinsen angeregt, wobei das Darlehen zweckgebunden z. B. zum Kauf einer Immobilie ist (Objektförderung).

Indirekte Förderung

Die indirekte Förderung stellt in Form von *Steuervergünstigungen* das wesentliche Förderinstrument der Eigentumsförderung in Deutsch-

Indirekte Förderung durch Steuervergünstigungen

land dar. Insbesondere durch Vergünstigungen in der *Einkommensteuer* werden Anreize zu Investitionen auf dem Wohnungsmarkt geschaffen. Andere Steuervergünstigungen im Rahmen der *Grund-, Vermögens- und Erbschaftssteuer* bilden eher untergeordnete Anreize zur Wohnungsbauinvestition, fördern jedoch ebenfalls das Gut „Wohnraum" gegenüber anderen Gütern und Anlageformen.

Einkommensteuervergünstigungen

Abschreibungserleichterungen und Steuerbefreiung

Zu den Steuervergünstigungen im Rahmen der Einkommensteuer zählen *Abschreibungserleichterungen* in Form von Sonderabzügen von der Steuerschuld und der Möglichkeit, Sonderausgaben geltend zu machen. Außerdem gibt es die Möglichkeit der teilweisen oder vollständigen *Steuerbefreiung*. Grundsätzlich wird in die Förderung des Mietwohnungsbaus und in die des selbstgenutzten Wohneigentums unterschieden:

- Förderung des *selbstgenutzten Eigentums*: Für Objekte, die bis 1996 hergestellt bzw. angeschafft wurden, konnte ein Teil der Kosten als einkommensabhängige Förderung nach § 10e EStG in Form von *Sonderausgaben* von der Steuerbemessungsgrundlage abgesetzt werden.

Eigenheimzulage

1996 wurde diese einkommensabhängige Förderung durch die *Eigenheimzulage* ersetzt, die (wie die Förderung nach § 10e) pro Person nur ein Mal im Leben in Anspruch genommen werden kann. Ziel dieser Änderung ist es, einkommensstarke Haushalte gegenüber einkommensschwächeren nicht zu bevorteilen. Die Zuschüsse erhalten Haushalte, deren Einkommen eine bestimmte Grenze nicht übersteigt. In die Einkommensgrenze ist eine Kinderkomponente eingebaut. Die Höhe der Zuschüsse richtet sich nach den *Anschaffungskosten* (5% für Neubauten, 2,5% für Altbauten), wobei maximal 100.000 DM der Anschaffungskosten als Fördergrundlage berücksichtigt werden. Tatsächlich handelt es sich bei der Eigenheimzulage inzwischen um eine direkte Förderung, die formal aber noch der steuerlichen (indirekten) Förderung zugeschrieben wird.

Beispiel:
Ein Ehepaar mit 2 Kindern und einem Jahreseinkommen mit bis zu 220.000 DM bekommt für einen Wohnneubau, der über 100.000 DM kostet, 8 Jahre lang 5.000 DM als Zuschuss, für einen Altbau 2.500 DM. Zusätzlich wird ein Zuschuss je Kind gezahlt.

- *Förderung des Mietwohnungsbaus*: Die Förderung erfolgt

hauptsächlich durch erhöhte Absetzungsmöglichkeiten beim Erwerb bzw. Bau von Wohnungen.

Beispiel:
Bis Ende 1996 galt für die neuen Bundesländer das Fördergebietsgesetz mit der Möglichkeit, bei Vermietung in den ersten 5 Jahren Sonderabschreibungen von 50% geltend zu machen. Seit dem Wegfall dieser Möglichkeit sind die Steuervorteile wesentlich begrenzt und die Investitionstätigkeiten deutlich rückläufig.

Als steuerliches Instrument dient die lineare oder degressive Abschreibung (Absetzung für Abnutzung, AfA) nach § 7 EStG.

Lineare und degressive Abschreibung

Beispiel:
Für Wohngebäude, die vor 1925 fertiggestellt wurden, beträgt die Abschreibung 2,5% p.a., für die von 1925 - 1989 fertiggestellten Gebäude 2% p.a. (lineare AfA). Für Gebäude, deren Bau ab 1989 genehmigt wurde, beträgt die AfA in den ersten 4 Jahren 7% und staffelt sich dann über die nächsten 12 Jahre bis auf 1,25%, für die letzten 24 Jahre herunter (degressive AfA). Seit 1996 sind die Anfangsabschreibungen wieder gekürzt (von 7% auf 5% in den ersten 8 Jahren, in den weiteren 6 Jahren 2,5% und dann 36 Jahre 1,25%).

Zusammenfassende Beschreibung der Förderungen verschiedener Wohnbauten

Förderung des selbstgenutzten Eigentums

Gegenüber dem Mietwohnungsbau wird der Bau von Wohnungen für den Eigenbedarf aus gesellschaftspolitischen Gründen stärker unterstützt. Dies geschieht sowohl über die direkte Förderung aus Haushaltsmitteln (z. B. über zinsgünstige Darlehen und Bausparförderungen) als auch über steuerliche Anreize.

Förderung des Mietwohnungsneubaus

Der Mietwohnungsneubau wird durch direkte (zinsgünstige Darlehen) und indirekte (steuerliche) Anreize gefördert.

Förderung des sozialen Wohnungsbaus

Zur Förderung des sozialen Wohnungsbaus sind verschiedene Förderwege möglich, die je nach Land unterschiedlich angewandt werden:

Förderwege im sozialen Wohnungsbau

Mietwohnungen für sozial Schwache

- *1. Förderweg*: Hierbei handelt es sich um die traditionelle Förderung des sozialen Wohnungsbaus, die eine Wohnraumversorgung schwacher Bevölkerungsgruppen durch *Sozialmietwohnungen* zum Ziel hat. Die Förderung ist in den einzelnen Bundesländern unterschiedlich.

Eigenheime für Einkommensstärkere

- *2. Förderweg*: Subventionierung des Wohnungs- und Haus*eigentums für* den *Eigenbedarf* z. B. durch Steuervergünstigungen und Direktsubventionen. Der 2. Förderweg richtet sich an eine einkommensstärkere Zielgruppe als der 1. Förderweg. Die Finanzierung erfolgt überwiegend über den Bund.

Vereinbarte Förderung des Sozialwohnungsbaus

- *3. Förderweg*: Es handelt sich um die *vereinbarte Förderung*, die seit 1988 möglich ist (II. Wohnungsbaugesetz). Die Länder gestalten hierbei die Förderung *flexibel*. Darlehensgeber und Bauherren können über die sonst strengen Vorschriften des *Sozialwohnungsbaus* (wie Belegungsrechte und Miethöhe) relativ frei verhandeln.

Einkommensorientierte Förderung

- Die *einkommensorientierte Förderung*: Der soziale Wohnungsbau soll hierdurch flexibler, belastungsorientierter und günstiger gestaltet werden. Die einkommensorientierte Förderung besteht aus der Grund- und der Zusatzförderung. Bei der *Grundförderung* erhält der Investor die Differenz aus der Markt- und der Basismiete (untere ortsübliche Neubaumiete) als Förderung und verpflichtet sich dafür, über einen bestimmten Zeitraum einen bestimmten Mietzins nicht zu überschreiten und bestimmte Belegungsrechte einzuhalten. Bei der *Zusatzförderung* kann der Vermieter oder der Mieter die Förderung in Anspruch nehmen. Geht die Förderung an den Vermieter, muss er einen weiteren Mietnachlass gewähren. Geht sie an den Mieter, kann der Vermieter einen höheren Mietzins verlangen. Hierdurch soll die Differenz zwischen Basismiete und Sozialmiete ausgeglichen werden.

Förderung der Modernisierung

Modernisierungsförderung

Zur Förderung von Modernisierungen gibt es *Aufwendungszuschüsse, Investitionskostenzuschüsse* und *zinsgünstige Darlehen* (Modernisierungs- und Energieeinsparungsgesetz ModEnG von 1978 und Regelungen der Länder). Nachdem sich der Bund 1983 aus der direkten Förderung völlig zurückgezogen hat, können seit 1994 Mittel des sozialen Wohnungsbaus auch für Modernisierungsaufwendungen verwandt werden (II. Wohnungsbaugesetz). Eine indirekte Förderung besteht durch die Möglichkeit von *Sonderabschreibungen*.

Beispiel:
Bei denkmalgeschützten Immobilien können die Herstellungsaufwendungen mit 10% jährlich abgeschrieben werden, die Erhaltungsaufwendungen können beliebig auf 2 bis 5 Jahre verteilt werden.

7.3.2 Ordnungspolitische Instrumentarien

Ordnungspolitische Instrumentarien sind *rechtliche Maßnahmen*, durch die der Wohnungsmarkt beeinflusst wird. In Deutschland gibt es einen umfassenden Mieter- und auch Wohneigentümerschutz, der durch gesetzliche Rahmenbedingungen geregelt wird.

Wohnungspolitische Steuerung durch rechtliche Maßnahmen

Qualitätsanforderungen

Um angemessenen und gesunden Wohnraum sicherzustellen, werden bestimmte Qualitätsanforderungen gestellt. Diese sind durch *Städtebaurecht, Bauordnungsrecht und Normen* gesichert. In Deutschland gibt es mehrere hundert Normen, die den engeren Bereich des Bauwesens betreffen. Durch die Auflagen entstehen Kosten, die auf die Mieten übertragen werden. Da dies von finanzschwächeren Bevölkerungsgruppen nicht tragbar ist, sind in der Folge Subventionen notwendig.

Sicherung einer Mindestqualität

Mieterschutz

Der Mieterschutz vollzieht sich hauptsächlich im Mietrecht in Form eines *Kündigungsschutzes* und einer *Mietpreisbindung*. Vordergründig können durch einen hohen Mieterschutz die Interessen der Mieter ohne direkte Haushaltsmittel befriedigt werden. Mittelfristig führt dies jedoch zu geringeren Investitionen in den Wohnungsbau, was dann wiederum Folgen auf die Mietpreisentwicklung haben muss. Ein umfassendes Mietrecht muss daher andere staatliche Einflussnahmen zur Folge haben, um zu verhindern, dass Investoren den Wohnungsmarkt meiden (z. B. Fördermittel oder Zweckentfremdungsverbot).

Kündigungsschutz und Mietpreisbindung

Kündigungsschutz

Vermieter können bestehende Mietverhältnisse nur kündigen, wenn sie ein *berechtigtes Interesse* haben. Dieses besteht, wenn der Mieter erheblich gegen den Vertrag verstößt (z. B. durch Nichtzahlen des

Kündigung nur unter bestimmten Umständen

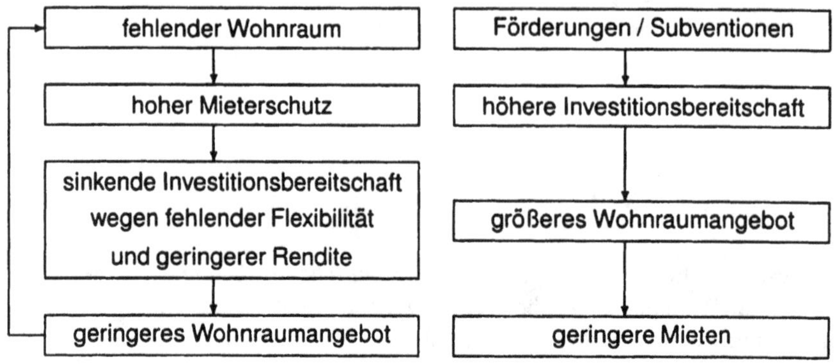

Abbildung 7.9: Wirkungen von staatlichen Eingriffen auf das Wohnraumangebot

Mietzinses), ein begründeter Eigenbedarf besteht oder der Vermieter durch den Mieter an einer angemessenen wirtschaftlichen Verwertung des Grundstückes gehindert wird. Der Kündigungsschutz in Verbindung mit zum Teil langwierigen Prozessverfahren bedeutet für den Vermieter eine *Einengung*, da er nicht flexibel auf sich ändernde Umstände reagieren kann. Umgekehrt aber hat er das Risiko einer Kündigung seitens des Mieters zu tragen.

Mietpreisbindung

Begrenzte Mieterhöhung

Mieterhöhungen in laufenden Mietverhältnissen sind nach dem Miethöhegesetz (MHG) nur unter bestimmten *Umständen* möglich, z. B. nach Modernisierungsmaßnahmen oder wenn der Mietpreis unter der ortsüblichen Vergleichsmiete liegt. Durch die Begrenzung der zulässigen Mieterhöhungen wird der Kündigungsschutz abgesichert.

Beispiel:
Ein Vermieter kann einem Mieter nur unter bestimmten Umständen kündigen. Könnte er die Miete wesentlich erhöhen, könnte er auf diese Weise seinen Mieter aus der Wohnung vertreiben. Erst durch die Begrenzung von beiden - Mietpreis und Kündigungsmöglichkeiten - wird der Mieter geschützt.

Diese Regelungen schwächen die Position der Vermieter, so dass hierdurch die Investitionsbereitschaft in den Wohnungsbau sinkt. Auch hier muss gegebenenfalls durch Förderungen/Subventionen eingegriffen werden, um einen Negativ-Kreislauf zu durchbrechen (Abb. 7.9).

Bereitstellung von Bauland

Durch vereinfachte *Verfahren* der Baulandbereitstellung wird die Bauwirtschaft angekurbelt. Kostenintensive, langfristige Verfahren oder Verordnungen, die die Baulandbereitstellung erschweren, führen hingegen zu einer Investitionshemmung.

7.4 Träger der Wohnungspolitik

7.4.1 Gesetzgebungskompetenz des Bundes

Gesetzgebungskompetenz des Bundes

Nach dem Grundgesetz für Deutschland obliegt dem *Bund* die Kompetenz zur *Gesetzgebung* im Bereich des Wohnungswesens (Art. 74 Ziffer 18 GG). Er bestimmt die Wohnungspolitik seit 1949 durch die *Rahmenbedingungen und Grundsätze* der Förderung.

7.4.2 Ausführungsvorschriften durch die Länder

Föderaler Aufbau

Die Wohnungsbauförderung wurde schon seit 1949 durch den *föderalen Verwaltungsaufbau* mit seinem sich daraus ergebenden Verhältnis des Bundes zu den Ländern bestimmt (bundesmäßiger Aufbau, bei dem die weitgehende Selbständigkeit der Einzelstaaten gilt).

Die *Bundesländer* führen die Bundesgesetze der Wohnungsbauförderung im Rahmen des föderativen Verwaltungsaufbaus meist als eigene Angelegenheit aus.

Sie bestimmen durch nähere *Ausführungsvorschriften* die Einzelheiten der Fördermaßnahmen (Wohnungsbauförderungsbestimmungen).

Die *Wohnungsbaufinanzierung* ist ebenfalls hauptsächlich Aufgabe der Länder.

Der Bund beteiligt sich nur an einzelnen Maßnahmen durch Finanzierungsbeiträge nach Art. 104a (4) GG. Bei anderen Gesetzen führen die Länder die Bundesgesetze im Rahmen der *Auftragsverwaltung* aus.

7.4.3 Zusammenwirken von Bund und Ländern

Das *Zusammenwirken* von Bund und Ländern vollzieht sich auf mehreren Ebenen:

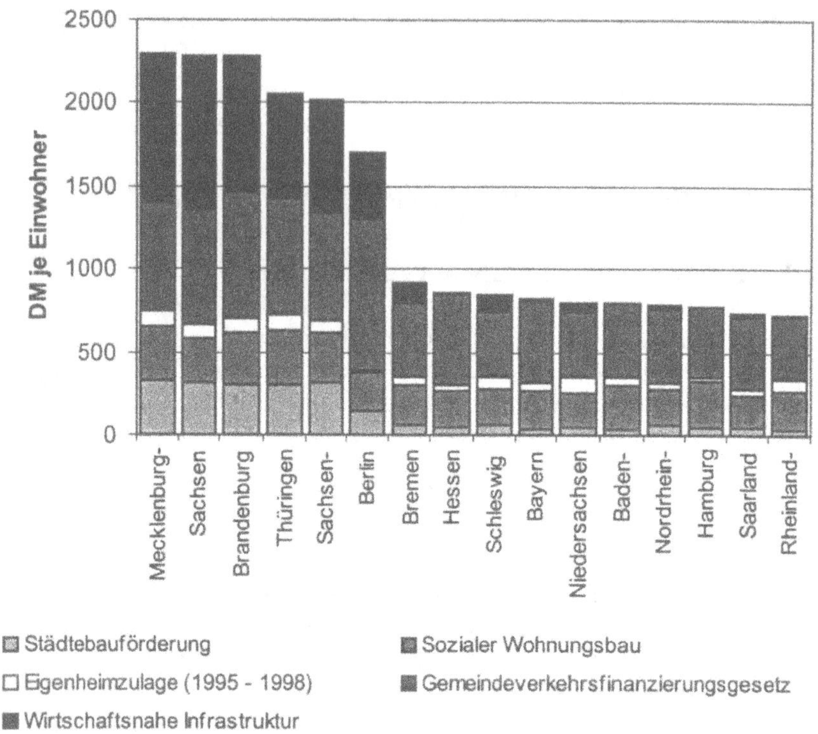

Abbildung 7.10: Ausgaben für Stadtentwicklung und Wohnen 1991–1998 in DM je Einwohner (ohne Darlehensprogramme)

Datenquelle: BBR-Datenbank

- über den Bundesrat durch Beteiligung der Länder an der Gesetzgebung,
- durch die Aufgaben der Bundesländer bei der Durchführung der Gesetze (als eigene Aufgabe oder im Auftrag des Bundes) und
- durch Übertragung etlicher Maßnahmen der Wohnungsbaufinanzierung auf die Bundesländer.

Es kam jedoch immer wieder zu *Konflikten* zwischen Bund und Ländern. Nachdem es anfänglich Streitigkeiten über die Auslegung der Bundesgesetze und der Zuteilung der Finanzmittel gab, kamen kurze Zeit später politische Konflikte über Grundsatzfragen der Wohnungspolitik auf.

Es gab z. B. über die Schwerpunkte der Förderung und den Abbau der Wohnungszwangswirtschaft Meinungsverschiedenheiten von Bund und Ländern.

1969 wurde das verfassungsrechtliche Verhältnis von Bund und Ländern verändert: Der Bund konnte sich seitdem mit Finanzhilfen an Finanzierungsaufgaben der Länder beteiligen. Die Mischfinanzierung geriet allerdings zunehmend in die Kritik der Länder, da diese gezwungen waren, eigene Mittel bereitzustellen.

1986 zog sich der Bund vollständig aus der Mitfinanzierung der direkten Förderung des Mietwohnungsbaus zurück.

Die wesentlichen Aufgaben der direkten Wohnungsbauförderung lagen nun in der Verantwortung der Bundesländer, da auf die unterschiedliche Entwicklung der regionalen Wohnungsmärkte, der Bevölkerungsstruktur, der wohnungspolitischen Ziele und der Finanzkraft eingegangen werden sollte.

Durch eine verstärkte Zuwanderung von Aus- und Übersiedlern und die unzureichende Wohnraumsituation in den neuen Bundesländern gibt es seit 1989 wieder einen stark erhöhten Wohnungsbedarf. Daher nahm der Bund die Förderung des Mietwohnungsbaus wieder auf (Abb. 7.10).

7.5 Übungsfragen zu Kapitel 7

1. Welche 4 sich wesentlich unterscheidenden Phasen der Wohnungspolitik gab es in der Bundesrepublik Deutschland seit 1945 und wodurch sind sie gekennzeichnet?
2. Beschreiben Sie die einzelnen Phasen kurz, indem Sie die jeweilige Situation, die politischen Maßnahmen und deren Zielsetzungen erläutern!
3. Inwieweit spielt die parteipolitische Zielsetzung eine Rolle?
4. Welche Hauptzielsetzung hat die staatliche Wohnungspolitik?
5. Beschreiben Sie die Besonderheiten des Wohnungsmarktes!
6. Beschreiben Sie die wesentlichen wohnungspolitischen Instrumente!
7. Diskutieren Sie die Vor- und Nachteile staatlicher Eingriffe in den Wohnungsmarkt!
8. Was sind leistungspolitische Instrumentarien und welche Formen gibt es?

9. Was sind ordnungspolitische Instrumentarien und welche Formen gibt es?
10. Beschreiben Sie die verschiedenen Fördermöglichkeiten des sozialen Wohnungsbaus und erläutern Sie diese kurz!
11. Durch wen wird die Wohnungsbauförderung in der Bundesrepublik Deutschland bestimmt?

7.6 Literatur

GEWOS, Institut für Stadt-, Regional- und Wohnforschung GmbH: Wohnungspolitik nach dem 2. Weltkrieg, Bundesminister für Raumordnung, Bauwesen und Städtebau, Bonn-Bad Godesberg 1990.

Mayer, A.: Theorie und Politik des Wohnungsmarktes: eine Analyse der Wohnungspolitik in Deutschland unter besonderer Beruecksichtigung der oekonomischen Theorie der Politik, Duncker & Humblot, Berlin 1998.

Leonhardt, K.: Wohnungspolitik in der Sozialen Marktwirtschaft, Verlag Paul Haupt, Bern-Stuttgart-Wien 1996.

Index

www.ingramcontent.com/pod-product-compliance
Lightning Source LLC
LaVergne TN
LVHW010549300926
849162LV00002B/284
* 9 7 8 3 4 8 6 2 5 8 2 3 3 *